PAR LA PORTE D'EN ARRIÈRE

Entretiens

des mêmes auteurs

JACQUES FERRON

Voir « Œuvres de Jacques Ferron », p. 313

PIERRE L'HÉRAULT

Jacques Ferron cartographe de l'imaginaire, Montréal,
Les Presses de l'Université de Montréal, 1980.

Fictions de l'identitaire au Québec,
Montréal, XYZ, 1991, en collaboration.

Jacques Ferron et Pierre L'Hérault

PAR LA PORTE D'EN ARRIÈRE

Entretiens

Avec la collaboration de
Patrick Poirier
pour l'établissement du texte
et Marcel Olscamp
pour les notes

LANCTÔT
ÉDITEUR

LANCTÔT ÉDITEUR
1660 A, avenue Ducharme
Outremont, Québec
H2V 1G7
Tél.: (514) 270.6303
Téléc.: (514) 273.9608
Adresse électronique: lanedit@total.net

Photo:
Kèro

Maquette de la couverture:
Gianni Caccia

Mise en pages:
Folio infographie

Distribution:
Prologue
Tél.: (514) 434.0306/1.800.363.2864
Téléc.: (514) 434.2627/1.800.361.8088

Distribution en Europe:
Librairie du Québec
30, rue Gay-Lussac
75005 Paris
France
Téléc.: 43 54 39 15

Nous remercions le Conseil des arts du Canada de l'aide accordée à notre programme de publication. Lanctôt éditeur remercie également la Sodec, du ministère de la Culture et des Communications du Québec, de son aide.

Il faudrait trouver une raison d'être à ce livre. Il y a toujours le côté confession qui plaît, mais il ne faudrait pas que ce soit simplement l'intérêt qu'on puisse me porter qui donne sa raison d'être au livre. Il faudrait qu'on trouve quelque chose qui puisse intéresser le lecteur du pays. Alors, qu'est-ce que je peux dire ?

JACQUES FERRON

Quand il racontait quelque chose, il s'échauffait et tout à coup s'interrompait ou passait à un autre sujet, se perdait dans de nouveaux détails et oubliait finalement de quoi il parlait... On le battait et il se taisait.

DOSTOÏEVSKI,
Souvenirs de la maison des morts, Éd. Rencontre, p. 276

Cette citation, fidèlement recopiée à la main, à l'exception de l'interversion des phrases, et assortie d'une référence précise, a été remise à Pierre L'Hérault, le 7 novembre 1982, après la lecture de la transcription des trois premiers interviews. Ferron l'attribue, visiblement par lapsus, à Tchekhov.

Présentation

*F*erron, qui a abondamment utilisé dans son œuvre le matériau
autobiographique, mais toujours sous le couvert de la fiction,
était peu enclin aux confessions. Aussi, suis-je encore étonné qu'il ait
accepté d'assez bonne grâce le projet d'un livre-entretien, commandé
par une maison d'édition qui a fermé ses portes avant qu'il ne soit
réalisé, que je lui présentai au printemps 1982, lors d'une entrevue
pour Voix et Images[1]. Familier de l'œuvre, je l'étais peu de l'auteur,
nos rapports se limitant jusque-là à quelques échanges épistolaires et
à quelques rencontres, entre autres à l'Université de Moncton où je
l'avais invité en 1972 et 1974. J'avais, il est vrai, publié la conférence qu'il avait prononcée à l'une de ces rencontres ; il avait apprécié mon travail de mise au point de son texte à partir d'une
transcription[2]. Plus qu'à toute autre raison, je crois devoir la sin-
gulière marque de confiance que constituait son acceptation à la
reconnaissance qu'il tenait à manifester à ceux et celles qui s'inté-
ressaient à son œuvre — ce dont témoignait sa pratique de dédicacer

---

1. Jacques Pelletier et Pierre L'Hérault, « L'écrivain est un cénobite. Entrevue avec
Jacques Ferron », *Voix et images*, VIII:3 (printemps) 1983, p. 397-405.
2. « L'Acadie de Jacques Ferron », *La revue de l'Université de Moncton*, VIII:2 (mai)
1973, p. 75-85. Une deuxième version, sous le titre « L'Acadie de Jacques Ferron ou
Moncton revisité », a été publiée dans Jacques Ferron, *Le contentieux de l'Acadie*.
Édition préparée par Pierre Cantin, Marie Ferron et Paul Lewis, avec la collaboration
de Pierre L'Hérault, VLB éditeur, 1991, p. 147-183. On trouve aussi dans cet ouvrage
des précisions sur les circonstances des deux rencontres de Moncton.

ses livres aux personnes qui lui avaient été « utiles ». Sensible à mon essai, Jacques Ferron cartographe de l'imaginaire[3], *il m'avait écrit le 29 novembre 1980 : « Là j'ai trouvé une immense sympathie qui me touche infiniment et dont, après coup, je me sens indigne. [...] Mais peu importe, j'ai quand même fait de mon mieux et c'est cela qui compte, même si ma superbe est dorénavant derrière moi. Vous avez su la raviver et je vous en suis infiniment reconnaissant. Tout ce temps que vous y avez mis ! Je n'en reviens pas, c'est vraiment trop, surtout si je vous avais abusé, comme c'est possible, après tout. » Le rappel, dans la dernière phrase, de son ironie connue à l'endroit des « faiseurs de thèses » — et n'en étais-je point un ? — m'avait rassuré sur sa sincérité.*

À deux exceptions près, les entretiens eurent lieu neuf dimanches consécutifs (les 3, 10, 17, 24 et 31 octobre ; les 2, 21 et 28 novembre ; et le 12 décembre 1982), de 9h à midi, à son cabinet de Longueuil, chemin de Chambly, et, une fois, à sa résidence de Saint-Lambert. Ce furent mes beaux dimanches de cet automne 1982, aussi sacrés et fervents que ceux de mon enfance. Glissons sur ce rapprochement qui m'aide cependant à retrouver l'atmosphère du moment. Car, si le bureau du médecin n'avait rien de la voûte d'une église, fût-ce la plus modeste, le personnage, lui, derrière le pupitre encombré où j'avais peine à poser mon magnétophone et dont la seule fonction semblait être de délimiter l'espace de chacun, se tenait hors d'atteinte de toute familiarité, gardant une distance que je n'étais pas du reste tenté de franchir. En d'autres mots, j'étais inti-midé et peut-être Ferron l'était-il aussi. D'entrée de jeu, je savais qu'il ne saurait être question de forcer l'intimité, pas plus qu'il ne saurait être question de futilités, même lorsqu'il s'agirait de ces « simplicités » qu'affectionnait l'auteur des Historiettes *parce qu'elles lui permettaient, disait-il, d'« entrer par la porte d'en arrière » et de surprendre la « vie sans apprêt ». Il fallut quelque*

---

3. Pierre L'Hérault, *Jacques Ferron cartographe de l'imaginaire*, Montréal, Les Presses de l'Université de Montréal, 1980, 295 p.

temps pour que chacun de nous quittât son quant-à-soi. Et il y eut de magnifiques moments d'une parole complice ponctuée de grands rires. Ferron parlait alors avec verve, humour et chaleur, heureux d'avoir devant lui quelqu'un à qui se raconter. Il y eut aussi les moments d'une parole fragile, trouée de longs silences, semblant venir de très loin, presque d'une autre vie. Perdant sa « superbe », il se retranchait dans une sorte de doute généralisé sur son œuvre et sur sa personne. Les Entretiens *restent pour moi traversés par la figure contrastée d'une voix qui, d'abord confiante, se déploie généreusement, puis se fait hésitante et retombe sur elle-même, épuisée. J'y reconnais le son de cette voix si spéciale, aussi « double et dissemblable » que le pays, la voix de l'extrême détresse comme de l'extrême tendresse devant la vie menacée.*

Après avoir lu la transcription des trois premiers entretiens, Ferron me remettait, le 7 novembre, soigneusement recopiée à la main, la citation de Dostoïevski que j'ai tenu à placer en épigraphe à ce livre, car elle renvoie à la réserve, voire à la résistance qu'il manifesta à quelques reprises à l'endroit du projet dans lequel nous étions engagés. Explicitement mise au compte du refus du narcissisme, il se peut qu'une telle réserve trouvait à s'alimenter au doute évoqué plus haut et débouchait en définitive sur le « désarroi », la « longue peine antérieure » du voyageur ramené à son « pays intime » que L'amélanchier *situe « au bord de je ne sais quoi, dans l'attente de je ne sais qui, entre le goût de vivre et celui de mourir ». Sortant de son œuvre, comme ces conteurs devenus personnages dont il parle dans « Le mythe d'Antée », Ferron n'était-il pas devenu — mais ne l'avait-il pas toujours été ? — ce pays incertain qu'il cherchait à rendre pérenne, au risque, comme il le dit ici, de gâter son œuvre, ce qui montre à quel point — et en quoi — le Québec était pour lui une chose sérieuse, et bien plus qu'un pays. Je ne prétendrai certes pas avoir tiré Ferron de son incertitude, je reconnaîtrai plutôt avoir été atteint par elle. Et il y eut la mort de Jacques Ferron en 1985. Le regard des autres — celui en particulier de ma compagne Juliette Laplante, de Ginette Michaud, François Chaput,*

Patrick Poirier, Marcel Olscamp, de l'éditeur Jacques Lanctôt — et les réactions favorables aux trois extraits publiés dans L'autre Ferron[4] auront eu raison de mes hésitations.

☐

Restait à en établir le texte, ce qui représentait une tâche considérable. Les entretiens totalisent trente et une heures d'enregistrement magnétique et, dans ma transcription, couvrent 539 feuillets. Comme il est de règle en pareille matière, et ainsi qu'il avait été établi avec le Dr Ferron, leur forme actuelle est le résultat d'un important travail d'élagage et de montage qui a comporté ses difficultés. Connaissant la prédilection de Ferron pour la manière oblique et détournée de traiter un sujet ou de répondre à une question, je m'étais dit que le plus simple était de le lancer sur une piste et de l'y laisser filer, quitte ensuite à procéder à un long travail de montage présumé sans problèmes. Mais Ferron étant conteur, même quand il expose ses idées — comment avais-je pu l'oublier ? —, s'est installé dans chaque séance d'interview un régime narratif rendant difficile le déplacement d'une « digression » devenue l'épisode obligé d'une séquence. Je m'en rendis compte quand je me suis trouvé dans l'étrange situation d'avoir à faire mon deuil d'une répartition qui ne tenait après tout qu'au calendrier des interviews.

François Chaput a montré, par le minutieux travail de montage des extraits susmentionnés, qu'il était possible de réconcilier, pour le plus grand bien du lecteur et en tout respect pour l'auteur, les exigences des logiques narrative et thématique ; il a construit chaque extrait autour d'un noyau constitué d'une séquence continue à laquelle il a joint des fragments dispersés qui autrement seraient restés d'inutiles apartés. Mais cette méthode, efficace sur de petits

---

4. « Entretiens avec Jacques Ferron ». Présentation et notes de Pierre L'Hérault, avec la collaboration de François Chaput pour l'établissement du texte, dans Ginette Michaud (dir.), L'autre Ferron, Fides-Cétuq, 1995, p. 399-437. Ces trois textes sont repris in extenso dans le présent ouvrage, mais pas nécessairement de façon continue, ni dans leur ordre initial.

ensembles, était-elle applicable à l'échelle du grand ensemble ? La question avait quelque chose d'un défi que Patrick Poirier a relevé avec enthousiasme, rigueur et finesse, donnant aux entretiens, à peu de choses près, leur forme définitive. Le repérage et l'indexation systématiques des sujets principaux et secondaires, l'identification des doublets, l'ont amené à restructurer les neuf entretiens autour de cinq noyaux ou cinq thèmes dominants : la jeunesse, la médecine, les idées, l'écriture, la folie.

En dépit — ou à cause — de ce changement majeur, de cette infidélité à l'ordre initial, les Entretiens me ramènent à la vérité et au plaisir de ces dimanches précieux et fragiles de l'automne 1982 : je m'y retrouve et y retrouve Ferron. Comme alors, les sujets se croisent, se relancent, se recoupent et parfois, inévitablement, se répètent. Ferron n'a-t-il pas abondamment pratiqué l'intratextualité, repiquant d'une œuvre à l'autre, souvent textuellement, certains passages, ou puisant dans ses écrits polémiques et ses essais les matériaux de sa fiction, et vice versa ? Les familiers de l'œuvre ferronienne ne se formaliseront donc pas de trouver dans les Entretiens plutôt qu'une matière entièrement inédite, une matière en partie connue reprise sous un mode peu utilisé — ou toujours camouflé —, celui de l'aveu, qui la soumet à un éclairage nouveau. Quant à ceux et celles qui sont moins familiers avec Ferron, puissent-ils prendre plaisir à découvrir à travers cette sorte d'auto-portrait l'observateur perspicace qu'il fut, opposant aux discours convenus ses interprétations personnelles, volontiers provocatrices et déconcertantes mais toujours pénétrantes, cherchant à comprendre, à dire et à favoriser cette « mutation de l'espèce » québécoise au creux de laquelle, pour reprendre ses termes, il s'est trouvé ; puissent-ils surtout être conduits à l'œuvre d'un écrivain qui a toujours cherché à tenir en respect l'intolérable par la beauté, qui n'a jamais cessé de croire au pouvoir de la volonté sur le réel, c'est-à-dire au pouvoir de l'imagination, de la fantaisie, de l'écriture.

Afin d'en respecter la nature et d'en préserver le mouvement, et parce qu'ils ne posent pas de problèmes particuliers de lecture, les

Entretiens *sont présentés dans le plus simple appareil critique, accompagnés des seules notes indispensables, et d'un index. Les instruments de référence généraux et spécialisés ne manquent pas où l'on pourra trouver des renseignements complémentaires sur les évé- nements et ouvrages marquants mentionnés, de même que sur les personnes célèbres citées. Quant aux personnes, événements, ouvrages, etc., de moindre notoriété, ils sont suffisamment situés pour qu'on puisse, à leur sujet, faire l'économie d'une note. Il m'a cependant semblé utile, sinon indispensable, étant donné les nombreuses et constantes références des* Entretiens *à la vie et à l'œuvre de Ferron, de reprendre ici la liste des « Œuvres » et la « Chronologie » préparées, pour la réédition de* Gaspé-Mattempa *(Lanctôt éditeur, 1997), par Marcel Olscamp qui vient également de publier* Le fils du notaire, Jacques Ferron 1921-1949 *(Fides, 1997), un ouvrage biographique auquel on aura grand profit à se reporter en ce qui touche la jeunesse de l'écrivain. On lira également avec beaucoup d'intérêt les* Papiers intimes *de Jacques Ferron, dans l'édition « préparée et commentée » par Ginette Michaud et Patrick Poirier, qui inaugure, chez Lanctôt éditeur (1997), la collection « Cahiers Jacques Ferron ».*

□

J'ai trouvé auprès de la famille Ferron un accueil et un appui empressés et soutenus. D'abord, chez madame Madeleine Lavallée-Ferron qui a suivi mes travaux avec patience et ouverture et a aimablement autorisé la publication des entretiens. Ensuite, chez Marie et Jean-Olivier Ferron qui en ont fait une lecture attentive, alors que Martine Ferron veille, auprès de l'éditeur, aux conditions de leur publication. Qu'ils en soient vivement remerciés ! Patrick Poirier et François Chaput, à qui ni la connaissance ni la passion ferroniennes ne font défaut, ont été plus que des assistants de recherche : des collaborateurs indispensables ; c'est grâce à Patrick qu'a pu être mené à bien le délicat et fastidieux travail d'établisse- ment du texte définitif dont François avait fourni le prodrome ; je tiens à leur marquer ma plus chaleureuse et amicale reconnaissance. Merci également à Marcel Olscamp ; il a très tôt manifesté pour les Entretiens *un intérêt qui n'est pas resté théorique, puisque sa compétence et son flair de biographe ont été mis à contribution dans la confection des notes. Enfin, qu'il me soit permis de remercier la Faculté des Arts et Sciences de l'Université Concordia pour la subvention (Fonds généraux du CRSH) accordée en vue de l'établissement du texte ; et les Éditions Fides pour l'autorisation de reprendre les extraits publiés dans* L'autre Ferron.

P. L'H.
Saint-Lambert,
26 août 1997

I

Les années lumineuses

La première mémoire

PIERRE L'HÉRAULT — *Docteur Ferron, avant de commencer notre entretien, vous me disiez que vous aviez décidé d'être écrivain alors que vous étiez étudiant chez les Jésuites, au Collège Jean-de-Brébeuf. Pourquoi ne pas débuter en faisant un retour sur ces années de formation ?*

JACQUES FERRON — Je voulais être écrivain, oui, dès le collège. Mais je n'étais absolument pas sûr de pouvoir le devenir et je ne pouvais surtout pas le dire à mon père : ce n'était pas une façon de vivre. Le Brébeuf fut une assez drôle d'aventure. Mon père m'y a envoyé en me disant : « Si mon père, qui était cultivateur, a été capable de me payer le Séminaire de Trois-Rivières, je suis capable de te payer le Brébeuf. » C'est pourquoi j'y suis entré. D'autant que les études ne coûtaient pas tellement cher à cette époque. Comme j'avais déjà été pensionnaire, après la mort de ma mère, pendant deux années chez les Sœurs françaises, les Filles de Jésus, à Trois-Rivières — assez morveux et triste la première année, mais, dès la seconde, premier de classe et premier dans les jeux —, je me suis déclaré, une fois arrivé à Brébeuf, très bon au hockey. Mais je me surestimais. Je me suis rendu compte qu'il y en avait des plus forts que moi, de sorte que j'ai cessé les jeux pour m'occuper de botanique. J'ai rapidement repris ma façon fantasque en Méthode. Seulement, en Versification, je me suis fait prendre en revenant de la ville où j'étais allé m'acheter *Les amants de Venise* d'Abel Hermant[1]. J'aimais la senteur des livres, il me semble qu'ils avaient une odeur d'encre qu'ils n'ont plus. Je ne l'ai pas lu, parce qu'on me l'a confisqué, évidemment. Quand je me suis fait mettre à la porte du Brébeuf en Versification, je suis allé terminer l'année au Collège Saint-Laurent.

Vous passez du Brébeuf au Collège Saint-Laurent, et finalement au Collège de l'Assomption.

Non. Quand est revenu le moment de la rentrée, j'ai dit à mon père : « Si on arrêtait au Brébeuf pour voir si on ne me reprendrait pas. » Et ils m'ont repris. C'est à ce moment que j'ai eu Robert Bernier, homme d'une grande séduction, comme professeur en Belles-Lettres. Il était ami de Pierre Baillargeon. Il était également ami avec les Geoffrion, des gens cultivés. Je pense d'ailleurs qu'à leur contact, Bernier, qui était un homme très brillant, a beaucoup appris, de sorte qu'il enseignait en suivant les *Vingt leçons sur les beaux-arts* d'Alain. Il m'avait fait abonner à la *Nouvelle Revue française*. J'étais assez heureux d'entendre le père Bernier lire mes textes en avant de la classe. Je ferai ensuite, couci-couça, ma Rhétorique puis ma Philosophie, année pendant laquelle, lors du dernier semestre, je me ferai mettre à la porte une deuxième fois ! Et là, c'était drôlement dur ! Voilà ce qui était arrivé. Parce que j'aimais bien les danseuses et qu'un camarade y était allé, j'avais demandé une autorisation au père Dragon pour aller voir les Ballets russes[2]. Il

---

1. Ferron attribue par erreur cet ouvrage à Abel Hermant ; en réalité, l'auteur en est Charles Maurras.
2. La troupe « Original Ballets Russes » présenta son spectacle au *Her Majesty's* en février 1941.

m'avait refusé. Voulant revenir sur la question, j'étais retourné le voir et lui avais dit : « Mon Père, mon oncle le député est de passage à Montréal et m'invite au restaurant. Est-ce que vous m'autoriseriez à aller souper avec lui ? » Il m'avait dit : « Oui ! » C'est ainsi que je suis allé aux Ballets russes ! Le lendemain, le professeur de philosophie que nous chahutions, le père Léon Langlois, qui était un peu fou, est venu me voir et m'a demandé : « Et les Ballets russes, hier soir ? » Je lui ai raconté et il est allé rapporter à Dragon qui m'a fait venir et m'a mis à la porte. C'était assez grave, parce que chez les Jésuites nous passions le bac année par année : ils avaient la permission de donner une forme de bac qui n'était pas au programme des universités. En me retrouvant à l'Assomption, j'étais donc obligé de passer le bac de l'Université de Montréal et de rattraper certaines années. Par malheur, en faisant du ski dans la côte de l'Assomption, j'ai voulu faire le fin et je me suis réveillé à l'infirmerie. J'ai toujours pratiqué des styles assez bizarres : en ski, je faisais du Télémark ; à la nage, je faisais de l'*overarm sidestroke*. Le Télémark te donne quand même une belle allure et te permet de faire d'assez beaux virages dans la neige molle, mais sur la glace, c'est pas fameux ! Bref, j'étais tombé sur la tête. Mon père avait dû venir me chercher. Il n'était pas tellement content, mon père, d'être toujours obligé de venir me chercher : au Brébeuf pour m'amener à l'Assomption et à l'Assomption pour m'amener à la maison. Je suis finalement retourné à l'Assomption où j'ai passé de peine et de misère, en bloquant cependant la morale. Je ne suis rentré à l'université qu'avec l'obligation de reprendre cet examen. Je l'ai repris durant l'automne et j'ai passé. Tout cela m'avait quand même menacé, de sorte que j'ai été un très bon étudiant lors de mes premières années à Laval. J'y ai gagné un prix d'anatomie. Mais par après… Quand je reprends confiance et que je redeviens au-dessus de mes moyens, je m'arrange pour ne pas en profiter. L'erreur, cette fois, aura été de me marier durant mes études.

À l'Université Laval, au lieu d'écrire, nous faisions des débats oratoires — « L'amour est-il enfant de bohème ? » « L'amour : maladie ou remède ? » —, des débats que nous reprenions par la suite. Par exemple, nous sommes allés répéter le débat « L'amour : maladie ou remède ? » à Shawinigan, à Sherbrooke et chez les tuberculeux, à l'hôpital Sainte-Foy. Le public de Québec était un très bon public. C'est de cette façon que je suis entré en rivalité avec Robert Cliche qui, par la suite, est devenu mon beau-frère. À l'époque, je fréquentais surtout les gens de droit et Robert Cliche était la vedette ! Je ne me suis jamais mesuré à lui, mais quand il y avait des débats, je travaillais souvent pour le faire battre, écrivant le texte de ses adversaires. Il y a eu une espèce d'amitié entre nous et, alors que j'étais dans l'armée — revenant de Vernon, Bici[3], et de Borden, Ontario, vers mon *advanced training* —, Robert était venu me demander la main de ma sœur Merluche. Je n'avais pas prévu ça du tout. Je lui ai dit : « Es-tu fou ? » Ma sœur Marcelle a failli, elle aussi, épouser un de mes amis en droit, Jean-Paul Gravel de Chicoutimi. Après avoir été reçu médecin, comme j'étais dans l'armée, je me suis marié parce que j'en avais les moyens[4]. Nous avions alors des études accélérées : à cause de la guerre, on avait besoin de médecins. Je crois que les études étaient les mêmes, mais il n'y avait pas de vacances. Dès la troisième année, nous pouvions nous enrôler dans l'armée et nous étions payés, comme soldats, avec les frais d'entretien. C'est ce qui m'a permis de me passer de mon père et de faire ce que je voulais, me marier.

Après avoir passé un an dans l'armée, il fallait quand même que je gagne ma vie, parce que mon père m'avait dit : « Je te rends à ta grosseur. Ensuite tu te débrouilles. » À ce moment-là, ses affaires étaient assez précaires. Je suis donc allé m'établir à Rivière-Madeleine. Je m'étais acheté une voiture et j'étais parti

---

3. Nous respectons la graphie de Ferron pour B.C. (British Columbia), de même que pour toutes les expressions typiquement ferroniennes.
4. Ferron se maria *avant* la fin de ses études, en juillet 1943.

avec mes médicaments en arrière de mon auto. Je cherchais une place pour m'établir. Au lieu de choisir Mont-Louis ou Grande-Vallée, où j'aurais pu gagner bien mieux ma vie, j'avais choisi Rivière-Madeleine, tout simplement parce qu'il y avait déjà eu un médecin à cet endroit avant qu'une industrie de pulpe n'y fasse faillite.

On pourrait revenir sur la Gaspésie plus tard. J'aimerais vous ramener à vos années au Brébeuf. Certains illustres anciens de ce collège ont fait des critiques assez sévères du système d'enseignement des Jésuites. À vous entendre parler, j'ai l'impression que pour vous ces années ont été plutôt intéressantes…

Ce furent des années très très précieuses. Pour commencer, le Brébeuf avait une assez grande réputation et attirait les enfants des notables de la province. De sorte que j'ai pu connaître les petits Simard et les Amyot de Québec, que nous avions alors comme condisciples. Le niveau des étudiants était quelque chose d'assez important chez les Jésuites. Il y avait ensuite la qualité de l'enseignement. Sans doute y avait-il des Jésuites qui n'étaient pas intelligents, mais beaucoup étaient brillants. François Hertel était là à cette époque, mais je ne l'ai pas eu comme professeur. Je me souviens aussi qu'étant en Versification, les philosophes ont commencé à avoir leurs chambres. Il y en avait de belles et petites à dix piastres dans le cloître ; c'est là que j'avais la mienne, à côté de celle de Jean-Baptiste Boulanger qui arrivait d'Edmonton et qui était l'auteur de *Napoléon vu par un Canadien*[5], une œuvre écrite à l'âge de douze ans. Il est devenu psychiatre.

Eh oui ! C'était la belle vie, la très belle vie ! Nous pouvions même ne pas aller à la messe. C'était permis ! Je rencontrais parfois Hertel qui me faisait lire ses textes. Il était impressionné par tout un noyau qu'il ne contrôlait pas, celui du père Bernier,

---

5. Jean-Baptiste Boulanger, *Napoléon vu par un Canadien*, Bordeaux, Delmas, 1937, 143 p.

qui avait peut-être plus d'autorité que lui. Je me souviens d'avoir lu ses textes d'une façon négligente. Il se tenait derrière mon épaule et reniflait pour me demander si je trouvais ça beau. Hertel ne m'a pas beaucoup impressionné… Pas du tout !

Parmi les gens qui vous ont impressionné, il y a sans doute eu des condisciples avec lesquels vous êtes resté plus ou moins lié ?

En réalité, après le Brébeuf, j'ai perdu presque tous mes condisciples. J'en ai retrouvé quelques-uns. Je pense à Lajoie[6], de Trois-Rivières, qui est allé faire son droit à Laval. Mais j'ai perdu de vue, par exemple, mon ami Jacques Lavigne, qui est devenu professeur de philosophie. Quant à Denis Noiseux, qui était un de mes grands amis, je ne l'ai pas revu après le collège : il est allé au MIT et, paraît-il, serait devenu ingénieur en acoustique. Il était dans une classe supérieure à la mienne : un type qui arrivait premier quand il le voulait, contrairement à Pierre Elliott Trudeau qui, lui, était un bûcheur qui prenait tout en note. Noiseux a eu beaucoup d'influence sur moi. Il avait formé un petit cercle musical et nous allions écouter de la musique en cachette dans la cave du Brébeuf. Je me souviens que nous écoutions les disques dans la noirceur : ce que je n'aimais pas trop trop, mais enfin ! Il était assez impérieux ! Quand j'étais à Louiseville, il pouvait, étant le fils du chef de gare de Sorel, arriver tout d'un coup derrière la maison. Nous sommes allés faire des excursions dans le nord, sur les lacs aux bords desquels j'ai d'ailleurs toujours passé mes étés. Étant donné qu'il y avait de la tuberculose dans la famille, mon père nous parquait comme des petits animaux au bord du grand lac Sacacomie, ensuite au bord du lac Bélanger. J'y ai appris à portager un canot. C'est ainsi que j'ai fait une couple d'excursions avec Noiseux, passant d'un lac à l'autre, le canot sur le dos. J'avais

6. François Lajoie devint avocat, puis juge à Trois-Rivières.

également un ami qui, lui aussi, aimait bien écrire et venait de Louiseville. C'était des amis avec lesquels j'ai correspondu. Mais il y a eu coupure.

À cause de vos études à Laval ou de votre orientation de pensée ?

Non, pas l'orientation de pensée. C'est que je suis tout simplement devenu un pauvre petit médecin pas très intéressant, alors qu'eux étaient des gens beaucoup plus avancés que moi au point de vue scolaire. Oui, ce sont des gens qui m'ont marqué. De même que Pierre Baillargeon avec qui je suis entré en contact.

Vous ne l'aviez pas comme condisciple ?

Non, il était deux ou trois classes avant moi. J'ai commencé à lui écrire. Je me suis rendu compte que Bernier avait son importance, mais que, derrière Bernier, il y avait Pierre Baillargeon. Il n'y avait pas seulement Baillargeon, il y avait ses amis Geoffrion et Dagenais qui fréquentaient également le Brébeuf. Je suis entré en contact avec Baillargeon et lui ai soumis mes premiers textes. C'était un formaliste, un homme qui n'avait pas beaucoup d'invention. Il m'a quand même donné des leçons de concision et m'a dit que j'avais du talent pour le dialogue. Je me suis rendu compte, par après, qu'il me pigeait mes choses. Ça n'a pas été plus loin. Je l'ai revu quelques fois, par après, quand il revenait d'Europe. Sa carrière d'écrivain, finalement, n'a pas été fameuse. Il est toujours resté ami du père Bernier. À la fin de sa vie, alors qu'il était à l'emploi du Canadien National, se rendant peut-être compte qu'il avait réussi à être écrivain en quêtant à droite et à gauche, il travaillait sur un manuscrit. Il avait obtenu des bourses pour présenter les mémoires d'un oncle qui avait été le premier représentant des Américains en Alaska — la traite étant française, ce qu'ils savaient bien, les Américains ont laissé le réseau en place. Je ne sais pas ce que ce manuscrit est devenu. Il est mort à Saint-Paul, Minnesota, en allant voir ce que c'était que l'Ouest. Il voulait peut-être améliorer la présentation de ce texte qui n'a jamais paru. Je suis allé à ses funérailles, mais je suis arrivé un peu en retard. Au coin de Côte-des-Neiges et de Côte-Sainte-Catherine, j'avais suivi le premier convoi qui partait et j'ai abouti dans une église d'Outremont. C'était plausible : il y avait eu sa première maison. Seulement, il n'y avait pas d'écrivains là. Lorsque le curé s'est mis à faire l'éloge de « Madame », je me suis rendu compte que je m'étais trompé de cortège. Alors, je suis revenu. C'était à l'église de la Côte-des-Neiges, en haut de l'Hôpital Juif. Dans le chœur, il y avait Bernier, qui était comme un cardinal, et des hommes de lettres. Il n'est pas mort comme un paria.

Le père Bernier semble avoir été pour vous plus qu'un professeur ?

C'est également un homme à qui j'ai soumis mes premiers textes. Il avait toujours des réserves, mais il m'a beaucoup stimulé. Le père d'Anjou m'a cependant appris que je l'avais peiné à la fin de sa vie. J'avais déjà dit qu'il était arrivé du Manitoba sans savoir grand-chose, un peu comme un cheval Pinto. Certains de ces chevaux peuvent avoir de l'allure, mais, d'après lui, les Pintos n'étaient que des poneys. La remarque l'a donc blessé. Il était un retour du Manitoba, fils unique de juge qui avait été importé du Québec, avec les Dubuc, pour remplacer Riel, parce qu'il fallait donner à cette province bilingue des gens instruits. Après la mort de son père, quand il est allé régler la succession, il regardait les choses autour de lui et se sentait étranger. Il était de nulle part. L'histoire ne l'intéressait pas beaucoup. Il s'intéressait à la littérature. Une fois, quand j'étais allé le voir à l'Immaculée-Conception, il m'avait dit qu'il n'y avait rien au-dessus de la théologie. Alors, j'ai cessé de le voir. Il a écrit un livre sur le droit international et l'Église[7] ; vous y trouvez les idées de Trudeau. Il était évidemment contre les nationalismes, pour lui une invention protestante. Mais s'il a influencé Trudeau et son équipe de droit international, il m'a influencé, moi, du côté des Lettres, via Baillargeon, via la *Nouvelle Revue française*.

J'essaie de concilier ce que vous dites de l'« atmosphère assez stimu-lante » du Collège Brébeuf avec ce qui a été dit d'une époque qu'on a plutôt tendance à confondre avec celle de la « Grande Noirceur » ?

Il fallait connaître les règles du jeu. Pour les livres, il y avait l'abbé Bethléem[8], Sagehomme chez les Jésuites. Il fallait avoir la cote. C'était beaucoup mieux ! Je me souviens qu'à Saint-Laurent, je m'étais fait approuver *Manon Lescault* de l'abbé Prévost. Le censeur avait dit : « Mais l'abbé Prévost, c'est très bien ! » C'était coté « M » dans Sagehomme ! Tout n'était pas à l'Index. Nous n'étions pas réduits à lire du Veuillot ! La « Grande Noirceur » ? À vrai dire, je n'ai jamais très bien compris ce que c'était. Les années lumineuses de ma vie, en particulier au Bré-beuf, sont dans la « Grande Noirceur ». Je me suis fait mettre à la porte, il est vrai ; je l'avais mérité. Si j'avais joué les règles du jeu... Je les connaissais, mais j'ai toujours besoin de me faire donner un coup de bâton sur la tête pour pouvoir recommencer sagement. Non, il n'y avait pas de « Grande Noirceur ». Il y a peut-être eu de belles années de professeurs, j'en ai frappé d'excellents. Nous avions une marge de liberté véritable. Alors qu'on nous demandait d'écrire « *AMDG* », *Ad Majorem Dei*

---

7. Robert Bernier, *L'autorité politique internationale et la souveraineté des États*, Montréal, Institut social populaire, 1951, 201 p.

8. Les répertoires de Bethléem et de Sagehomme dressaient la liste des livres « à lire et à proscrire » en vertu de l'index ecclésiastique ; ils réglaient les lectures dans les collèges classiques. (Note reprise de *L'autre Ferron*. Sous la direction de Ginette Michaud, avec la collaboration de Patrick Poirier, Montréal, Fides, « Nouvelles Études québécoises », 1995.)

Gloriam, en haut des copies, j'ai fonctionné un an et demi avec
« *Quid mihi ?* » — « Qu'est-ce que ça me fait ? » —, avant de me
faire mettre à la porte. Cela m'a désigné un peu à l'attention. Ce
qui veut dire qu'il y avait quand même un esprit de tolérance.
Il ne fallait pas dépasser une certaine limite, mais cette limite tu
la connaissais. Les deux fois où je me suis fait mettre à la porte,
je n'ai pas tellement été surpris : j'étais allé le chercher et n'ai
absolument pas à me plaindre. Je me suis instruit beaucoup chez
les Jésuites et j'ai fait des lectures qui me resteront. J'apprendrai
par cœur *Le cimetière marin*. J'ai appris peu de choses par cœur,
mais j'ai au moins appris *Le cimetière marin* de Valéry qui nous
était donné comme maître. Cela m'a causé ensuite quelques
difficultés pour m'exprimer, parce que Valéry est d'une sévérité
et d'une abstraction qui ne me convenaient peut-être pas.

Vous l'aimiez, Valéry ? Vous en parlez à plusieurs reprises.

Oui, je l'admirais beaucoup. Mais quand il m'a fallu écrire,
j'étais un peu ligoté par ce maître trop exigeant. En fait, j'ai
déchiré tout ce que j'avais pu écrire jusqu'à mes années d'université. D'autant plus que j'ai essayé de faire de la poésie. Mais
ça ne marchait pas ! Je voulais écrire, mais je ne savais pas quoi
dire. Il a fallu que je me ressource à même mon expérience
personnelle et à même mes aventures subséquentes. Comme je
vous le disais avant notre entretien, mon œuvre est personnelle.
Et puis, chose assez importante : mon père était fils de cultivateur, mais ma mère était une Caron d'une famille qu'on disait
sacerdotale.

Il y avait un monseigneur...

Il était chapelain des Ursulines. Il y avait également dans la
famille trois tantes Ursulines qui étaient apparentées à sœur

Caron, la deuxième supérieure des Sœurs de la Providence. Il y avait aussi la petite Angèle Coulombe, une sainte de l'Hôtel-Dieu qui était, par sa mère, une Caron : elle vivait recluse, avec une vue sur le Saint-Sacrement. Quant à ma mère, je ne l'ai pour ainsi dire pas connue. C'était, paraît-il, une dame très distinguée, très impressionnante. Elle a empreint mes premières années. Enfin, jusqu'au moment où je suis allé à l'Académie Saint-Louis-de-Gonzague que dirigeaient les Frères de l'Instruction chrétienne. À mes premières années, j'étais retenu à la maison, je n'avais pas le droit d'aller au restaurant ou de traverser la rue ; j'étais élevé d'une façon tout à fait sophistiquée. Un matin, comme je me levais, mon père m'a montré un mouchoir brun ! Ma mère avait fait une hémophtisie. Elle est partie pour les sanatoriums, au lac Édouard, ensuite au Sanatorium Cooke.

Au Jardin de l'Enfance, j'aurai ce qu'on appelle le « préjugé favorable ». J'étais le fils d'Adrienne ! J'avais une mère très intelligente, alors, j'étais censé avoir tout lu, tout savoir. Ce préjugé favorable est quelque chose de très stimulant. J'ai couru après la réputation que je devais à ma mère, du moins pendant ces premières années à Trois-Rivières. Elle est morte en 1931, le 5 mars. Elle a eu droit à des funérailles vraiment fastueuses. L'abbé Panneton, représentant les Ursulines et l'abbé Grimard, représentant le Petit Séminaire de Trois-Rivières, se tenaient aux autels latéraux. On y a joué la messe des morts de l'abbé Georges-Élisée Panneton. Il y avait affluence, même si le temps était maussade. J'ai été très impressionné par ces funérailles. Celles de mon père ne seront pas aussi réussies ! Quand ma mère est partie pour les sanatoriums, avant qu'elle ne meure, nous avons été élevés par les servantes et j'ai été lâché lousse : je suis devenu un petit garçon comme les autres. Je me souviens en particulier des demoiselles Bellemare du rang Vide-Poche de Yamachiche, mais il y en a eu d'autres. Sous le règne de ma mère, on mangeait à la cuisine, alors qu'avec les servantes, tout le monde s'est mis à manger dans la salle à manger, même les servantes. Et j'ai pu courir comme n'importe qui. À l'école, je réussissais assez bien. La première année, on m'avait fait rentrer trop tôt et on m'avait habillé d'une façon spéciale. Ça ne marchait pas ; je faisais rire de moi. Je me souviens d'un costume pour la pluie avec un casque de pompier. Les frères nous avaient fait sortir et j'avais mis mon casque pour jouer — il fallait toujours être couvert quand on sortait pour la récréation. C'était complètement ridicule. J'ai raté ma première année à l'Académie de-Gonzague, alors que ma mère était encore là. Mais lorsqu'elle est partie, j'ai pu faire comme n'importe qui, comme les autres. J'y ai fait des études dont je ne me souviens pas. C'était sans doute satisfaisant.

C'était votre primaire ?

J'ai fini mon primaire chez les Sœurs françaises. La première année a été très dure. La deuxième année, à cause du préjugé favorable — les Sœurs françaises tenaient aussi le Sanatorium Cooke où ma mère est passée avant de venir mourir à la maison —, j'ai été précédé par la réputation de ma mère.

Cette réputation vous a-t-elle longtemps ainsi précédé ? Aviez-vous encore l'impression de courir après lorsque vous avez commencé à écrire ?

Je pense que tout le phénomène de l'écriture a été une façon de rendre hommage à la réputation que je devais à ma mère, à qui je dois sans doute beaucoup et que j'ai peu connue. J'ai toujours eu l'impression qu'il y avait quelque chose de faux dans ce qu'on disait de moi. C'est très ambigu. Ça fait partie de ce qu'il peut y avoir d'embarrassant dans mon personnage. J'ai toujours été content d'avoir un certain succès, mais il ne m'était pas dû. En ce sens, je n'ai pas l'impression de m'être jamais pris au sérieux.

Je suis un bonhomme bien ordinaire, je n'ai rien d'un être exceptionnel. Je me suis donné un rôle assez difficile parce que je disposais de ce préjugé favorable. J'étais plutôt ennuyé d'avoir une telle réputation.

Qui vous a suivi tout au long de vos études ? Vous avez eu affaire aux Ursulines, par exemple ?

Non. En fait, j'allais voir mes tantes. Mère Marie de Jésus, une ancienne supérieure, était ma grand-tante. Elle avait évidemment été pistonnée par le grand-oncle, Mgr Charles-Olivier Caron. Elle avait été missionnaire chez les Opelousas et il paraît qu'elle a écrit un livre sur sa mission. Elle était également une sœur de chœur, ce qui était quelque chose d'important. On ne laissait pas entrer n'importe qui : il fallait quand même cracher une dot de trois mille dollars. C'était beaucoup ! Ma mère sera élevée, à partir de l'âge de cinq ans, chez les Ursulines. De même que ses deux sœurs, Rose-Aimée et Irène. Ces trois sœurs s'aimaient beaucoup. Ma mère était une personne distinguée et très rancunière.

Est-ce qu'elle était d'une famille bourgeoise, d'une grande famille ?

Il faut s'entendre : une grande famille, dans le contexte… C'était une demoiselle Caron : elle apportait une dot. Quand j'ai pu acheter ma maison à Bellerive, c'est à cause d'un héritage qui m'est venu de ma mère. Son grand-père, Georges Caron, était député avant la Confédération. Quant à son père, Louis-Georges, il était marchand et alcoolique. Il avait épousé, pour commencer, une Bellerose de Saint-Alexis, une très belle femme, qui est morte assez tôt. C'est pour cette raison que ma mère a été chez les Ursulines. Louis-Georges Caron était un homme frénétique. Comme me disait un de mes oncles paternels, c'était le type d'homme qui, pendant les assemblées politiques, interrompait les orateurs, alors que la population était habituée à des mœurs beaucoup plus polies. L'oncle en question me dira : « Il nous gênait ! » Enfin, il disparaît vers 1907. Ce n'est que lorsque je serai un peu frappé moi-même, en 1975, que je m'intéresserai à savoir ce qu'il est devenu. Il me restait un oncle maternel à Saint-Léon. J'ai voulu savoir ce qu'était devenu mon grand-père Caron. Il m'a dit d'une façon tranchante : « On ne sait pas où il est mort, comment il est mort et de quoi il est mort. » Il y avait quelque chose de bizarre derrière tout ça. Je me suis donc renseigné[9]. J'étais même allé voir le monument des Caron au cimetière. On a fini par m'apprendre qu'il était mort fou à Saint-Michel-Archange ! C'était une chose cachée qui hypothéquait sans doute ma mère. Elle avait beau avoir de la fortune, être bien née et distinguée, il y avait quand même de la tuberculose dans cette famille, et il y avait cet être...

Mon père, quant à lui, était un homme ambitieux, audacieux, qui avait réussi à s'acheter à bon compte une belle maison à Louiseville. Il avait demandé la main d'Adrienne Caron, qui était à la fois un bon et un mauvais parti. Elle ne s'est jamais mêlée aux Ferron. Elle était une personne à part et on la respectait beaucoup. Quand elle allait faire des voyages, elle apportait des cadeaux pour les parents. Mais elle gardait ses distances et n'a jamais plongé dans l'ambiance chaleureuse des Ferron, lors des fêtes du jour de l'An, par exemple. De mon côté, je ne suis jamais allé voir mes parents du côté de ma mère. Un de mes grands-oncles, Hector Caron, ancien député de Maskinongé, était surintendant des eaux et des forêts. Ce qui a permis à la famille d'avoir un tas de lacs au milieu des clubs américains. Une de ses filles a épousé un avocat. J'avais toute une parenté que je n'ai pas fréquentée du tout.

---

9. Sur le personnage de Louis-Georges Caron et en particulier sur l'hypothèse selon laquelle il serait « mort fou à Saint-Michel-Archange », Madeleine Ferron propose une tout autre version des faits. Voir Madeleine Ferron, *Adrienne. Une saga familiale*, Montréal, Boréal, 1993, 255 p.

D'un côté, une mère qui est réservée, qui se tient en retrait, qui garde ses distances avec la famille Ferron. Et de l'autre, les Ferron que vous présentez comme des gens qui aiment s'amuser, fêter...

Je viens d'une famille où on aimait bien rire. Chaque dimanche midi, on voyait arriver l'oncle Émile qui venait éplucher le sermon du curé. Pauvre oncle Émile, il n'avait même pas d'auto ! C'était un beau causeur. Mon père a réussi à le faire nommer député de Berthier-Maskinongé. Il est devenu juge ensuite. Il a été un bon député : il essayait toujours d'apporter de l'argent du fédéral à son comté. Mais qu'est-ce que vous voulez, il n'y avait pas beaucoup de patronage au fédéral ; il n'y avait que les postes et les cours d'eau. Sa grande prouesse, qui a amené de gros travaux, avait été de faire déclarer voie d'eau navigable le ruisseau des Crapauds, à Saint-Cuthbert ; et il asséchait l'été ! Mais il avait évidemment soûlé les ingénieurs du fédéral pour avoir ça. C'était un homme de plaisir. Mauvais juge, et malheureux de l'être, à la retraite il sera assez heureux, continuant de vagabonder, d'aller ici et là. C'était celui qui, lors des mariages, avait un épithalame à réciter. Évidemment, il avait beaucoup d'anciennes amies. Mais quand est venu le temps de mourir, il l'a fait très bien : il est mort stoïquement. J'étais allé aux funérailles et je me souviens qu'un type portant chapeau et manteau de chat sauvage, un ancien associé de Duplessis, m'avait dit : « Vous, les Ferron, vous savez mourir ! » Et il y avait quelqu'un qui pleurait derrière une colonne : c'était son médecin qui braillait parce qu'il l'aimait bien. L'oncle Émile était un homme charmant. Un vagabond ! Parmi les souvenirs de famille, il y a une photo où on est ensemble, lui, tante Florence, moi, ma sœur Madeleine, un peu déguisés. Une famille de gipsés ! Son rêve aurait été d'être un cheminot. Il a été un de mes grands informateurs, de même que Robert Cliche.

Je suis d'une race qui aime bien rire, moqueuse. Et puis, les Ferron sortaient du rang : c'était la grande génération. Ici, au

Québec, la grande génération, c'est la première ; la deuxième va moins bien. Mon père est de la grande génération. Quand il descendait à Louiseville pour aller au Séminaire de Trois-Rivières, son père, Benjamin Ferron, transportait, à l'arrière de la barouche, un cochon qu'il vendait pour payer la scolarité de son fils. C'est de cette façon que mon père est allé au Séminaire. Le grand-père Ferron avait sans doute calculé qu'il coûtait moins cher de faire instruire ses enfants que de les établir. C'est comme ça que les Cliche — qui ont fait le même calcul — et les Ferron ont pu se rencontrer. La paroisse, d'ailleurs, a toujours des surplus humains. Saint-Léon-de-Maskinongé, par exemple, a la même population depuis plus d'un siècle ; pourtant, il y a eu des familles assez nombreuses. Chez mon grand-père, ils étaient douze. Ce qui veut dire qu'il y en a plusieurs qui sont partis. Il y a une sorte d'élimination. Une génération nouvelle chasse au loin. Certains, par contre, ne se sont pas trop éloignés, comme Émile, l'avocat, et mon père qui est devenu notaire à Louiseville, chef-lieu du comté de Maskinongé.

À Louiseville, je n'aurais pas pu vivre sur le pied de mon père : il avait connu une ascension sociale telle que si je voulais la continuer, j'étais pour ainsi dire obligé d'aller ailleurs. Il y aurait nécessairement eu déchéance, honte, sans compter qu'il y a aussi une espèce de force biologique qui empêche, sans parler de l'Œdipe, de chasser sur le même terrain que son père. Tu chasses avec plus d'aise en étant en dehors de son terrain. Il n'était pas question pour moi que je m'établisse à Louiseville. C'est comme ça ! De même, il y avait dix enfants dans la famille de mon grand-père et je crois qu'il n'y avait que trois frères, dont un est devenu zouave pontifical. Les autres se sont dispersés. Dans les familles si nombreuses, on ne peut pas retenir tous les enfants. Il se fait une structure pyramidale : vous ne pouvez pas aller plus loin que l'aïeul, ce qui entraîne un processus de désapparentement, si je puis dire. Vous êtes, disons, petit-fils : vous remontez au sommet de la pyramide et vous devez écarter toute la parenté de l'aïeul. On ne va pas plus loin, de sorte que cousin germain, c'est la dernière parenté. On se trouve alors à perdre les grands-oncles et les grands-tantes, à moins qu'il n'y ait pénurie dans la famille. Le centre de la famille, chez nous, a toujours été le grand-père. Je ne sais pas si c'était partout comme ça, mais Noël pour moi n'a jamais été la fête qu'elle est devenue aujourd'hui. C'était une fête religieuse. On mangeait un bouillon très gras après la messe de minuit et on allait se coucher. On ne recevait les étrennes que le premier de l'An, chez le grand-père. Nous partions en voiture et nous montions au rang des Ambroises, après Saint-Léon, une dizaine de milles en voiture. Et il fait froid à ce moment de l'année ! C'était la fête ! Le grand-père était toujours entouré de ses fils et de ses gendres, une véritable armée autour de lui. Il n'y avait pas moyen pour nous de l'approcher. Je ne l'ai jamais entendu beaucoup parler. Il était un peu bègue, mais il était supposé être un bon chanteur et il chantait toujours la même chanson : *Quand le diable est sorti de l'enfer pour ramasser son monde...* Chacun avait sa chanson.

Vous disiez : « C'était la grande génération qui sortait du rang... »

Il y a un mouvement de génération chez nous. La grande génération est la génération qui sort du peuple. C'était celle de mon père. Il y avait quelque chose qui stimulait les Ferron à cette époque. On connaît les eaux de Vichy en France. Or, cette mode-là s'est implantée ici pendant quelques années. Il y avait en particulier, au bout du rang des Ambroises, un hôtel des eaux où mon père, en allant faire son cathéchisme, nus pieds pour ne pas abîmer ses chaussures, voyait passer des cavaliers anglais qui y logeaient. Il a lorgné ces cavaliers et a voulu avoir des chevaux. Notaire, il était d'ailleurs obligé, l'hiver, d'avoir des chevaux pour ses voitures, parce que les chemins étaient fermés et qu'il devait aller aux funérailles afin d'obtenir les successions. Il a commencé par avoir une trotteuse qui s'appelait Binette. Son deuxième cheval était un Hunter, un cheval d'équitation qu'il a quand même réussi à dompter pour la voiture et qui faisait son affaire pour l'exercice de son métier. C'est ainsi qu'il a commencé à faire de l'équitation. Et comme il m'avait acheté un petit cheval, je l'accompagnais moi-même dès l'âge de cinq ans. Il montait fièrement, avec les poings sur les hanches, et moi aussi je montais fièrement. Ça venait sans doute des cavaliers qu'il avait vus et qui lui avaient donné une idée de ce qu'on pouvait conquérir.

Il faut quand même avoir des choses à conquérir ! Il a tenu à Louiseville le haut du pavé : il s'est acheté une grande maison à cinq portes et il a eu une place de banc dans la grande-allée à l'église. Après la mort de ma mère, il est devenu alcoolique : ça lui semblait tout naturel. Le midi, il allait dans la salle à manger et prenait sa grande rasade de gin — il avait toujours des provisions de p'tit blanc en vue des élections, du Saint-Pierre-et-Miquelon évidemment —, jusqu'au moment où les choses ont commencé à aller mal. Il s'est mis à avoir le hoquet, sans arrêt, au point de devoir être hospitalisé. C'est à ce moment qu'on s'est rendu compte qu'il s'agissait d'alcoolisme. C'était même devenu un peu gênant de monter la grande-allée avec un père qui n'était pas tellement solide sur ses jambes. Tout ça l'a amené à faire des passes qui n'étaient peut-être pas légales. À la fin de sa vie, il était rayé du Collège des notaires. À cette époque, ayant fait une bonne spéculation en achetant un aqueduc à Saint-Gédéon, il avait fait une belle passe au Lac-Saint-Jean. Les aqueducs étaient alors des entreprises privées. Il s'agissait de les débiter et de les revendre aux municipalités. C'est ainsi que je pourrai aller au Lac-Saint-Jean quelques fois. De même, il avait acheté un aqueduc à L'Assomption. C'était quelque chose d'assez bien, mais il a joué de malchance : il avait acheté le Conseil de ville de Repentigny et le Conseil s'est fait battre lors des élections. Quand est arrivé le temps de payer, il n'avait ni l'argent nécessaire ni personne pour le financer. Obligé d'acheter, il a fait remettre la vente, qui devait avoir lieu en février, au 5 mars, le jour de la mort de ma mère. Et le 5 mars, il est mort… L'oncle Émile, qui était un négociateur, est alors arrivé et a fait comprendre aux éventuels créanciers que la succession ne valait pas grand-chose. Finalement, nous avons été libérés de l'obligation d'acheter ce maudit aqueduc qui l'avait fait mourir. Il nous restait quand même ses assurances. Une fois ses dettes acquittées et la maison vendue, il ne nous restait pas grand-chose : le chalet de Saint-Alexis — qui est encore entre les mains de Madeleine et Marcelle, mes sœurs, et de mon frère Paul —, et des parts de Québec Téléphone, qui valaient 3000 piastres, avec lesquelles j'ai pu acheter ma maison à Bellerive. Parce qu'avant ça, je n'avais pas d'argent. Je n'ai jamais eu beaucoup d'argent.

Votre père, si je puis dire, est un homme qui « s'est fait »… Est-ce pour cela que, dans votre œuvre, vous le rattachez à Prométhée ?

Si vous voulez. Et il s'est fait durement ! Enfin, nous l'aimions beaucoup. Surtout quand nous étions enfermés comme de petits animaux au lac Sacacomie et que nous guettions sa venue le soir. Au lac Bélanger, il venait à peu près à tous les deux soirs. Les lacs sont très près de Louiseville. Au lac Sacacomie, il devait traverser.

Le lac Sacacomie, c'est à Saint-Alexis ?

Oui. C'est un grand lac et nous y avions un ancien chalet des Caron. Comme il n'y avait pas de chemin jusqu'au bout du lac, nous étions obligés de faire la traversée en canot. L'arrivée de mon père était toujours une occasion de joie et nous accourions vers lui. Les lacs, à présent, je n'aime plus beaucoup cela. D'autant plus que j'ai connu la mer.

Vous avez évoqué le monde religieux à propos de votre mère. De la manière dont vous en parlez dans votre œuvre, on a parfois l'impression que le système religieux, les communautés de femmes en particulier, était une espèce de prolongement du système familial.

Il faut savoir que Trois-Rivières a longtemps été une place moins importante que les gros villages comme Louiseville et Yamachiche. Il fut une époque où les gens de Batiscan et de Sainte-Anne-de-la-Pérade étaient ces fils de vieilles paroisses qui ont longtemps contrôlé les institutions de Trois-Rivières. J'ai rencontré Fernand Cloutier. Je lui disais que mon père avait été le servant de messe de Mgr Cloutier qui, devenu un peu gâteux, prenait plaisir à se cacher sous son lit : on le cherchait pour dire sa messe et, finalement, on apercevait ses deux grands bas rouges qui dépassaient ; on le sortait et il allait dire sa messe. Fernand Cloutier m'a dit : « Oui, la fortune de ma famille vient de ce que nous lui étions apparentés… » Je crois qu'il a existé beaucoup de népotisme dans les compagnies religieuses qui, d'une certaine façon, étaient un prolongement familial. Évidemment, on n'avait pas accès aux très hautes fonctions dans le gouvernement, mais dans les communautés, oui.

Le Maskinongé et le Louiseville de votre enfance ne correspondent pas tout à fait à l'image que l'on a généralement de la paroisse et de la famille traditionnelles, milieux très sévères sous la coupe de la religion. Il y a bien sûr votre mère qui, par les tantes religieuses et par Mgr Charles-Olivier Caron, se trouve du côté de la religion. Mais lorsque vous parlez de votre père, vous dites qu'il avait à peu près juste assez de foi pour parler à son cheval. Louiseville et Maskinongé, tels que vous les décrivez, sont-ils bien ceux de votre enfance ? Ne les avez-vous pas dégagés de la pression religieuse qui s'exerçait sur eux ?

Du côté des Caron ? Je ne sais pas. Si ma mère a été une femme réservée, correcte, ma tante Irène, elle, a été une fille de feu ! Elle était aventureuse, de même qu'une autre cousine à Toronto. Du côté des Ferron, comme on voyageait dans les circuits de famille, la vie était très libre : les oncles étaient attirés vers Lowell où ils allaient « *weaver* » chez Vicky, ma cousine, qui tenait une maison de chambres. Mon divorce a été très bien accepté dans la famille, justement parce que Vicky avait divorcé deux fois. Il s'agissait de précédents qui comptaient. Mon divorce n'a pas tellement étonné. En somme, non, franchement, je n'ai jamais ressenti de pression religieuse. D'ailleurs, on prenait les curés et les vicaires en défaut. Mon père était au courant parce qu'il avait failli entrer en religion, chez les Pères Blancs. Il n'est pas entré dans les ordres, mais il les a toujours surveillés et pris en défaut : il les avait vus avec des filles à Saint-Gabriel-de-Brandon, etc. Il n'y avait que le chanoine Panneton qu'il ne pouvait pas prendre en faute. Il l'avait pris comme confesseur cependant, pour en avoir l'occasion. Il lui avait finalement trouvé le défaut de vouloir imiter les saints. Ça ne lui semblait pas plausible, mais le fait de vouloir imiter les saints était le signe qu'il n'était pas un saint. Il était assez thaumaturge, ce saint chanoine Panneton. Il rivalisait avec certains clairvoyants de la région auxquels on faisait appel avant d'avoir recours au curé. Mais quand le curé arrivait, il fallait que le clairvoyant s'efface. Les curés jouaient bien leur jeu. Il faudra d'ailleurs que je vous reparle du curé Bujold et du feu de la Vallée d'Esdras.

Quant à moi, et je vous ai déjà dit que mes choses sont un peu personnelles, j'avais une dent contre les Sulpiciens. Lorsque j'ai été chassé du Brébeuf, en Versification, mon père est monté de Louiseville et nous sommes allés au Collège de Montréal. Quand les Sulpiciens ont appris que les Jésuites m'avaient chassé, ils ont dit : « Non ! » C'était un petit peu insultant. Mon père n'a pas aimé ça non plus. Nous sommes finalement allés au Collège Saint-Laurent et les choses se sont assez bien arrangées.

En somme, à cette époque, il y avait de la pauvreté et les collèges n'étaient pas remplis, ce qui nous donnait une certaine latitude : on n'était pas tellement sévère. C'est la grande différence entre l'éducation que j'ai reçue et celle que mes enfants achèvent de recevoir. Dès qu'on était bachelier, on choisissait la profession qu'on voulait. On n'était jamais refusé. Tandis que ma fille Martine a été obligée d'aller faire son droit à Sherbrooke. C'était d'ailleurs heureux, parce que Sherbrooke est une petite ville où les étudiants arrivent à vivre un peu mieux qu'à Québec. Ils se connaissent entre eux. Quand j'étais à Québec, nous ne vivions qu'entre étudiants.

Écrire pour se revaloriser

Le milieu universitaire de Québec était intéressant ?

Évidemment, nous faisions notre éducation sentimentale en même temps...

À part le groupe de Robert Cliche, y avait-il d'autres cercles d'amis que vous fréquentiez ?

J'ai surtout fréquenté les gens de droit.

Pourquoi ? Ils étaient plus intéressants ?

Probablement. Et puis, je n'avais pas le temps de fréquenter beaucoup de gens. En plus de mes études, il y avait mes aventures sentimentales, dont celle, entre autres, avec Muguette[10] : ce fut toute une affaire ! D'autant plus qu'il avait été question que

---

10. Muguette Jobin épousera par la suite le poète André Pouliot dont Ferron éditera le *Modo pouliotico*.

je me marie et que je quitte la médecine pour entrer dans l'aviation. Avant de prendre le train pour Montréal, j'étais passé faire mes adieux à ma sœur Madeleine et à mon père. Comme il prenait très mal la nouvelle, il lui avait fait sentir qu'elle n'était pas très bien reçue. Mon père, en ce temps-là, était dans un assez triste état : il voyait des croix noires. Seulement, rendu à Montréal, je trouvais que Muguette m'en demandait trop. Alors nous avions eu une espèce de petit concile avec Henri Tranquille. Finalement, j'étais revenu à Québec reprendre mes études. Ce fut un peu difficile, parce que Muguette m'était arrivée avec de gros meubles à peu près impossibles à transporter. Il m'a fallu demander l'aide de camarades qui ont été assez heureux de m'aider à les sortir. On s'entraidait entre jeunes gens. Je pense qu'il s'agissait pour nous de sortir sans avoir fini de payer le mois. Je ne me souviens plus très bien.

Vous écriviez à cette époque ?

Non. Les études étaient assez contraignantes et il était plutôt question de débats. On n'avait pas de vacances : on faisait notre médecine en quatre ans. Il fallait quand même se tirer d'affaire, ce qui était relativement facile. J'ai rencontré à Laval des hommes impressionnants. Mon professeur d'anatomie pathologique, entre autres, le Dr Louis Berger, qui aurait voulu que je m'intéresse aux études et que je me perfectionne. Je lui avais dit : « Non, je veux écrire. » Et il m'avait répondu, avec un accent alsacien : « Maudit homme ! Maudit homme ! » À l'Institut Pasteur, il avait connu un nommé Farigoule qui avait présenté une communication tout à fait inepte sur la vision extra-rétinienne. « J'ai appris, m'avait-il dit alors, que ce misérable est devenu un grand écrivain sous le nom de Jules Romains. » Cela, pour lui, déconsidérait complètement la littérature. Pour continuer dans les sciences, il fallait quand même avoir un certain mode de vie et je n'en avais pas les moyens, étant marié.

Est-ce à dire que vous auriez aimé continuer dans les sciences ou était-ce l'écriture qui vous intéressait d'abord ?

J'ai écrit, je ne sais pas, pour me revaloriser, parce que je n'étais qu'un petit médecin d'un coin perdu de la Gaspésie, et ensuite un médecin de faubourg qui n'a jamais eu accès aux hôpitaux, qui n'y pensait pas d'ailleurs. Je me suis donné la preuve que je pouvais écrire lorsque j'ai passé un an dans l'armée, après avoir été reçu médecin. Mon père, évidemment, avait eu de l'influence sur moi, mais je me suis quand même rebellé quelque peu. Il m'avait demandé deux choses : de frotter mes souliers et d'apprendre l'anglais. Or, je n'ai jamais frotté mes souliers et je n'ai jamais appris l'anglais ! Cela peut paraître bizarre, mais c'est quelque chose de très important pour moi. J'ai réussi à vivre simplement en français, à avoir des amis de l'Ontario qui me parlent français. Dans l'armée, évidemment, on n'a pas pu m'employer, parce que tout se faisait en anglais. Je leur ai dit : « C'est dommage, mais je ne sais pas parler anglais. » On m'a envoyé à droite et à gauche, au camp Utopia et à Fredericton, et pendant tout ce temps-là, j'ai fait un roman intitulé *La gorge de Minerve*.

Que vous n'avez pas publié.

Non, parce qu'il avait des côtés assez légers. C'était un peu dans le genre de *Félix*, de Simard, mais ce n'était pas satisfaisant du tout. Je l'ai présenté aux Éditions Serge, je pense, et il a été refusé. Je n'ai pas insisté et je me suis repris. J'ai écrit *L'ogre* en 1949. J'étais alors revenu de Gaspésie à Montréal et je m'étais établi rue de Fleurimont[11], au coin de Saint-Hubert, un endroit où personne n'est venu, de sorte que j'ai eu tout le temps de faire ce livre très très rapidement. Mais là aussi je m'orientais vers le désastre, mon premier désastre ! Pour me tirer d'embarras, j'ai

---

11. Actuel boulevard Rosemont.

voulu m'enrôler de nouveau dans l'armée. J'ai été refusé parce que je faisais de la tuberculose, alors que je n'en savais rien. Je me suis quand même servi de ma maladie pour me faire hospitaliser au sanatorium des Anglais à Sainte-Agathe. Quand je suis mal pris, je fais comme saint Paul, captif des Romains. Ça m'a permis de laisser tomber mon cabinet, rue de Fleurimont. C'est également à cette époque que j'ai perdu ma première femme. C'est elle qui m'avait lancé dans cette entreprise du communisme. Elle l'était devenue vers 1944, lorsqu'il y a eu une espèce de snobisme communiste. C'est en Gaspésie, alors que je recevais le journal *Le Canada*, que je me suis cru obligé d'écrire parce qu'un bonhomme avait écrit que les communistes étaient tous des bandits. Je me suis enferré. M'étant déclaré communiste, ça m'a apporté des ennuis, celui, entre autres, de perdre l'allocation que je recevais de Duplessis.

Comme vous dites dans La nuit *: un communisme de guérison !*

Parce que c'est survenu au moment où je faisais ma poussée de tuberculose. C'est un peu le mode de guérison qui est décrit dans *L'immoraliste* de Gide, où on se guérit d'une maladie physique en changeant d'esprit. Dans la famille de ma mère, tout le monde mourait de la tuberculose. Il n'y en a qu'une qui a survécu, une cousine : elle a laissé son mari et s'est enfuie à Toronto. Elle a voulu se suicider en se jetant devant une auto. Au lieu de la tuer, le conducteur l'a épousée. Elle s'est mariée par deux fois avec des anglophones et elle est revenue récemment, vieille dame digne.

Il y aurait de quoi faire un film !

Oui. Elle s'en est sortie, alors que ses sœurs en étaient mortes et surtout ses cousines : ma mère et mes deux tantes. C'est une maladie psychosomatique. Elle m'a permis de me tirer de la

Gaspésie où je n'avais absolument aucun avenir parce que c'était une région d'à peu près cent trente personnes. Rivière-Madeleine n'en comptait pas plus, et ma pratique s'étendait sur une côte de soixante milles. Ce qui faisait beaucoup de déplacements. En hiver je voyageais comme je pouvais dans les anciennes auto-neiges Bombardier, avec les sacs de la poste. La Rivière-Madeleine est pour ainsi dire un pignon en Gaspésie. Elle a deux versants, l'un se dirige vers Gaspé et l'autre vers Sainte-Anne-des-Monts. Il y avait un service d'autoneige qui partait de Rivière-Madeleine et qui allait, d'un côté vers Sainte-Anne-des-Monts et de l'autre vers Gaspé. J'avais accès à cette façon de voyager, mais c'était assez épuisant et je ne gagnais pour ainsi dire pas d'argent. Finalement, j'allais souvent voir les gardes-malades dans l'éventualité où elles auraient raté leur coup. Parce qu'il y avait une garde-malade à Mont-Louis, à Grande-Vallée et à Cloridorme. Je faisais ma tournée une fois par semaine avec ma caisse de remèdes et je donnais des consultations dans les petits hôtels. J'avais cependant une très belle maison que j'avais achetée à crédit. C'était l'ancienne maison du gérant de la Brown Corporation : trois salles de bain, un foyer... Il y avait une disproportion entre ma maison et mes moyens. À la suite de ma profession de foi communiste dans le journal *Le Canada*, Duplessis m'a évidemment coupé mon allocation du ministère de la Colonisation. Je n'étais pas le seul à avoir cette allocation, certains touchaient même 125 $. Après la perte de mon allocation, en 1948, il a fallu quitter Rivière-Madeleine et c'est là que je suis allé m'établir rue de Fleurimont à Montréal. C'était à la fin de 1948, je pense, à l'automne.

Ou en 1949 ?

Non. Je suis arrivé à la fin de 1948. Vos dates ne sont pas tout à fait bonnes[12]. De l'automne 1948 au printemps de 1949. C'est

---

12. Ferron corrige ici les « Repères biographiques... » proposés dans mon livre *Jacques Ferron cartographe de l'imaginaire*.

le 5 mars que j'ai appris qu'on me refusait dans l'armée parce que je faisais de la tuberculose. Mais, à ce moment-là, j'en étais déjà guéri. Il fallait que je me tire d'affaire. Ma femme, évidemment, avait profité de son communisme. Elle avait sa licence en droit, mais elle n'avait pas son barreau. Elle avait trouvé de l'emploi chez Madeleine Parent d'abord, puis chez les électriciens. Il s'agissait alors de syndicats contrôlés par les communistes. C'était au moment de la guerre froide, quand tous ces syndicats ont fini par sauter. Je me suis donc retrouvé au sanatorium anglais pour me tirer d'affaire. J'en suis ressorti après deux mois. Ou plutôt, je me suis fait mettre à la porte parce que je n'étais pas malade et que je sortais la nuit. Je me souviens que, ayant enlevé mes souliers à mon retour, je marchais sans bruit dans les corridors et j'étais tombé sur la nurse. Les nurses, ce sont des espèces de religieuses anglaises, des femmes fortes. Elle m'avait dit : « *You, Doctor !* » Et j'ai dû prendre la porte...

Votre internement au sanatorium survient immédiatement après votre arrestation lors de la manifestation contre le Pacte de l'Atlantique Nord ?

Oui, mais vous l'avez mal datée. C'est en 1949 que je suis passé devant le juge Léonce Plante[13]. C'était un brave juge qui aurait voulu me libérer. Je l'ai si bien décrit dans *La nuit* que sa veuve m'a envoyé ses guêtres. Je lui avais dit que je n'étais pas communiste, alors que la brigade anti-subversive avait des preuves que je l'étais. Tout en obtenant une sentence différée, j'avais eu assez honte de moi. Mais, justement, pour me tirer d'affaire, j'avais dit à ce juge Plante que j'attendais ma place au sanatorium. C'était exact. J'y suis entré quelques jours après. Quand j'en suis sorti, deux mois plus tard, j'étais toujours sans moyens.

13. On trouvera le récit de ces événements dans Raymond Taillefer, « Deux communistes sont arrêtés », *La Presse*, 30 mars 1949, p. 3, 39.

Je suis allé m'occuper de ma fille Chaouac[14] que j'avais laissée chez ses grands-parents à Nicolet. Je l'ai amenée avec moi au chalet de ma sœur Madeleine à Saint-Alexis. C'est là que j'ai reçu, de Rivière-Madeleine, un appel de mon beau-frère Bertrand Thiboutot, qui avait épousé ma sœur Thérèse. Il m'annonçait qu'il avait vendu ma maison. J'ai emprunté vingt dollars de Marcelle et je suis allé sur le pouce jusqu'à Lévis. J'ai ensuite pris le train. Bertrand était à Matane. Nous avons vendu la maison avec profit et je me suis acheté, à Grande-Vallée, une petite Anglia, une auto invraisemblable, avec des freins à câbles, qui n'avait pas de chaufferette. Je suis alors venu m'établir ici, à Ville Jacques-Cartier. J'ai commencé ma carrière avec cette voiture Anglia et je l'ai conservée jusqu'en 1953. Après, je me suis acheté une Prefex ; c'était la même chose. C'est à cette époque que je connaîtrai ma deuxième épouse. Ma première femme avait déjà intenté les procédures de divorce, mais elle a voulu les laisser tomber pendant un moment. Le divorce a finalement été prononcé au Sénat, parce qu'il n'y avait pas, à cette époque, de Cour provinciale comme aujourd'hui. Le témoin de l'adultère était Gilles Hénault. Il était venu confirmer que ma femme vivait avec moi dans ma salle d'attente, ce que les sénateurs avaient trouvé très curieux. Ça m'a redonné courage et j'ai repris ma pratique tant bien que mal.

Les gens n'étaient pas tellement fiers de voir une auto Anglia devant leur maison. On a dit qu'ils étaient pauvres à Ville Jacques-Cartier, que c'en était même un désastre. Non pas ! La plupart étaient des gens responsables qui se bâtissaient des maisons. Ils sont devenus propriétaires, alors que s'ils étaient demeurés à la ville ils seraient restés locataires toute leur vie. C'était une entreprise, un développement urbain tout à fait bizarre. C'est dans cette ville que j'ai repris ma pratique et c'est à ce moment-là que je me suis rendu compte qu'il fallait être au

---

14. Surnom que Ferron donne à sa fille Josèphe-Anne.

poste. Au poste, c'est-à-dire avec Madeleine Lavallée, que j'épouserai en 1952 à la mitaine de Marieville, au mois de juin. C'était le temps des fraises ; on en a acheté un casseau en s'y rendant. Comme nous n'avions pas de témoins, le pasteur avait dû prendre son sacristain et sa ménagère pour nous servir à cette fin. Lorsque ma fille Marie naîtra, pour que le curé l'accepte au baptême, elle a dû être baptisée enfant naturelle, parce que mon deuxième mariage n'était pas reconnu par l'Église. Notre contrat de mariage a d'ailleurs été rédigé en anglais, par un notaire anglais. Lorsque nous avons fait des transactions, étant donné ma réputation de nationaliste, notre notaire de Longueuil, un Canadien français, a été surpris par ce contrat de mariage écrit en anglais. Ce qui veut dire, évidemment, que tout cela me poussait du côté anglais, mais je ne pouvais pas y aller parce que je n'avais pas appris à frotter mes souliers et n'avais pas appris l'anglais. Je me suis raccroché… Parce que j'écrivais, c'est devenu très important pour moi que le français soit viable, ce qui a gâté un peu mon œuvre. Car, pour ainsi dire, je me suis battu pour mon instrument de travail, pour réhabiliter le français. Je m'imagine que dans un pays qui a du bon sens ce genre de choses n'arrive pas. Au Danemark, tu écris en danois, ce qui ne dérange personne : il n'est pas question d'écrire dans une autre langue. Je me suis battu contre le bilinguisme. J'avais ma théorie que deux langues de même formation, de même durée, ayant une littérature aussi intéressante l'une que l'autre, étaient deux langues qui se nuisaient, l'une rongeant l'autre.

Soutenez-vous toujours cette théorie ?

J'aime beaucoup cette idée-là. Le bilinguisme peut avoir lieu, disons, dans un pays à langue vernaculaire. J'ai l'impression qu'en Afrique, le français, dans certains pays, est nécessaire comme langue de civilisation. Même en Algérie, l'arabe n'est pas encore rendu dans les hautes sphères, mais il s'y rendra. À ce moment-là, je crois que le français sera en perdition. Après avoir quitté la Gaspésie, que j'avais d'ailleurs choisie parce qu'on y parlait bien français — ce que j'avais remarqué avec les patients que nous recevions à l'Hôtel-Dieu de Québec —, j'étais d'autant plus troublé qu'en arrivant à Jacques-Cartier, ville frontière, je me suis rendu compte que la qualité de la langue, la chaleur communautaire, mais aussi le respect que je rencontrais en Gaspésie avaient tous disparu.

Vous le regrettiez ?

Oui, parce que j'y avais une place satisfaisante. La société était respectueuse et le médecin en profitait. Le respect qu'on avait pour les curés rejaillissait sur nous, je pense, parce que nous faisions partie du système. Mais il se peut que si j'étais resté en Gaspésie, j'aurais vu les choses de loin. L'automatisme, par exemple, est survenu alors que j'étais en Gaspésie. « Qu'est-ce que c'est ça ? Qu'est-ce que c'est ça ? » Je ne comprenais rien. Il a fallu que je me rapproche de ce centre vital que me semblait être Montréal, parce que c'était une ville plus importante que Québec, une ville de frontière, une ville de combat, tandis que Québec, en arrière, me paraissait être une ville bien en paix...

Bien assise sur le roc...

Bien assise et, si je puis dire, une ville complètement libérée, où il n'y avait plus de combat libérateur à faire. Montréal a toujours été une ville de combat. C'est, me semble-t-il, le centre vital du Québec, même s'il est un peu excentrique. Mais enfin, il fallait se trouver près de Montréal.

Le milieu vivant des automatistes

Vous êtes arrivé à Montréal après la Deuxième Guerre mondiale, c'est-à-dire à la fin d'une belle époque pour les maisons d'édition québécoises qui, dans leur essor, avaient publié nombre d'auteurs français. On a l'impression que la guerre, sous bien des aspects, a été un moment important au Québec, dans le monde des arts, des lettres aussi. Vous avez, par exemple, mentionné les automatistes. Est-ce ainsi que vous avez vécu cette période ?

Peut-être, après coup. Il est sûr que le Québec devenait un refuge. C'est ainsi que Breton a pu faire un livre influencé par la Gaspésie. Borduas, qui n'avait pas connu Breton lorsqu'il était allé en France faire son apprentissage de peintre sous Maurice Denis, était revenu au moment où Breton était à New York. Le père Couturier, qui avait une certaine influence, avait dit à Borduas : « Nous pourrions aller le rencontrer. » Ils étaient partis ensemble à New York, Borduas, petit, avec cet homme à robe blanche à ses côtés. Quand Breton les a aperçus, il leur a tourné le dos et n'a pas voulu leur parler parce qu'il ne parlait pas à des curés. Borduas était revenu en se demandant si Breton avait ou non raison. C'était un homme qui se posait beaucoup de questions. Enfin, c'est pour dire que cette présence, cet apport, cette fermeture de la France nous permettait alors de voir ici des gens qui ne seraient pas venus autrement. J'ai, quant à moi, écouté une conférence de Saint-Exupéry à Québec. Avoir vu Saint-Exupéry, c'est quelque chose.

En ce sens, peut-être que tout cela a eu de l'influence sur Borduas qui a eu ainsi un cheminement personnel. Il a fait deux carrières, si je peux dire. La première a fait de ce fils de menuisier un notable de Saint-Hilaire, et quoiqu'il n'ait jamais eu d'auto, il avait une très belle villa, de même que son propre cidre. Ce n'était pas le même cidre qu'on allait acheter avec Mousseau. Il avait un bon fournisseur où il n'aurait pas laissé aller tous ces excités d'automatistes qui gravitaient autour de lui. À cette époque, encore influencé par sa femme, fille de médecin, il faisait des dessins de gens la tête et le cou un peu penchés. Ensuite, je ne sais pas, il y a eu une espèce de rébellion contre sa femme qui m'a téléphoné un jour. J'avais parlé, à la radio, des accouchements que je faisais à domicile. Madame Borduas m'avait téléphoné et m'avait dit : « Mon père lui-même faisait des accouchements à domicile et je trouvais triste de le voir partir ainsi dans la nuit. Alors j'ai fait mon cours d'infirmière pour pouvoir aller l'aider. Quand j'ai été reçue, mon père a refusé. Il n'a jamais voulu que je le suive. »

Je lisais hier soir un texte de Guy Robert[15] sur Borduas. Il mentionne qu'à une certaine époque, Borduas, étant assez occupé et recevant beaucoup les automatistes, « ne lit à peu près plus, mais écoute volontiers sa femme lui faire la lecture, pendant les longues séances de travail à l'atelier ».

C'est possible. Je crois qu'elle a eu beaucoup d'importance et je crois qu'elle lui a même servi de modèle dans les tableaux de sa première période. Il se peut qu'elle ait peu à peu façonné Paul-Émile, qu'elle l'ait aidé dans sa première carrière. Mais elle ne pouvait quand même pas le suivre dans le *Refus global*. Elle est restée croyante, alors que lui faisait sauter ça par-dessus bord. Sa deuxième carrière serait celle où il se distancie de son beau-père. On coupe, on ne fait jamais franchement les choses, on se prépare. Il se peut que cela ait eu de l'influence dans la pré-paration du *Refus global*, manifeste qui devait faire sauter le monde — les signataires devaient se retrouver en prison —, mais qui n'a pas changé grand-chose et qui est passé assez inaperçu.

---

15. Il s'agit de son *Borduas* (Les Presses de l'Université du Québec, 1972, p. 77) que je relisais le 16 octobre 1982 en prévision de l'entrevue du lendemain qui reprendrait là où on s'était laissé le dimanche précédent, soit sur les automatistes.

Ray Ellenwood voyait hier[16] Henri Tranquille et lui demandait s'il se rappelait du *Refus global*, de cette époque ; il ne s'en souvenait pas beaucoup. Pourtant il a bien eu Mousseau à son emploi dans sa librairie, comme il a eu Jean-Jules Richard. Et il a fait des petites expositions de peinture.

Comment avez-vous été amené à connaître le milieu des automatistes ?

J'étais le frère de Marcelle. À ce point de vue-là, je dois dire qu'elle m'a beaucoup apporté, plus que ce que je lui ai moi-même apporté. Enfin, c'est elle qui m'a permis de pénétrer dans ce milieu. J'avais d'ailleurs fait lire mon livre *L'ogre* à Claude Gauvreau et il me l'avait rendu deux jours plus tard en me disant : « Il y a ceci que j'aime bien ». Ça finissait là. Je n'osais plus trop m'aventurer avec ma littérature. On allait quelquefois en pèlerinage à Saint-Hilaire, où le maître, n'ayant pas de voiture, recevait. Sa maison était à mi-côte et il avait son atelier dans un entresol ouvrant pleine porte à l'avant, mais qui n'avait pas d'issue à l'arrière. Je suis monté une fois dans sa maison, lors d'une exposition de sculpture. On ne parle pas des sculptures de Borduas, mais il en avait fait une exposition et je crois qu'il s'agissait de belles sculptures faites dans le bois. Il exposait dans la maison haute, alors que les petits apôtres devaient rester dans l'atelier. Seuls madame Borduas et les gens susceptibles d'acheter avaient accès à la maison haute.

J'allais là parce que j'avais une auto. C'était pas une auto extraordinaire, une Prefex ou une Anglia, mais ça suffisait, c'était un véhicule. Je me souviens, par exemple, qu'André Goulet voulait faire de la peinture. Il apportait ça à Borduas qui, très patient, regardait les toiles de Goulet et disait : « Ceci… cela… » Finalement, il aimait ce que Goulet n'avait pas remarqué, ce qui

16. Le 9 octobre 1982.

a découragé Goulet parce qu'il le faisait malgré lui ! Borduas accordait beaucoup d'attention aux jeunes gens. J'ai conversé quelques fois avec lui. C'était un petit homme fin, très minutieux, qui avait beaucoup de respect pour les artisans et pour les gens libres, admirant, par exemple, une espèce de vieux solitaire qui, de temps en temps, louait ses soins pour gagner sa vie, un artisan libre qui ne voulait pas être surveillé et qui prenait lui-même son temps en note. Borduas a fini par partir à Paris où ma sœur Marcelle se trouvait déjà. Elle avait signé *Refus global* et ça lui avait ouvert beaucoup d'horizons. En 1953, alors que son mari René Hamelin s'était engagé — ça ne marchait pas beaucoup dans le droit à cette époque —, elle avait traversé en France où elle a vécu jusqu'en 1966 ou 1967, pour revenir ensuite. Elle avait appris des trucs sur le verre et elle a toujours gagné sa vie : elle est peut-être la plus riche de la famille et a une bonne maison à Outremont. C'est une sœur tout à fait intéressante, toujours en avance dans les idées, qui m'aura permis de connaître les automatistes et Muriel Guilbault, et de voir un peu l'envers de Gauvreau qui, au fond, aimait bien sa mère.

Gauvreau n'avait pas voyagé beaucoup. Il est allé une fois à Boston. J'ai entendu le récit de son voyage à Boston, décrit bosse par bosse et raconté d'une façon assez magistrale pour sa mère qui, un peu en retrait, l'écoutait. Amoureux de sa mère, il était porté à aimer les comédiennes qui étaient des femmes de feu, mais qui, en fait, n'étaient pas véritablement ses femmes. Il en a eu deux : Muriel Guilbault dont il était l'amant en titre, l'amant en charge étant Robert Blair. Après la mort de Muriel Guilbault, il y a eu une petite Letondal. Mais, à la fin de sa vie, je pense qu'à ce moment-là — et l'ouvrage de Marchand sur *Claude Gauvreau mythocrate* est assez juste — il a fait disparaître un de ses livres, *Lobotomie*, où il était question de son deuxième amour : il ne devait avoir qu'un seul amour et cet amour-là, c'était pour Muriel. Il a donc fait disparaître le deuxième amour de sa vie. Il s'est probablement suicidé quand il a mis fin à son œuvre, ayant accepté les corrections pour que soient jouées *Les oranges sont vertes*, alors qu'il n'en acceptait jamais auparavant. C'était un drôle de garçon. Un peu avant qu'on joue *La charge de l'orignal épormyable*, je l'avais entendu dire qu'il s'agissait d'un événement incommensurable. Ce fut un échec[17], et je l'ai retrouvé à Saint-Jean-de-Dieu où je commençais à travailler. Il était, pour ainsi dire, devenu l'ombre de lui-même. On le faisait marcher dans les jardins, deux nurses le soutenant. Il avait failli mourir. Et puis, il est reparti. Il allait un peu mieux quand on s'est mis à jouer sa pièce. Il est allé aux répétitions, a admis des corrections, mais il ne voulait pas partir de Saint-Jean-de-Dieu. J'ai donné un coup de main à son psychiatre en lui disant : « Tu sais, la *Lobotomie* — parce que son psychiatre l'avait lu —, je pourrais le faire publier par Hébert ! » Ce qui a décidé Gauvreau. Il est sorti de Saint-Jean-de-Dieu et il est allé détruire le livre. Il a eu peur que, par je ne sais quelle machination, je m'empare du manuscrit et donne à publier le livre qu'il voulait faire disparaître. La paranoïa ! Enfermé, n'importe qui peut devenir ainsi. C'est assez bizarre que ce garçon quand même brillant ait été fou et qu'il ait eu une si grande influence. Les fous ici ont de l'importance.

Mais n'est-ce pas l'attitude traditionnelle que l'on retrouve ici, comme en témoigne le traitement accordé au fou du village : on le craint et à la fois on est séduit par lui ?

Vous voulez parler de l'innocent et non du fou du village. On se moquait un peu de l'innocent du village, mais il était protégé.

---

17. Ferron fait sans doute référence ici à la production du groupe Zéro, au Gesù, en mai 1970. « Faute de spectateurs, écrit Jacques Marchand, quelques comédiens démissionnent au milieu de la quatrième représentation. Ces événements entraînent une brève polémique dans les journaux » (Jacques Marchand, *Claude Gauvreau, poète et mythocrate*, Montréal, VLB éditeur, 1979, note 2, p. 314).

Le fou n'était pas tellement toléré dans les villages. Quand ils font peur, les fous ne restent pas, ils s'en vont.

Vous vous étonnez que Gauvreau ait eu une si grande influence dans le groupe ?

Quand Borduas parlait, Gauvreau ne disait rien, mais quand Borduas n'était pas là, c'est lui qui était l'âme du groupe, c'était lui l'organisateur. Je me souviens surtout d'une parade au Musée des Beaux-Arts à laquelle j'avais participé avec des pancartes pour dire des bêtises aux gens des arts académiques. C'était assez bizarre ! C'était lui l'écrivain, c'était lui qu'on consultait. Mais moi, je l'ai vu toujours un peu du dehors. Je ne l'ai pas connu autant que Mousseau, par exemple. Peut-être que ma sœur Marcelle pourrait en parler, quoiqu'elle a été absente si long-temps. Elle a plutôt connu Borduas, tandis que nous, nous avons plutôt connu Gauvreau.

Et le rôle de Borduas ? Il était vraiment le maître ?

Oui.

C'est lui qui avait rallié les disciples autour de lui ?

Je ne sais pas comment la chose avait commencé.

Est-ce que ce n'était pas par son enseignement ?

Non. Il enseignait à l'École du meuble. Et il n'y avait personne de l'École dans ce groupe[18]. Pour ma part, je me demande si tout

---

18. Ferron ne semblait pas être conscient que des gens comme Jean-Paul Riopelle, Marcel Barbeau, Roger Fauteux et Maurice Perron, entre autres, avaient été les élèves de Borduas.

ça n'a pas commencé par les dessins d'enfants, avec le frère Jérôme. Je me souviens que Mousseau était venu me chercher une fois. J'avais encore une de ces petites autos. Nous devions aller au Collège Notre-Dame chez le frère Jérôme. Je disais bonjour aux gens que je rencontrais. Je le faisais avec beaucoup d'aisance, parce que je pensais que Mousseau avait la permission. Mais non ! c'était une razzia que nous allions faire dans le grenier du collège. Nous sommes descendus avec des dessins d'enfants mis de côté par le frère Jérôme et nous les avons mis sur le toit de mon auto. Nous ne sommes partis qu'une fois l'auto bien chargée. Et ce n'est qu'après coup que j'ai su qu'il s'agissait d'une razzia et non d'un déménagement convenu et accepté. Il se peut que ce soit par là que tout a commencé. Je ne sais pas.

Borduas et les automatistes se sont trouvés dans une sorte de querelle des Anciens et des Modernes, l'affrontement avec les bonzes de l'École du meuble.

Y a-t-il eu un affrontement avec les bonzes de l'École du meuble ? Je ne crois pas que Borduas ait fait autre chose que d'enseigner le dessin à l'École.

L'affrontement s'est certainement fait par le biais des expositions que le groupe faisait...

Oui, oui, oui...

...et des manifestations qui entouraient ces expositions.

Mais l'École du meuble était en dehors de ça. On faisait même la guerre à Pellan. C'était un petit groupe très refermé sur lui-même, très belliqueux et revendicateur, cherchant le scandale, l'obtenant plus ou moins. On peut juger de l'excellence d'un mouvement, non par ce qu'il dit, mais par ce qu'il fait, par ce qu'il permet de créer. En somme, il en est sorti des œuvres intéressantes. Il faut donc croire que ce mouvement avait du bon sens. Mais est-ce qu'ils eurent beaucoup d'influence sur le moment ? Après, certainement ! On dirait que le *Refus global* a joué d'un certain prestige dans la « Grande Noirceur », justement parce que c'est comme un phare qui apparaît dans le noir, alors qu'il est bien possible que ce soit une impression rétrospective. En fait, c'est peut-être pour cette raison que Tranquille était tellement fâché quand il en a parlé avec Ellenwood : tout cela lui semblait un événement comme les autres. Pour Tranquille, l'affaire Balzac, par exemple, était plus importante que l'affaire Borduas.

C'est vrai que l'affaire Borduas, ou l'automatisme, a pris beaucoup de place à cause du manifeste, qui formulait des idées ou des façons de voir qui avaient cours ailleurs, en même temps. Je pense à Paul-Marie Lapointe qui, en quarante-huit, a écrit Le vierge incendié, *mais qui n'était pas relié directement aux automatistes.*

Mais il était un apôtre, c'est-à-dire accepté par les automatistes. Il a été publié par Mythra-Mythe.

Faisait-il partie du groupe ?

Non, mais Gauvreau en était très content. J'ai connu Paul-Marie Lapointe alors qu'il arrivait de Québec. À ce moment-là, il était plutôt communiste. Conséquent, il voulait prendre la direction d'un média. Il y est peut-être parvenu, mais, entre temps, ses idées avaient changé. Il voulait écrire quand même, et il a publié ce beau poème sur les arbres. Je l'ai bien fait fâcher parce qu'il s'était appliqué à y inscrire tous les arbres et il avait oublié le micocoulier.

Je mentionne Paul-Marie Lapointe, parce que c'est en quarante-huit qu'il publie Le vierge incendié, *mais il écrit aussi sa « Nuit du 15 au 26 novembre 48 ».*

« La Nuit du 15 au 26 novembre 1948 » ? Remarquez qu'à ce moment-là j'étais en Gaspésie.

Ces poèmes sont d'ailleurs restés inédits, je crois, jusqu'à l'intégrale de Lapointe publiée par l'Hexagone. Mais je trouve intéressant de les mentionner ici parce que le titre du recueil les rattache à la tradition des poèmes d'illumination.

Ce serait intéressant de comparer ça au phénomène de l'extase qui a été bien étudié dans la Contre-Réforme.

Il y avait aussi Grandbois, qui n'est pas automatiste, mais dont Les îles de la nuit *ont été illustrées par...*

...Pellan, oui. Mais il n'était pas du groupe des automatistes.

Bien sûr, mais c'est pour dire que les automatistes exprimaient d'une façon particulièrement forte des choses qu'ils n'étaient peut-être pas les seuls à penser.

Il y avait aussi, avec la guerre, le retour de Pellan qui peut être pris en considération. Il se peut qu'il ait fait bouillir un peu la marmite. Grandbois a toujours été un type de la région de Québec, un *outsider* protégé par Duplessis, nommé au Salaire minimum, après avoir été tout à fait fils de famille : il avait fait le tour du monde ! J'ai connu sa sœur qui avait épousé un médecin narcomane qui faisait un peu le tour de toutes les paroisses.

Est-ce le fameux Bessette de Cotnoir *?*

Non, c'est celui qu'on voit dans « Les Méchins ». C'est lui qui m'a raconté la pitié d'un médecin pour un vieux cheval.

Vous avez vécu la période des automatistes davantage en témoin qu'en participant.

D'ailleurs, ils n'auraient pas voulu de moi. Je pouvais, par exemple, conduire les apôtres à Borduas. J'y étais allé un dimanche, la fois du catafalque ! Mousseau était devenu culti-vateur avec un autre automatiste, Barbeau. Il avait loué une terre à Saint-Jean-Baptiste et s'était mis à semer de la betterave à sucre. C'était toute une affaire que de ramasser la betterave et de la lancer dans le camion. Ce soir-là, après une dure journée, il ne restait plus rien à boire chez Mousseau. J'avais proposé d'aller en chercher à l'église ! Nous y étions allés, Lefébure et moi. C'est difficile de pénétrer dans une église, mais nous ne voulions pas rentrer bredouilles. Nous avions finalement réussi à entrer dans la cave de la sacristie où il y avait le catafalque et une espèce de drap mortuaire. Nous avions tout rapporté. Mousseau commen-çait déjà à être mal vu des gens de Saint-Jean-Baptiste, parce qu'il ne suivait pas les us et coutumes : il travaillait la nuit, chose baroque. Je me souviens que Mousseau avait fourré le drap dans le poêle. Ça fumait et Barbeau, fâché, le pointait du doigt en disant : « Le dadaïsme est dépassé ! » J'étais allé reconduire Claude Gauvreau qui avait apporté un morceau du catafalque pour le mettre parmi ses objets automatistes. Cela a été ma contribution au mouvement, si je puis dire ! C'est là que j'ai connu et apprécié ma deuxième épouse pour son courage, en la regardant jeter ces sacrées betteraves dans le camion ! J'étais devenu un pauvre diable et j'avais besoin d'une femme cou-rageuse.

Avez-vous été influencé par les automatistes ?

Non, pas du tout ! Qu'est-ce que vous voulez, c'est une façon d'écrire qui n'est pas du tout concertée. Je ne me vois pas écrire « ba ba be bi… ». Je me trouvais tout simplement dans un milieu vivant. Je n'avais pas fait d'efforts pour y pénétrer. Il faut prendre les gens où on les trouve, comme ils sont, sans trop se déplacer et trouver sur place ce qui est bon. Moi, j'ai trouvé les automatistes. Ils étaient là et je les ai pris. J'étais assez heureux avec eux. Borduas avait parfois des visiteurs intéressants. Je me souviens d'avoir rencontré un médecin belge qui venait du Congo. Une autre fois, je rencontrerai madame Borduas, lorsque Borduas fit son exposition de sculpture.

Vous avez écrit en 1969, à propos des automatistes : « Un délire extravagant et laborieux dont je rigolais. Je ne connaissais rien à l'art. Aujourd'hui, je ne rigole plus. La peinture n'est pas une amusette. Borduas a tout simplement fourni la preuve qu'il était un peintre authentique. »

Il y a des arts qui sont pour ainsi dire précurseurs. Je pense, par exemple, à la peinture sous la Renaissance, avec la mise en place du monde grâce à la perspective linéaire. Il est sûr que cette mise en place du monde a donné naissance à la formation de certaines idées. Il se peut que ce soit la même chose dans le cas de Borduas. Il a été un précurseur, non seulement pour les peintres, mais aussi pour les écrivains et les penseurs. C'est en ce sens que j'ai écrit ce que vous venez de me citer. Mais moi, sur le moment, je n'y voyais que du feu ! C'est toujours la fameuse bataille où, dans *La chartreuse de Parme*, le héros se demande s'il a vu la bataille, alors qu'il s'y tient au milieu et ne la voit pas. Mais dire que cela m'a influencé beaucoup, non. J'ai été quand même heureux de connaître ces jeunes-là, ces utopistes et ces peintres, mais ça ne changeait en rien ma façon de voir et d'écrire. J'y étais, comme je vous ai dit, à cause de ma sœur Marcelle qui m'a introduit à ce milieu et parce que j'avais une minable petite voiture.

Elle fut votre carte d'entrée, si on peut dire.

C'est ça ! J'ai toujours été curieux, et quand je pouvais, sans perdre trop de temps, me rendre à un endroit pour voir quelque chose, j'y allais toujours. Mais je ne crois pas que le mouvement ait eu de l'influence sur ce que j'écris, non. En même temps, ça énervait un peu mon beau-frère Robert qui, de la Beauce, se demandait ce que c'était et ne comprenait rien. Je pense d'ailleurs qu'il a écrit quelques petites lettres un peu sèches à ce sujet[19]. Nous étions tous participants d'une même famille et, parce que Marcelle faisait partie du groupe, il fallait que nous réagissions au mouvement. Nous le faisions sans trop comprendre, de loin, d'une façon un peu bébête. Ce ne fut que longtemps après que nous avons compris la place qu'occupaient cette peinture et le manifeste du *Refus global*. Je vous disais que ma sœur Marcelle était à Paris lorsque Borduas est allé y mourir. À travers elle, nous avons été mêlés, si je puis dire, à la guerre d'Algérie, parce qu'à un certain moment elle avait été l'objet d'un mandat de déportation de la part de la France. Elle avait prêté son logis à des activistes dans la guerre d'Algérie. Robert a réussi à bloquer le mandat de déportation et tout s'est arrangé. C'est la raison pour laquelle je vous disais que ma sœur Marcelle nous a beaucoup apporté. Elle était dans un bien plus grand monde que le nôtre : les automatistes, Paris, la guerre d'Algérie. Elle parvenait à se tirer d'affaire. Elle a laissé tomber son mari en cours de route.

C'est tout ce que je peux dire des automatistes.

---

19. Ces lettres ont été reprises dans *Les lettres aux journaux* de Jacques Ferron (Montréal, VLB éditeur, 1985, p. 490-494).

Les lumières de la « Grande Noirceur »

Vous avez à quelques reprises abordé la question de la « Grande Noirceur », sur laquelle vous avez des vues assez peu conventionnelles.

Tout ce que je peux dire, en somme, à propos de la « Grande Noirceur », c'est que s'y trouvent les années de notre jeunesse, nos années lumineuses, ce qui est assez peu compatible avec ce concept de « Grande Noirceur ». Il me semble que ce concept général sert de contraste et rend encore plus lumineuses nos meilleures années. Je vous disais que j'avais été privilégié. C'est un peu comme au XVIIIe siècle, qui est le siècle des Lumières, mais qui, d'une certaine façon, était un siècle de noirceur, avant la Révolution, pour la majorité des citoyens français. Les Lumières, c'était pour quelques privilégiés. C'est la comparaison que je pourrais faire. Nous étions absolument libres, beaucoup plus libres, par exemple, que ne le sont nos enfants dans le choix des collèges. Il n'était pas difficile d'entrer dans un collège plutôt que dans un autre pour la bonne raison que les années étaient dures et que les collèges n'étaient pas remplis. À Brébeuf, il y avait tout un dortoir vide. La boîte ne marchait pas à fond : peu de gens avaient les moyens de payer trente-cinq dollars par mois pour faire élever leurs enfants. Il y a toujours un certain plaisir à être privilégié, même si on ne s'en rend pas compte — on s'en rend compte longtemps après ! Dès qu'on évolue dans un système de privilèges, on connaît rapidement les règles du jeu et on peut faire à peu près ce qu'on veut. Dans le siècle des Lumières, il y avait un grand libertinage, mais ne pouvait pas y participer qui le voulait. Dans ce sens, je ne vois pas beaucoup la « Grande Noirceur » qui correspond aux années les plus claires, les plus lumineuses de ma vie. Mais enfin, la « Grande Noirceur » aurait fini quand ? Avec Duplessis…

Oui, puisque l'expression sert habituellement à désigner le régime Duplessis.

Le régime Duplessis, au point de vue politique, a été un régime assez sage où une structure de base a été mise en place, où un crédit assez considérable a été accumulé, qui ensuite va permettre de payer les dépenses fastueuses de la Révolution tranquille. En somme, c'est Duplessis qui a tout préparé. Duplessis n'était pas un ignorant. C'était un homme qui aimait le pouvoir et qui en a usé d'une façon assez convenable, étant donné les circonstances, ce qui n'a pas nui au développement du pays. Au contraire, on peut dire qu'il est le père de la Révolution tranquille...

Vous ne feriez certainement pas l'unanimité avec cette affirmation.

Il ne faisait pas mal à ceux qui s'opposaient à lui. Évidemment, quand je me suis déclaré communiste, en Gaspésie, je ne pouvais pas m'attendre à recevoir encore une allocation du ministère de la Colonisation. Je l'ai perdue, mais c'était tout à fait dans l'ordre des choses. Ensuite, après deux mois passé chez les tuberculeux — c'était une coutume qu'un médecin qui avait fait un peu de tuberculose pouvait servir dans les sanatoriums —, j'ai fait ma demande. Elle a été acceptée par le docteur Mondat qui ensuite est revenu sur sa décision. Il m'avait dit : « Oui, vous pouvez détacher votre plaque. » J'étais à Ville Jacques-Cartier où ça commençait assez pauvrement. Je pouvais compter sur cette place, mais ça n'a pas marché. À Québec on n'acceptait pas de me donner un privilège parce que je m'étais mis de l'avant. Des communistes, il n'y en avait pas tellement : il fallait, tout en les gardant, ne pas leur accorder de grands privilèges, les garder communistes, c'est-à-dire en dehors, ennemis. Ainsi, longtemps après, quand je rencontrerai Paul Bouchard de *La Nation*, un type assez près de Duplessis, il refusera de me donner la main. C'était assez gênant.

« Duplessis, dites-vous, on peut le considérer comme le père de la Révolution tranquille. » On le voit plutôt comme un conservateur, un réactionnaire, un antisyndicaliste...

Il y a eu en somme deux affaires : celle de Louiseville, celle de l'amiante. Je crois qu'en définitive, après le combat, tout s'est arrangé à la satisfaction des deux parties. Duplessis était, si je puis dire, un des derniers notables traditionnels. Il cherchait beaucoup à garder la clientèle du notable, les ouvriers. C'était lui, par définition, le protecteur des ouvriers et il a peut-être mal accepté l'interposition d'une nouvelle classe. Durant toute cette période, nous avons assisté à la formation d'une nouvelle classe, celle des syndicalistes. Je me souviens que lorsque Hosanna Lefebvre, président de la Commission scolaire, un homme fort ignorant, arrivait à une assemblée de la commission, tout le monde se mettait debout, les petits instituteurs, les petites institutrices. La classe des enseignants n'existait pas encore. Ils n'en menaient pas large même s'ils étaient beaucoup plus instruits que Hosanna Lefebvre qui, lui, ne pensait qu'à faire quelques profits quand on bâtissait des écoles. Le professeur tel qu'il existe est un nouveau personnage que, dans la « Grande Noirceur », nous ne connaissions pas beaucoup. Il n'avait pas pris conscience de lui-même, de même que le syndicalisme n'avait pas cette assurance qu'il a actuellement. L'enseignement n'était pas devenu une profession. Il s'est quand même formé sous la « Grande Noirceur ».

Jean-Louis Roy parle plutôt, lui, de ruptures. Je crois que le titre de son livre est Le temps des ruptures[20].

20. Jean-Louis Roy, *La marche des Québécois. Le temps des ruptures (1945-1960)*, Montréal, Leméac, 1976.

Le temps des ruptures… Duplessis a repris le pouvoir en 1944 à cause de la menace que le fédéral faisait peser sur le monopole clérical. Le clergé s'est opposé à l'instruction obligatoire aussi longtemps qu'on n'a pas eu les allocations familiales. Il s'y opposait avec des thèses de Saint-Thomas : le droit des parents, etc. Mais quand les allocations familiales ont été votées, les petites thèses ont revolé en l'air et il a bien fallu accepter l'instruction obligatoire. Cette instruction, les clercs ne pouvaient pas la dispenser. Ils n'étaient quand même pas assez nombreux, et c'est à ce moment-là que se sont formés en plus grand nombre les instituteurs laïcs. Au même moment, les clercs perdaient foi en eux-mêmes et commençaient à défroquer, fournissant, par exemple, tous les directeurs d'école à Ville Jacques-Cartier. Il y a eu un passage assez brusque du monopole clérical à l'établissement de la nouvelle carrière de l'instituteur laïc. La rupture était faite. Il y avait aussi la menace de l'Assurance-santé qui signifiait la fin du monopole du clergé sur les hôpitaux. Aux élections de 1944, il semblait que les libéraux allaient gagner — j'étais évidemment au Club de Réforme, étant donné que j'étais un orateur libéral —, mais à la fin de la soirée, tout s'est refroidi : les comtés ruraux avaient voté pour Duplessis. Et de fait, il a repris le pouvoir en 1944, bien décidé cette fois de ne plus le perdre. En 1939 d'ailleurs, il avait été obligé de faire des élections parce qu'on resserrait les crédits et qu'on voulait se débarrasser de lui. Ayant repris le pouvoir, il l'a occupé assez bien. En somme, il n'était pas tellement dévotionneux. Il parlait des curés et les traitait bien, mais ça ne l'empêchait pas de dire qu'il faisait manger les évêques dans le creux de sa main. Le but de Duplessis était de bien gérer la province et il l'a fait. Il l'a structurée et lui a donné du corps. C'est sous son règne que les nouvelles classes ont pris du poil. Elles sont sorties tout armées de la « Grande Noirceur ».

Les années soixante n'arrivent pas toutes seules !

Soixante a été une affaire assez folle. Quand on s'est mis à diviser les régions, à bâtir des cégeps, on pointait et on décidait que tel cégep était là : un point sur la carte. À un endroit, à Montmagny je pense, il s'est trouvé que le point fixé était au milieu d'un lac. De grandes dépenses faites un peu follement, un peu rapidement ! On avait justement de grands crédits à la mort de Duplessis, à cause de sa gestion financière de la province. Faut quand même considérer les choses : la galette, c'est la galette ! On ne peut pas juger un homme, un administrateur public, simplement à cause de ses attitudes de parade, de hustings. Duplessis avait toujours un vieux chapeau, mais ce n'est pas par son chapeau qu'on va le juger, mais par ce qu'il a fait. Il prétendait n'avoir jamais lu, alors qu'il lisait beaucoup. L'air de rien, il a protégé les écrivains. Ça l'amusait beaucoup de mettre Grandbois au Salaire minimum. Grandbois allait toucher son chèque jusqu'au moment où il a demandé qu'on le lui envoie par la poste.

Jean-Charles Harvey aussi avait été récupéré quand il avait perdu son poste au Soleil. *Il était devenu fonctionnaire ?*

Oui, mais ça c'est dans le temps de Taschereau. Il y a toujours eu un système de protection. L'homme instruit, au Québec, a toujours été protégé parce qu'il n'y en avait pas beaucoup. Si on remonte dans le temps, quelqu'un comme Arthur Buies, qui était un anticlérical tout-ce-que-tu-voudras, homme fin, homme instruit, avait quand même été récupéré par le clergé, par Mgr Labelle. Il n'y a pas eu de bûchers pour les écrivains au Québec. Écrire un livre, ça donnait des avantages, de grands avantages, de sorte qu'on n'avait pas besoin d'écrire beaucoup. Il s'agissait de faire un ou deux livres. Ensuite, on était gras dur !

Au sujet de la « Grande Noirceur », il ne faudrait pas oublier que ce qui donne un goût amer à ces années, c'est surtout la crise économique qui est apparue vers 1929 et qui a duré jusqu'en 1942 à peu près. On ne peut pas comparer la crise actuelle à la crise de 1929, parce qu'à ce moment-là les gens ont eu faim. Moi, je n'en ai pas souffert. Dans une crise pareille, pour ceux qui ont du capital, et c'était le cas de mon père, la crise est au contraire une source d'enrichissement. C'est ainsi qu'il s'est mis à se vanter d'avoir trois cents ou cinq cents arpents de terre : il rachetait les gens en débandade. Pour beaucoup, ce furent des années terribles, ce qui explique le succès du Crédit social. On cherchait à s'employer chez les cultivateurs, pour le gîte et la table. Les gens ont eu faim. Il se peut que cette crise économique ait donné mauvais goût à ces années qui se situent dans la « Grande Noirceur ». S'il n'y avait pas eu de crise économique, y aurait-il eu la « Grande Noirceur » ? Même avec la crise économique, il n'y en a pas eu pour moi. La « Grande Noirceur », ce sont des années auxquelles on ne veut pas penser. Des années tristes, de misère. La mémoire est une faculté qui peut servir à oublier. Ce sont des années qu'on cherche à oublier.

Vous avez rapproché la « Grande Noirceur » du XVIIIe siècle français qui, disiez-vous, n'était siècle des Lumières que pour quelques privilégiés auxquels vous vous identifiez. Un tel aveu s'accorde bien à votre sensibilité socialiste. Mais à quel moment êtes-vous devenu conscient d'évoluer dans un système de privilèges ?

J'ai toujours remarqué que j'étais un privilégié, ne serait-ce que par le Quêteux. Mon père était amateur de quêteux, un amateur de diseurs de bonne aventure. Ce quêteux, en regardant derrière les oreilles, jugeait qu'un tel de mes amis, qui était très intelligent, n'aurait pas une grande carrière, parce qu'il n'était pas fort. Ça m'avait beaucoup frappé. C'était un constat. Je me laissais porter. En somme, on peut diviser ma vie en deux parties. J'ai été dépendant, entretenu par mon père et cela a duré jusque vers les années 1942-1943, lorsque j'ai pu entrer dans l'armée pour continuer mon cours de médecine payé par l'armée. C'est à ce moment-là que, par ma première femme et par une sorte d'amalgame, j'ai été en contact avec le Parti communiste. J'ai eu cet émerveillement qui aura été de trouver chez l'avocat Grenier, rue Saint-Cyrille, le portrait du maréchal Staline, avec toutes ses décorations. Je me suis mis à vivre dans un milieu, disons, assez fermé, où les idées communistes avaient cours. Quand j'étais en Gaspésie, je recevais le journal *Combat*. Mais de là à dire que j'étais moi-même communiste, non. Du communisme, j'ai à peine lu le *Manifeste*, et c'est plein de bon sens. C'est par fidélité à ces années-là que je me suis arrangé pour ne pas être anticommuniste, ce que je trouvais détestable. Je me suis trouvé pris dans un milieu où je me suis libéré de ma dépendance. J'aurai été entretenu magnifiquement par mon père. J'étais privilégié. Après ça, quand je suis tombé à mon compte, c'est par coïncidence que je me suis retrouvé dans les eaux communistes, et si j'ai quitté la Gaspésie pour revenir à Montréal, c'est qu'il était écrit — le Dr Daniel Longpré l'avait écrit — qu'il y avait de la place pour beaucoup de médecins à Montréal[21]. Comme je ne gagnais pas ma croûte en Gaspésie, ayant perdu mon allocation du ministère de la Colonisation, je suis venu m'établir à Montréal où ce n'était pas tellement facile de gagner sa vie. La preuve, c'est que je m'installerai angle de Fleurimont et Saint-Hubert. Personne ne viendra à mon bureau. Cela aura été un des moments difficiles de ma vie, qui s'est terminé par un divorce d'où je rebondirai, après un séjour, captif des Anglais, au Sanatorium de Sainte-Agathe. À partir du maréchal Staline, il y a eu quelques années qui ont été des années assez heureuses. En fait, quand j'ai terminé mes études,

---

21. D^r D [aniel] Longpré, « Il manque 3,000 médecins », *Combat*, I : 3, 7 décembre 1949, p. 4.

j'ai écrit mon premier roman, *La gorge de Minerve*, pendant mon année d'armée, de 1945 à 1946, que je présenterai à la maison de Serge Brousseau. Je me souviens que lorsque je me suis présenté pour avoir une réponse, il m'a reçu avec derrière lui un grand portrait du maréchal Pétain. Un intervalle assez bizarre de ma vie que je situe très bien entre deux portraits, le premier, un portrait assez hilare de Staline et le second, ce portrait plutôt sévère de Pétain. Évidemment, il était à contretemps, ce Serge Brousseau ! De mon livre, il disait : « C'est très bien ! » Mais ça ne marchait pas. Le livre n'avait d'importance que pour moi, que pour me prouver que j'étais capable de faire un livre. Ayant eu beaucoup de loisirs dans l'armée — on ne savait pas quoi faire de moi parce que je ne parlais pas anglais —, j'avais fait un livre. Ça suffisait, je n'avais pas besoin de le publier. J'ai commencé ma véritable carrière avec au moins la certitude que je pouvais faire un livre. Et j'en ai fait par après ! Mais je retombais dans des années assez grises où je devais gagner ma vie parce que précisément j'avais été trop bien entretenu.

N'est-ce pas sur cette question du système de privilèges que vous vous démarquez des gens de La Relève *? Vous les traitez durement dans* Le ciel de Québec, *où vous les considérez comme des privilégiés inconscients, se détachant du commun, pour s'adresser directement à Dieu — au « Boss » — sans passer par l'intermédiaire des saints. Ce qui vous irrite chez eux, ce serait, sinon un certain mépris, du moins une inconscience certaine de la situation pénible d'une grande partie de la population ?*

La Relève a été une revue qui trouvait sa raison d'être dans la lutte contre le danger que représentait le communisme. On a tort de négliger l'influence du communisme au Québec, surtout marquée par la réaction qu'elle a suscitée. *La Relève* était une revue de jeunes bourgeois en chômage, devenus intellectuels grâce au chômage, et qui avait pour but de présenter un modèle de société. C'était quelque chose d'assez livresque. Saint-Denys Garneau, qui y collaborait, était séduit par une espèce de vieux bonhomme qui est devenu fasciste, un dénommé Alphonse de Chateaubriant, avec un « t », dont Hemingway parle : « J'ai rencontré ledit Chateaubriant, Adrienne[22] ! » Ce pauvre Garneau a fait une série d'articles sur le mimétisme, une théorie abracadabrante de Chateaubriant. C'était des réactionnaires, si je puis dire, des gens privilégiés. Des gens de droite, au fond. En France, on a vu ce que ces gens-là ont donné. Alphonse de Chateaubriant, un pur nazi ! Ici ? Il n'y a jamais d'excès en ce pays. Ces petits jeunes gens entretenus ont fait une revue, *La Relève,* qui a permis à certains de faire carrière. Il y a eu le romancier Charbonneau qui, de *La Relève,* est passé aux Éditions de l'Arbre. Il a toujours eu une excellente critique parce qu'il faisait régner une sorte de terreur. Ensuite, il est passé au service des textes à Radio-Canada. On ne disait que du bien de lui, alors qu'il écrit... C'était un de ces jeunes intellectuels en chômage qui, sans la Crise, seraient devenus je ne sais quoi, peut-être des ingénieurs, peut-être des boursiers. Ce sont des privilégiés de la Crise, bien sûr. Je n'ai jamais eu vraiment de respect pour eux. C'est assez mal exprimé, mais j'ai sans doute mieux exprimé dans *Le ciel de Québec* ce que j'avais à dire sur eux.

Privilégié, vous avez tenu à vous dissocier très clairement des privilégiés de La Relève.

---

22. S'agit-il d'un lapsus ? « Adrienne », prénom de la mère de Ferron, remplace ici celui de « Madeleine » utilisé dans *Le ciel de Québec*, où l'auteur ménage une rencontre entre Hemingway et Alphonse de Chateaubriant chez Madeleine Mounier à l'occasion de laquelle il fait dire à l'écrivain américain : « Madeleine, je viens de rencontrer un fou ; il m'a fait peur : il se prend pour Chateaubriant. » (Jacques Ferron, *Le ciel de Québec*, Montréal, VLB éditeur, 1979, p. 173). « Madeleine » est aussi le prénom des deux épouses de Ferron et d'une de ses sœurs. (Notre reprise de *L'autre Ferron*, p. 420).

Je n'ai jamais été payé pour écrire. Et je n'ai jamais écrit pour défendre le système, pour le redorer. Je n'ai jamais été à l'emploi de structures cléricales, même si je les respecte, comme l'ont été les gens de *La Relève*. C'est là quand même une différence, même si j'étais privilégié. Je n'étais pas privilégié en tant qu'écrivain, j'étais privilégié en tant que jeune homme. Je suis passé par de bonnes institutions d'enseignement, j'ai pu apprendre la médecine et ensuite, quand je suis devenu écrivain, je le suis devenu à mon compte. C'est moi qui me suis entretenu comme écrivain. C'est la différence avec les gens de *La Relève* qui étaient entretenus pour écrire des choses assez gentilles, un peu niaises, pour défendre la civilisation occidentale contre la menace rouge. J'avais plutôt de l'amitié, moi, pour ce jeune homme dont je parle dans *Le ciel de Québec*. Il existe. C'est même lui qui m'a donné l'*Encyclopédie* de Diderot et d'Alembert que je vous ai montrée dimanche dernier[23]. Neveu de Mgr Cyrille Gagnon, il décide de se faire communiste et correspond avec *L'Humanité* de Paris. De Paris, on lui apprend qu'il y a sans doute un parti ici. Alors il vient de Québec à Montréal et se lance dans cette aventure. Évidemment, il s'est fait donner des coups de bâton sur la tête. Il y a eu des camarades qui sont morts en Espagne. Parce qu'il y a eu des Canadiens français qui sont allés mourir en Espagne. On n'en parle pas beaucoup. Je prends mon feu non du côté de *La Relève*, mais du côté de ces dissidents qui ont été du Parti à un moment où ce n'était pas avantageux de l'être. Ça n'a jamais été avantageux ici d'être du Parti. Ce qui fait une différence notable entre le communisme étatique et le rêve du socialisme que j'ai accompagné. Et que j'aimais ! Et que j'ai essayé de protéger contre les anticommunistes que j'ai toujours détestés. Et si j'ai un jugement réservé sur les jeunes gens de *La Relève*, c'est qu'ils participaient au mouvement de l'anticommunisme alors que moi, j'étais franchement favorable à ces petites

---

23. Lors du troisième entretien, le 17 octobre 1982.

flammes révolutionnaires qui attiraient le meilleur de ce que la société a de mieux et qui n'a jamais représenté un danger.

J'ai eu à relire *Le ciel de Québec* hier[24], parce que Ray Ellenwood était de passage. C'est un drôle de livre, un livre absolument baroque, avec un Médéric Martin déjà mort, qui est une représentation du Diable. Ça se passe en trente-sept. Oui, on y trouve des choses contre les Jésuites : j'en ai contre le père Papin Archambault, et contre la Semaine sociale qu'on nous avait infligée. J'en ai aussi contre l'anticommunisme, sans pour autant être communiste. Alors, évidemment, dans ce livre-là, on fait subir un mauvais sort à Papin Archambault !

Est-ce pour les mêmes raisons que vous vous opposiez aux gens de Cité libre *?*

Les gens de *Cité libre* avaient les moyens de publier. Trudeau a eu beaucoup d'influence. Trudeau est un homme riche qui s'est servi de sa fortune pour faire carrière, carrière d'ailleurs décidée depuis longtemps. J'ai toujours été surpris de voir Gérard Pelletier parler avec respect de Trudeau, alors que je trouvais Pelletier plus intelligent, plus brillant que Trudeau qui était un petit peu duplessiste, même au temps de *Cité libre*. Son côté le plus sympathique, c'est qu'il travaillait bien ses textes. Il a plané long-temps, ne sachant pas trop comment il allait aborder la politique. Je l'ai vu, moi, dans le comté de Longueuil, dans une campagne électorale contre Pierre Sévigny. Pierre Sévigny faisait des discours fracassants. J'arrivais de Ville Jacques-Cartier à Longueuil ; j'ai entendu un grand cri : « Liberté, égalité, fraternité ! » C'était Pierre Sévigny qui finissait son discours. Pierre Trudeau faisait des discours dans le même genre, des discours avec des refrains : « Liberté, liberté… ! » C'était des discours écrits. Évidemment, les

---

24. Le 9 octobre 1982. Ray Ellenwood a traduit *Le ciel de Québec*, mais aussi *Les confitures de coings* et *La charrette*.

discours de Trudeau, c'est Trudeau qui les écrivait, tandis que Pierre Sévigny, ce n'était pas lui. À ce moment-là, Trudeau rôdait plutôt du côté du Nouveau Parti démocratique. Je voyais assez souvent le père Bernier à cette époque — j'ai toujours continué de le voir — et je lui disais : « Oh ! si c'était à recommencer, moi j'entrerais dans ce vieux parti et je me servirais de toute la réguine pour prendre le pouvoir. » Je n'étais pas considéré comme un politicien, mais comme un homme ayant de l'imagination en politique. Quand j'ai vu Trudeau aller du côté du Parti libéral, je n'ai pas été surpris. D'ailleurs, il avait eu de l'emploi au ministère de la Justice, comme visiteur en tournée. Un peu comme dans le temps de la Russie des tsars, où Moscou, toujours intéressé à savoir ce que pensaient les Russes qui étaient à Paris, en Suisse, les envoyait visiter. Trudeau a été un visiteur du ministère de la Justice, allant voir ma sœur Marcelle pour savoir ce qu'elle pensait.

Qu'est-ce qui vous opposait aux gens de Cité libre *? Vous jugiez la revue antiquébécoise ?*

Cité libre me paraît quelque chose d'assez clair, d'assez transparent de loin, mais, au fond, il me semble qu'à cause de la personnalité de Trudeau, il y avait là au contraire quelque chose d'assez malsain, une haine de ce qui faisait la force du Québec ! Une haine de Duplessis. Une haine probablement de ce fils de cultivateur qui, à faire de la contrebande, a installé un réseau de distribution avec *Champlain Oil* qui avait apporté la fortune à Pierre Trudeau. Il fallait dompter le Québec, non en son centre, mais de l'extérieur, par le fédéral. C'est cette haine, bien glacée, qu'on ne voit pas, qu'il y a peut-être dans *Cité libre* et qui n'est pas tellement bénéfique. Il faudrait que je relise tout ça ! Les phrases de Trudeau : « Ouvrez les fenêtres, ce pays étouffe[25] ! »

---

25. Plus exactement : « Ouvrons les frontières, ce peuple meurt d'asphyxie ! » La phrase clôt un article de Trudeau intitulé « L'aliénation nationaliste » (*Cité libre*, n° 35, mars 1961, p. 3-5).

C'était déjà un pays toutes portes battantes, où n'importe qui pouvait passer, s'installer, faire ce qu'il voulait. Il fallait de véritables portes, de véritables fenêtres qui soient des fenêtres à soi pour qu'on puisse entrer et sortir comme on le veut et, d'une certaine façon, empêcher que le pays ne soit ravagé par des gens de passage... Il fallait reprendre en main le territoire ! Ce qui n'a jamais été une des préoccupations de Trudeau. Je m'exprime d'une façon un peu vague, est-ce que vous voyez un peu ?

Oui. Et vos propos me rappellent que vous avez déjà écrit que Cité libre *se servait de Duplessis comme d'un repoussoir, et que sa critique de la société québécoise était hantée par cette figure qui devenait mythique.*

Oui, qui devient pour ainsi dire une figure paternelle qu'on doit tuer, alors que je vous montrais tout à l'heure que Duplessis, au fond, avec les moyens du bord, faisait beaucoup pour le Québec, comme le père de Pierre Trudeau avait beaucoup fait pour son fils. Il fallait continuer à partir de ces gens-là et non contre eux.

Cité libre *prenait quand même parti pour le changement, s'adonnait à la critique des structures et des discours traditionnels, du pouvoir clérical...*

Cité libre a été une officine catholique. Lorsque Duplessis a repris le pouvoir en 1944, il y a eu division des forces cléricales. Une partie était en faveur de Duplessis qui empêchait l'action du fédéral de continuer au Québec — on avait déjà assez de l'école obligatoire, à cause des allocations familiales, sans avoir l'assurance-santé ! — et qui menaçait le monopole clérical. D'un autre côté, on se rendait compte que les catholiques étaient sur le point de devenir majoritaires dans le Canada entier. Il ne s'agissait donc pas de retirer le Québec de la Confédération,

parce que son poids était important pour cette majorité catholique canadienne. Alors, il y a eu formation de groupements
religieux opposés à Duplessis, qui étaient des groupements
catholiques, dont *Cité libre*, dont le groupe de Claude Ryan, qui
n'était pas très loin de *Cité libre*. Ce n'était pas des gens qui
étaient contre le gouvernement de l'Église. Ils voulaient adapter
le système confessionnel au Québec, en procédant à quelques
petites réformes, pour le rendre compétitif.

Du rattrapage, en somme ?

C'était un moment où le rattrapage se faisait de lui-même, où
vraiment, l'instruction était devenue obligatoire. Il y avait
formation de nouvelles classes professionnelles, celles des maîtres
d'école, des instituteurs, qui n'existaient pas avant 1944, et puis
les syndicalistes... Il y a eu une espèce de répression syndicaliste
— lorsqu'on a tapé sur la tête de Madeleine Parent[26] —, mais en
même temps, après avoir battu les unions ouvrières, on voulait
les recycler. La seule qui a survécu dans tout le Canada se
trouvait à Sudbury. Je le sais pertinemment parce que mon ami
Gilles Hénault, n'ayant pas de métier, s'étant brûlé dans le
journalisme, avait trouvé un emploi dans une union ouvrière à
Sudbury avant de revenir ici repenti. Il y avait un certain
recyclage qui se faisait. Et quand tu te recycles, tu passes toujours
par *Le Devoir*. Gilles a fait son petit stage de pénitence au *Devoir*.
Après cela, on lui a donné le Musée d'art contemporain. Enfin,
il était recyclé !

Tout cela pour vous dire que les réformes que *Cité libre*
demandait, elles se faisaient au moment où elles étaient deman-
dées. Lorsque les historiens se sont mis à déplorer la perte de
l'État lors de la Conquête, c'était au moment où l'on se

---

26. La syndicaliste Madeleine Parent, en raison de ses activités professionnelles, fut
arrêtée à quelques reprises en 1947.

rapprochait de la reconquête de cet État-là. Les idéologies ont toujours des racines dans le présent. Et il arrive assez souvent qu'on demande ce qui est acquis, mais qui ne le paraît guère : la réponse est déjà dans la demande.

Ce que vous dites, c'est que déjà sous le régime Duplessis, ces réformes se mettaient en place et que la Révolution tranquille viendra...

La Révolution tranquille a été tout simplement un grand gaspillage d'argent, qui aurait pu être dépensé de manière beaucoup plus avantageuse !

Mais les années soixante ne sont-elles pas considérées comme une époque de liberté d'expression, de libéralisation ?

Une libéralisation ? Du point de vue de l'écriture, j'ai l'impression qu'on a toujours pu écrire ce qu'on voulait. Il n'y a jamais eu d'autodafé ; il n'y a jamais eu, que je sache, de censure. Il se peut qu'il y ait eu plus de facilité à publier ces années-là. Moi, je n'ai pas été censuré. Évidemment, j'ai commencé à publier tard dans les années soixante. Je trouverai curieux, par exemple, que la traduction espagnole de *Papa Boss* soit brûlée à Santiago, au Chili, parmi la littérature cancéreuse. Mais ce sera en 1973, lors de la chute d'Allende. C'est un livre qui a été traduit dans un but séditieux — le traducteur voulait garder l'ancienne version de *Papa Boss* qui était un peu plus antiaméricaine que la deuxième — et qui finalement a tourné à l'encontre des Chiliens. Je ne croyais pas tellement à cette histoire-là ! Ici, ces choses ne se faisaient pas. Je n'ai jamais vu de censure, ni sous Duplessis ni après.

Et les automatistes de Refus global *? Le gouvernement Duplessis a quand même forcé Paul-Émile Borduas à démissionner de son poste* *d'enseignement, comme l'Église l'avait fait plus tôt pour Jean-Charles Harvey.*

Harvey, c'était sous Taschereau. À ce moment-là, c'était l'Église. S'il a perdu son poste au *Soleil*, c'est l'épiscopat qui le lui a fait perdre. Il a été réchappé par Taschereau qui lui a donné une place de bibliothécaire[27]. Sous Duplessis, Borduas, oui, mais c'était entendu ! Si je suis, disons, à l'emploi de ma paroisse, de mon curé ici à Saint-Lambert, et que je me mets à faire des déclarations antireligieuses, il est sûr que je vais perdre mon emploi. Ce sont des choses qui vont de soi.

Il s'agissait surtout d'une prise de position idéologique dans ce cas-là. Est-ce que — le mot censure est peut-être fort —, est-ce que ce n'est pas un peu, disons, cet arbitraire qui disparaît en 1960 ? Ces choses-là ne sont peut-être plus possibles. Quelqu'un payé par le gouvernement peut s'exprimer librement. Du moins présente-t-on la Révolution tranquille comme un éclatement à cet égard. Entre autres, parce que l'Église, avec la création du ministère de l'Éducation, perd une partie de son pouvoir, on se trouve avec une société où les conditions d'expression sont plus libres.

J'essaie de reporter le cas Borduas après 1960. Son manifeste aurait perdu beaucoup d'éclat. Quand tout est permis, qu'on peut dire n'importe quoi, il n'y a plus d'éclat !

---

27. À la suite de la condamnation de son roman *Les demi-civilisés* par l'archevêque de Québec le 25 avril 1934, Harvey, selon une ironie ecclésiastique à laquelle le pouvoir civil dut se soumettre, ne fut pas nommé au poste de bibliothécaire provincial que lui avait promis le premier ministre, mais chef du bureau de la statistique. Ce fut un statisticien, le colonel Marquis, qui fut nommé bibliothécaire !

II

La médecine :
la vie par la porte d'en arrière

Contre Diafoirus et Knock

Pierre L'Hérault — *Vous vous défendez d'être privilégié en tant qu'écrivain. « C'est moi qui me suis entretenu comme écrivain », disiez-vous en faisant bien sûr explicitement référence à la médecine que vous pratiquez depuis plus de trente-cinq ans : un peu dans l'armée en 1945-1946, ensuite en Gaspésie, de 1946 à 1948, et surtout, depuis 1949, à Ville Jacques-Cartier, Longueuil. Dans l'*Appendice aux Confitures de coings, *à l'instar du D*^{r}* Hart, vous vous demandez si ce choix ne vous aurait pas été inspiré par la place d'honneur qu'occupait le médecin dans le cortège funèbre…*

Jacques Ferron — …de ma mère, oui. C'était une coutume du diocèse de Trois-Rivières qui a été beaucoup influencé par son chapelain, monsieur de Calonne : deux médecins marchant derrière le corbillard, devant le père, le veuf, et les fils, c'est une chose que je n'ai jamais retrouvée par après. C'est en fouillant les livres que j'ai vu que ça se faisait dans l'Ancien Régime. C'est peut-être ça qui m'a donné l'idée d'être médecin, pour avoir le pas et pour passer le premier.

Il y a d'autres raisons sans doute ?

Probablement. Je ne sais pas... Pour m'opposer à mon père... Longtemps, j'avais décidé d'être notaire comme lui. Il avait même fait mon entrée à la Chambre des notaires. J'aurais étudié le droit au lieu de la médecine. Seulement, nous avions eu une petite dispute. Pour le punir, je lui avais dit : « Non, je ne serai pas notaire, je serai médecin ! » C'était un homme un peu ironique et il en a semblé heureux. Le jour même, alors que j'étais à son bureau, il rencontra monsieur Vanasse, l'écrivain de Louiseville[1], et lui dit : « Je vous annonce que mon fils entre en médecine. » Immédiatement il avait été confirmé que j'allais en médecine !

Mais pourquoi la médecine plutôt qu'une autre profession ? Il devait bien y avoir un intérêt particulier ?

Au collège, j'avais été intéressé par les sciences naturelles. C'était aussi une raison. Enfin, on ne sait pas trop ce qu'on fait ! Je ne crois pas à ce qu'on appelle une vocation. On prend un métier et on s'adapte à lui ; il nous transforme. Si j'avais été notaire, ayant à rédiger des actes, probablement que je n'aurais pas écrit. Ni si j'avais été avocat. Non, pas avocat ! Je n'avais pas tellement le goût de la parole, quoique je m'y suis exercé dans des débats universitaires. C'est le métier qui vous fait. Enfin, il y a eu une décision. Une décision, c'est toujours le rejet de plusieurs autres. On est à un carrefour et on choisit une voie. Cette voie-là vous amène à un personnage qui se modèle en cours de route. On ne s'y trouve pas nécessairement appelé, mais on s'y adapte. Ainsi, j'ai toujours pratiqué une humble médecine, hors des hôpitaux. Quand j'étudiais la médecine, j'avais beaucoup de respect pour le professeur Berger qui m'avait demandé ce que je ferais et, quand je lui avais répondu que je

---

1. Paul Vanasse était journaliste à *L'Écho de Saint-Justin*.

serais un écrivain, s'était effaré en me disant, comme toujours : « Maudit homme ! »

Vous parlez du D' Berger. Est-ce que vous indiquez par là que vous auriez été tenté par une médecine de recherche ?

Oui. Mais là encore les circonstances y ont été pour beaucoup. À cause de la guerre, nous étions obligés d'entrer dans l'armée qui nous donnait de quoi vivre. N'étant plus dépendant de mon père, j'ai commencé par me marier. Ce qui voulait dire, après ma sortie de l'armée, que je devais gagner ma vie et celle de ma femme. Je n'aurais pas eu de ressources pour me spécialiser. Dans d'autres circonstances, peut-être. C'est alors que j'ai commencé à travailler en Gaspésie, loin des hôpitaux. À Jacques-Cartier aussi nous étions loin des hôpitaux. Presque tout devait se faire à domicile : les accouchements, les réparations de plaies… Évidemment, dans certains cas, comme celui de l'appendicite, on envoyait les patients en ambulance à Montréal. Mais j'ai continué ainsi. J'ai toujours pratiqué une médecine de cabinet et de visites à domicile, sachant entrer dans les maisons par la porte d'en arrière. Et je continue. C'est mon gagne-pain, quoique, évidemment, je fasse moins de visites à domicile qu'auparavant. Je ne sors plus la nuit, mais je l'ai beaucoup fait.

Il vous arrive encore de faire des visites à domicile ?

Pour des gens que je connais, des femmes qui ne sortent pas. Il y a beaucoup de femmes claustrées qui ne veulent pas sortir de chez elles. Ce n'est plus qu'un petit pourcentage. Évidemment, je connais mon revenu puisque nous marchons à la caston-guette[2] : chaque année nous recevons un relevé de nos services.

---

2. Cette expression populaire est calquée sur le nom de l'initiateur du régime de l'Assurance-maladie du Québec, le ministre Claude Castonguay.

Les visites à domicile, c'est à peine cinq pour cent de mon revenu. Ce n'est plus la pratique telle que je la faisais. Je suis vieux : j'ai le droit de me reposer un peu.

Vous devez être un des rares médecins à faire encore des visites à domicile ?

Mon frère en fait encore beaucoup plus que moi. Il y passe même son avant-midi.

Quelques médecins, dans la région, ont donc maintenu cette pratique ?

Oui, je pense.

J'avais plutôt l'impression que la médecine était devenue pratiquement et uniquement une médecine de cabinet.

Par paresse. Et aussi parce que la visite à domicile est toujours plus dangereuse que la consultation. Quand un patient a la capacité de venir au cabinet, il n'est pas gravement atteint. Tandis qu'à domicile, nous frappons souvent des mauvais cas où il faut prendre une décision rapide, avoir un bon diagnostic et ne pas se tromper. C'est un métier dangereux, la médecine. Dangereux pour le malade, bien sûr, mais on devient imprégné par la situation dans laquelle se trouve le malade. Ça devient mon danger à moi et je dois l'écarter d'une façon rapide, habile, sans commettre d'erreur. Je me suis déjà fait prendre à domicile avec un cas d'infarctus du myocarde qui avait une forme intestinale. Ça donnait l'impression d'une gastro-entérite aiguë. Je suis passé à côté du cas. Le type est mort dix minutes après mon départ. Mais il serait mort même si je ne m'étais pas trompé. Ça vous montre ce qu'il y a de périlleux dans cet exercice, et c'est pour cela que nous nous sentons plus à notre aise en recevant. Les grands malades ne viennent pas au bureau. C'est plus facile.

Est-ce que la médecine est un métier stressant, justement à cause de ce danger ?

Il y a le péril de ne pas sauver un patient qui pourrait l'être. Mais il y a également d'autres situations, liées à un certain état d'insatisfaction. On convertit souvent des difficultés socio-économiques, des difficultés conjugales en maladie : on fixe son mal. On voudrait être malade de son corps parce qu'on n'est pas bien dans son entourage. Une bonne partie des gens sont dans un tel état et ils recourent à mes services parce qu'ils sont gratuits. Je dois constater que l'accès gratuit à la médecine multiplie les malades.

Pourrait-on mettre ça au compte des maladies psychosomatiques ?

On peut dire que presque toutes les maladies sont psychosomatiques. Même l'infarctus du myocarde, maladie que je connais pour en avoir eu deux. J'ai déjà été opéré pour un pontage coronarien, mais mon premier infarctus, subi en 1968, je l'ai fait sans avoir de maladie vasculaire. Peut-être étais-je angoissé de voir mourir ma sœur Thérèse. Je n'ai pas assisté à ses funérailles parce que j'étais aux soins intensifs à l'Hôpital Saint-Joseph de Rosemont. Il s'agissait d'un infarctus survenu sans que le cholestérol ne soit trop élevé. Quoi qu'il en soit, c'est une maladie qui m'a empêché de savoir que ma sœur mourante allait décéder. Il y avait peut-être quelque chose de psychosomatique dans cet infarctus. C'est pourtant une maladie brutale. D'autres maladies, comme l'ulcère d'estomac, sont de toute évidence psychosomatiques. Les maladies qui comportent des lésions organiques très connues le sont en général. Mais il y en a d'autres aussi : tous les malaises qui ne s'accompagnent pas nécessairement de lésions ; il y en a toute une procession. Dans l'ulcère d'estomac, il y a un traitement précis. S'il y a perforation de l'estomac, il doit parfois y avoir ablation de l'organe, mais il reste que l'ulcère est avant tout causé par une difficulté de vivre. Il y a de plus en plus de personnes qui sont médicalisées de cette façon. C'est un terme que j'ai d'ailleurs employé très tôt, dans un conte, je pense, « La dame de Ferme-Neuve ».

Un de vos premiers contes.

Oui. Dans les années cinquante.

Cette prise de conscience de la médicalisation a donc été importante dans votre pratique de la médecine ?

Oui. Et c'est là justement que j'y vois un autre danger : la mise en fiches de la population. La carte médicale obligatoire fait partie de tous les moyens de contrôle qui apparaissent de plus en plus dans une société de surveillance. Les gens médicalisés, je ne peux pas les aimer. Ils me renvoient une image de la médecine qui est vraiment triste. On ne parle pas assez de la santé. Après tout, la santé, c'est quoi ? C'est se sentir bien, être capable de vaquer à ses occupations. Jusqu'à nouvel ordre, il ne faudrait pas, lorsqu'on est en santé, se faire examiner, se faire médicaliser. C'est ridicule ! C'est le triomphe du Dr Knock[3], pièce intéressante d'ailleurs. Il faut aider les gens, mais ne pas les rendre dépendants. Il faut servir les hommes et les femmes que l'on rencontre et essayer de les éloigner, s'il le faut, de la médecine.

---

3. *Knock ou le triomphe de le médecine*, comédie en trois actes de Jules Romains (1924).

Le contrôle médical annuel me paraît une aberration. D'ailleurs, cela devient très coûteux.

Vous avez vécu le passage de la médecine privée ou naturelle, à la médecine plus ou moins étatisée.

Mais je ne l'avais pas demandé. Mon revenu s'en est beaucoup ressenti. Tout d'abord, les patients indigents étaient traités gratuitement, c'est-à-dire que nous étions rémunérés par l'État. Finalement, ils sont devenus les clients qui nous rapportent le plus. La petite visite à domicile à deux piastres, les consultations à une piastre, tout cela a disparu. Je me suis retrouvé avec un revenu assez important, sans l'avoir recherché. Quand les médecins se portent trop bien, peut-être qu'il y a une maladie dans la civilisation.

Comment jugez-vous cette médecine d'État ? Comment l'appréciez-vous en regard de la médecine que vous avez connue auparavant ? Comment faites-vous la part entre ses avantages et ses désavantages ?

On peut être partagé. M'étant déclaré communiste, je devais quand même avoir des idées socialistes ! J'ai fait partie de la Société médicale de Montréal. J'étais en faveur de la médecine d'État. Je n'en voyais que les bons aspects ; je n'en prévoyais pas les méfaits. Au fond, aujourd'hui, c'est une nostalgie qui ne change rien à la nature des choses et à l'évolution de l'histoire. Je préférais la médecine de l'ancien temps où la santé était laissée à ceux qui en profitaient jusqu'à preuve du contraire, où on n'avait que de vrais malades, tandis qu'aujourd'hui, sous prétexte de prévenir, on médicalise. Ça devient assez éberluant !

Il y a des avantages à la médecine d'État au point de vue du revenu ! Ce fut pour moi un grand avantage. À ce moment-là, j'ai pu acheter des chevaux à mes enfants. Ce que je n'aurais pas pu faire autrement. Les désavantages, c'est la mise en tutelle de la population où tout le monde est mis en fiches. Il n'y a plus cette liberté qui existait autrefois, où les gens, que l'on ne surveillait pas, étaient dans leur milieu comme des poissons dans l'eau, pouvant se faire des prouesses d'eux-mêmes. Actuellement, vous ne pouvez pas accéder à quelque poste que ce soit sans qu'on consulte le fichier qui vous accompagne. Il en sera peut-être ainsi de plus en plus. Qu'est-ce que ça va donner ? Il y a là quelque chose de dangereux. Il ne faut pas que le génie d'improvisation soit brimé dans l'homme. Or, si on le suit sur fiches dès sa naissance, il se peut qu'on défavorise ce génie, cette originalité propre à chaque homme.

On fait entrer l'enfant dans les courbes.

Il y a eu des études à ce sujet, justement à propos des tests d'intelligence. Quand les résultats de ces tests sont connus, les professeurs, sans s'en rendre compte, favorisent les plus doués. C'est ce qu'on appelle le préjugé favorable. Bien sûr, il a toujours plus ou moins existé, mais là, ce préjugé devient universel, et s'il est favorable pour certains enfants, il est défavorable pour les autres. Enfin, il y a une diminution de liberté.

Mais cette diminution de liberté ne serait-elle pas compensée, d'une certaine façon, par le fait que la castonguette donne accès aux soins médicaux à des gens qui y avaient difficilement accès avant ?

Il y a toujours eu des médecins pour soigner les gens. Cette protection des indigents existe. La loi de la protection des accidents de travail, par exemple, ça remonte assez loin. Dans le cas de ces drames, l'État intervenait déjà et empêchait les dommages. Je viens de lire un livre intitulé la *Petite fontaine d'amour*[4]. C'est l'histoire d'une petite Acadienne qui devient religieuse et s'éprend pour le bon Dieu ; elle est morte très jeune. Enfin, les jeunes saints ! Il est vorace le bon Dieu ! Après avoir été domestique de curé, elle était entrée chez les religieuses parce que son père s'était fait couper les deux mains. Elle est devenue une petite sainte parce que cette catastrophe était survenue quelques semaines avant que l'assurance sur les accidents de travail ne soit instaurée au Nouveau-Brunswick. Autrement, elle aurait vécu dans un quotidien ordinaire. Elle se serait mariée et on n'écrirait pas un livre sur elle. De même, les tuberculeux ont également été traités par l'État assez rapidement, parce qu'on avait peur d'eux. Pas tellement à cause de la contagion, mais parce que la tuberculose a des équivalences sociales. C'est une maladie qui peut se développer chez les singes encagés, mais qui n'attaque jamais les singes en liberté. Alors il arrive que sous l'effet du bacille de Koch, au lieu de développer une maladie pulmonaire, on se libère en changeant ses idées, en brisant les contraintes. C'est le type de guérison que l'on retrouve dans *L'immoraliste* de Gide. Du côté de ma mère, je vous l'ai déjà raconté, tout le monde mourait de la tuberculose. Ma mère et ses deux sœurs en sont mortes. Moi-même, j'ai fait une petite tuberculose lorsque j'étais en Gaspésie. Mais, par un mécanisme d'autodéfense, c'est à ce moment-là que je me suis déclaré communiste sans l'être, ce qui a complètement changé ma position dans la société et m'a permis de guérir. C'est un peu pourquoi Duplessis disait que le communisme était une tuberculose de l'esprit !

Vous avez toujours été intéressé par ce rapport de la maladie au social. Vous en parlez, par exemple, au sujet de la lèpre à Tracadie, de la tuberculose, de la folie.

---

4. Félix-Marie Lajat, *Petite fontaine d'amour*, Montréal, L'Action paroissiale, 1935, 182 p. La religieuse en question s'appelait Marie-Anne Fontaine.

La lèpre est une maladie extraordinaire. C'est une maladie du Moyen Âge. Il faut qu'il y ait quelque chose de moyenâgeux dans le comté de Gloucester pour que la lèpre y sévisse. Au lazaret de Tracadie, les religieuses, qui venaient de Montréal, n'ont jamais contracté la lèpre auprès des lépreux. Par contre, les Acadiens pouvaient la contracter. Il n'y a pas eu beaucoup de cas, mais à mon avis, tout cela indiquait un état d'esprit similaire à celui qui sévissait au Moyen Âge.

La tuberculose est aussi une maladie qui a subitement disparu parce qu'il y a eu un changement dans la civilisation. Évidemment, l'accès aux soins médicaux a eu son importance, mais également une espèce de libération des mœurs de la société de consommation qui, à ses débuts, était assez revitalisante. Ces populations avaient l'impression de ne plus être écrasées, à cause du côté libérateur d'une société dont les contraintes commencent maintenant à apparaître. À ce moment-là, une maladie comme la tuberculose a pour ainsi dire disparu. Comme une autre maladie, la syphilis... À l'université, il y avait deux grandes maladies qu'on nous enseignait : la tuberculose et la syphilis. Dans toute ma pratique, je n'ai pas vu de syphilis. Ah si ! elle reparaît. J'en ai vu un cas, mais chez un homosexuel. C'est la maladie de la sexualité honteuse. Elle nous servait à tout expliquer. Nous étions baignés dans une atmosphère assez morbide. Quand j'étais au Collège Jean-de-Brébeuf, par exemple, les pères nous disaient que Mussolini avait attaqué l'Éthiopie parce que quatre-vingt-quinze pour cent des Éthiopiens étaient syphilitiques. Je me souviens de la remarque qu'avait faite Guy Viau, un collègue qui est devenu critique d'art. À ma grande surprise, il avait dit : « Mais, au lieu de leur faire la guerre, pourquoi ne pas leur envoyer des culottes ? » Vous voyez comme on peut se servir de la maladie pour expliquer une guerre. Quand on ne voulait pas frayer avec une classe de la société, on prétendait que la syphilis y était très répandue, ce qui gardait les petits-bourgeois avec les petits-bourgeois.

Une maladie pouvait avoir une utilité morale ou sociale ?

C'est ça, et probablement que ça va continuer !

Aux deux portes de la vie

Dans votre pratique de la médecine, il y a la Gaspésie où, si on se fie aux Contes, *le médecin semble être heureux.*

Premièrement, le personnage du médecin y était très respecté, parce que la population de Gaspé-Nord était originaire des vieilles paroisses du Bas-du-Fleuve qui étaient habituées à avoir un service médical. Quand je suis arrivé à la Madeleine j'étais assez respecté. Ce qui, pour un jeune homme de vingt-six ans, peut rendre heureux. Je portais assez rarement mon portuna — « portuna », c'est un nom de formation populaire que j'ai entendu en Gaspésie. C'est dans cette région que j'ai pris connaissance de la vie intime de gens simples, alors qu'auparavant j'avais toujours vécu embrigadé un peu à part. Je me trouvais alors auprès de gens qui, à mon avis, parlaient très bien, et c'est d'ailleurs une des raisons pour lesquelles j'étais allé dans le Bas-du-Fleuve. Lorsque tu faisais trente milles pour te rendre à un cas et que l'accouchement n'était pas prêt, tu restais sur place, souvent toute la nuit. À ce moment-là, on me traitait bien et il y avait toujours un homme qui m'amusait en me racontant des histoires. Je n'étais plus dépendant. J'étais respecté. J'étais en rapport étroit avec une population sympathique. Mon père, qui avait le sens de l'autorité, disait qu'il était beaucoup plus difficile de se faire saluer par un petit morveux que par un marguillier. Pour obtenir le respect des gens simples, il faut être en contact avec eux. Je l'ai toujours recherché et, l'ayant obtenu, ça me fait plaisir. Quand je suis arrivé à Ville Jacques-Cartier, je me suis trouvé dans un autre monde, avec une population plus dure. En Gaspésie, je n'ai jamais porté mon portuna, tandis qu'ici je l'ai porté. Non seulement je portais mon portuna, mais je n'étais plus aussi respecté que je l'avais été en Gaspésie. Je me suis pris dans la boue des rues de Ville Jacques-Cartier et j'ai dû me déprendre tout seul, sans beaucoup d'aide. En somme, si ces années ont été si belles pour moi, c'est peut-être que d'une certaine manière, en commençant très jeune, j'étais à mon apogée.

C'est aussi que le notable trouvait bien sa place ?

Ah oui !

Le médecin faisait corps avec la société où il était.

J'avais eu à Rivière-Madeleine un prédécesseur qui s'était établi à La Madeleine, parce qu'on y avait bâti une papeterie qui a pourtant fait faillite très rapidement. Cotnoir est resté sur place. Il était ivrogne, mais les gens parlaient quand même de lui avec amitié, presque amoureusement. Ils disaient : « Quand Cotnoir arrive et qu'on voit qu'il est soûl, c'est très simple, on le fait coucher ; dans une couple d'heures, il est pas mal revenu et on peut s'en servir ! » Tout ça pour vous montrer qu'il n'était pas difficile d'obtenir la considération, puisque ce prédécesseur ivrogne avait laissé un très grand souvenir. Parce qu'il était quand même à la disposition des gens ! Et s'il est devenu ivrogne, c'est peut-être par surmenage, comme beaucoup. Et c'était dans le temps de la contrebande ! Le petit Saint-Pierre-et-Miquelon ne coûtait pas cher. Le grand compliment qu'on me faisait alors c'était d'être un nouveau Cotnoir.

Ce qui donne votre récit Cotnoir...

J'ai employé ce nom parce que je ne savais pas que c'est un nom des Cantons de l'Est.

C'est un nom des Cantons de l'Est ?

Il y en a quelques-uns, oui. Assez rare quand même. Pour moi, c'est le nom de ce prédécesseur illustre qui est d'ailleurs mort dans le *delirium tremens*, très misérablement, en faillite pour ainsi dire.

Cette période heureuse du médecin en Gaspésie, ne tient-elle pas aussi au fait qu'une des tâches principales du médecin était d'être accoucheur ? Fonction valorisée par la société : c'était la vie, la prolifération de la vie.

Quand les gens viennent me consulter pour des choses assez vagues, j'essaie de leur donner une idée plus précise de ce qu'ils peuvent avoir avec une petite ordonnance pour un médicament. Ça ne me semblait pas, du moins au début, valoir grand-chose. Par contre, un accouchement bien fait, avec le temps qu'on y met, c'était de l'argent que j'aimais bien gagner. J'ai fait l'accouchement jusqu'en 1973. Il y a tout un cérémonial qui l'accompagnait, comme la fameuse tasse de café que je me fais servir à la fin ! On buvait surtout du thé en Gaspésie, mais on avait appris que j'aimais le café, alors on m'en offrait. Et un des trucs que tu emploies, c'est de prétendre que l'accouchée ne te laissera pas finir ta tasse de café avant d'avoir l'enfant. Et tu plaisantes en gueulant contre elle : « Tu ne pourrais pas me laisser finir ma tasse de café ! » Finalement, c'est assez hilarant ces choses-là. Il ne peut pas en être autrement. C'est une chose qui m'a paru intéressante. J'ai eu l'impression d'être utile à la société en pratiquant l'accouchement à domicile. À Jacques-Cartier, c'était la même chose parce qu'il n'y avait pas d'hôpital.

Il y a eu une espèce de mutation brusque. Actuellement, tout le monde accouche à l'hôpital. J'y suis allé quelques fois, mais je n'ai pas aimé ça. Je ne reconnaissais pas les gens. La patiente est en uniforme et elle est seule, tandis que lors de l'accouchement à la maison, c'est le médecin qui est seul. La patiente a son groupe avec elle et il faut batailler contre la parturiente et les siens. La sage-femme agit comme intermédiaire, mais on réunit tout un groupe qui est là à prendre son parti contre le médecin. Tandis qu'à l'hôpital, elle est toute seule, toute seule, anonyme dans des draps, toujours les mêmes, de sorte qu'on ne sait pas à qui on a affaire. Moi, ça m'a semblé assez insignifiant. J'ai cessé d'en faire lorsque j'ai commencé à travailler à Saint-Jean-de-Dieu. À ce moment-là, je ne pouvais pas répondre à tous les appels de ma pratique, même si je conservais mon bureau. Alors j'avais cessé de faire des accouchements.

Mais l'accouchement à domicile est un accouchement extrêmement difficile à faire, parce que le médecin est seul de son bord et il doit rassurer toute la maisonnée, tandis qu'à l'hôpital, c'est la patiente qui est seule de son bord. Et de fait, quand on a commencé à faire des accouchements dans les petites maternités, c'est devenu un métier plus facile. Au début, j'allais parfois à la Miséricorde. Je conversais alors avec l'infirmière au-dessus de la patiente. D'ailleurs, tout est dépersonnalisé sous les draps blancs et ça, à mon avis, ce n'est pas aussi valorisant que l'accouchement à la maison. L'expérience devenait répétitive, si je puis dire, alors qu'à la maison, c'était toujours une nouveauté.

Vous avez été de ceux qui ont pratiqué l'accouchement à domicile. Souhaitez-vous que cette forme d'accouchement revienne et se généralise ?

Marie Savard était venue me voir parce qu'il n'y avait personne à Montréal qui voulait l'accoucher. C'était un baroud. Elle a fait un livre assez bizarre sur cet accouchement, où le médecin est censé être un peu fou[5]. Sur le moment, cela m'a un peu déplu. Mais, je l'ai appris plus tard, c'était à cause de difficultés de couple. J'ai terminé les accouchements à domicile sur cette note-là !

Il y a les questions de statistiques. Nos statistiques n'étaient pas aussi bonnes que les statistiques hospitalières. La naissance de l'enfant était plus dangereuse qu'elle l'est à l'hôpital. C'est en partie lié à la fatigue de la parturiente et de l'intervenant, du médecin qui, après avoir passé une nuit blanche, perd ses forces et peut, par exemple, utiliser à ce moment-là les forceps un peu plus souvent qu'on ne devrait le faire. Il y a un accouchement important, c'est le premier. Peut-être qu'on pourrait concevoir que le premier accouchement se fasse dans des conditions hospitalières. Si cet accouchement se fait bien, le deuxième et ceux qui suivent, nécessairement plus faciles, pourraient se faire à la maison. J'ai accouché ma deuxième femme à domicile. Seul, pour une fois en toute confiance, parce que j'avais une parfaite confiance en elle. Elle ne pouvait pas me faire des bêtises. Mais, par la suite, elle préférera le faire en maternité, même si c'est moi qui ai continué de l'accoucher, parce qu'elle n'avait pas à la maison le repos suffisant pour se relever. Elle considérait qu'on se repose moins bien à la maison qu'à l'hôpital. Il y a du pour et du contre. On dirait que la théorie médicale varie. Autrefois, dans le but précisément de lui accorder un repos bien mérité, une femme, disait-on, devait rester dix jours au lit avant de se lever. Par après est apparu ce qu'on appelait le lever précoce, peut-être parce que les institutions hospitalières manquaient de lits. À cause de l'immobilité, dans les dix jours au lit, nous avions aussi le problème de la phlébite, ce que nous n'avons pas dans le lever précoce. C'est une maudite maladie qui peut handicaper une femme pour le reste de sa vie. En somme, ce qu'il

5. *Le journal d'une folle* (Éditions de la Pleine Lune, 1975), paru sous le pseudonyme de Marie.

y avait de bon dans les dix jours au lit, c'est qu'on pouvait permettre à la femme de se reposer. Elle pouvait le faire pour autant que le système tribal autour d'elle prenne soin de la maison.

La réinstallation de la pratique de l'accouchement à la maison de façon généralisée supposerait qu'on retrouve l'équivalent de ce que vous appelez le système tribal?

Pour qu'une femme puisse accoucher à la maison, il faut qu'elle ait tout un entourage, qu'elle puisse vraiment se reposer. Ce qui veut dire qu'à la maison, il doit toujours y avoir une belle-sœur, une belle-mère ou une grand-mère. La femme, alors, est assistée. Les gens que je vois vivre sont des familles où la femme est seule. Il n'y a plus de services domestiques comme celui que j'avais, par exemple, en Gaspésie. Je pouvais facilement avoir deux servantes! Elles ne me coûtaient que dix dollars par mois. Le service domestique étant considéré comme un apprentissage des manières n'avilissait pas la personne. Les servantes pouvaient se marier facilement. Mais tout cela a cessé. On s'est rendu compte que le service de Dieu, c'est-à-dire la vocation religieuse, a diminué au moment où le service domestique a cessé, parce que la femme trouvait à s'employer librement en usine. C'est durant la Grande Guerre, je pense, que le recrutement des religieuses s'est mis à baisser. Il faudrait que se reconstitue une communauté, une tribu, alors qu'actuellement chacun vit de façon isolée avec sa petite progéniture. Et la femme est bien seule. On parle de la névrose de la banlieue chez les femmes qui restent à la maison. En ce sens, si on veut revenir à l'accouchement à la maison, il faudra, comme vous dites, certaines transformations: un entourage. Mais aussi le retour de l'accouchement aux femmes! Il me semble assez normal que ce soit la femme qui accouche. La femme et non l'homme. Et en cela la dictature médicale a été assez rude. On a formé des sages-femmes depuis quelque temps, mais elles n'ont pas le droit d'accoucher ici, ou alors elles accouchent là où il n'y a pas de médecin. On ne les forme pas pour faire l'accouchement à la maison sur le territoire médical qui est sacré. Si vous voulez mon opinion pour l'avenir, il serait bon que l'accouchement se fasse d'une façon plus familière. Le retour à la sage-femme serait quelque chose de bien, mais avec peut-être une précaution. Peut-être vaudrait-il mieux que le premier accouchement d'une femme ait lieu dans un milieu plus surveillé qu'à la maison. Ce qui peut arriver de plus embêtant, ce n'est pas la position de l'enfant. Qu'il vienne par la tête ou qu'il vienne par le siège, à mon avis, c'est équivalent. Ce qui est important, c'est que le périnée ne soit pas déchiré. Si dans un premier accouchement il n'est pas déchiré, aux suivants il ne le sera jamais. À ce moment-là, il n'y a aucun risque d'accoucher à la maison. Et puis, les transports sont faciles si la sage-femme s'aperçoit que quelque chose ne va pas. À vrai dire, quand je faisais des accouchements en Gaspésie, je ne m'occupais pas de tous les accouchements ; il y avait des gardes-malades qui étaient payées par le ministère de la Colonisation comme moi. Elles ne m'appelaient que lorsqu'elles avaient un pépin, une rétention du placenta, par exemple. Quand il n'y avait pas de garde-malade, il y avait quand même toujours la présence de la sage-femme, parce que c'est un pays où il y a un certain caprice. La présence du médecin ou de la garde-malade n'est pas une présence dont on est sûr. Alors il y a toujours la sage-femme, qui est choisie tout naturellement parce qu'elle a de bons nerfs et qu'elle a du talent pour ça. Elle représente la petite collectivité. C'est elle qui, comme je la célèbre sous le nom de Madame Théodora, se tient aux deux portes de la vie, parce qu'elle aidait à la naissance et aidait aussi à faire la toilette des morts.

C'était ainsi en Gaspésie ?

Je ne peux que vous parler de mon expérience. En Gaspésie, c'était comme ça. En somme, il y avait des gardes-malades qui étaient des manières de sages-femmes instruites, des sages-femmes d'école qui avaient plus ou moins de talent naturel. Et tu avais aussi la sage-femme locale produite par le milieu. Elles m'ont appris des choses que je ne connaissais pas, comme la posture anglaise. La sage-femme en question l'avait apprise d'un médecin en attente au port de Grande-Vallée. Son bateau s'y était arrêté un bon bout de temps et il avait fait des accouchements.

L'accouchement tenait donc dans votre pratique une place toute particulière, vous procurait une satisfaction spéciale ?

Quand l'accouchement était terminé ! Quand je me suis installé — ma sœur Madeleine et Robert Cliche auraient voulu que je m'installe tout près d'eux en Dorchester —, je me souviens être allé voir un vieux médecin qui, paralysé du côté gauche, pouvait encore parler et raconter ses prouesses. Son poste était à vendre et j'avais acheté de lui quelques instruments. Il m'avait dit : « À la fin, quand je partais aux accouchements, je n'avais plus peur. » C'est dire qu'il y a une sorte de crainte que tu dois garder pour toi. À la fin, on parle de délivrance. Oui, c'est une délivrance générale. C'était un gros machin primordial et ça laissait la procréation au centre de la vie, c'est-à-dire au centre de l'habitat. Il était peut-être plus difficile d'avoir des enfants de cette manière-là, mais on en avait tout de même. Tandis que maintenant, alors qu'il y aurait plus de facilité à en avoir, on n'en a plus ! La naissance n'est plus au cœur de la maison. L'accouchement à domicile, c'est très bon, pour autant qu'il y ait de l'assistance. Le Sauvage passe. On chasse les enfants. Je me souviens des enfants qui couraient dans la rue en pleine nuit. Ils avaient été chassés de la petite maison et il n'y avait pas de voisins pour les recevoir. J'ai été surpris : en Gaspésie, ce n'était pas les Sauvages qui apportaient les enfants, mais la Mi-Carême. Jacques Sauriol m'a appris qu'il s'agissait probablement du fait qu'ici, à Montréal, c'était les sauvagesses de Caughnawaga[7] qui étaient sages-femmes. C'est pour cette raison que l'on disait aux petits enfants que les Sauvages étaient passés : ils avaient vu la sauvagesse. C'est une expression qui avait cours à Louiseville. La Mi-Carême est une fête turbulente qui n'est pas catholique. Au milieu d'un carême, alors qu'on devait se tenir contrit, il y avait une explosion. Une bande de gens turbulents allaient d'une maison à l'autre. On disait aux enfants : « C'est la Mi-Carême qui est passée ! » Et la Mi-Carême passait en tout temps de l'année, même en été. Mais tout ça c'est fini, Sauvage et Mi-Carême. Il serait assez difficile de recommencer. Il y a eu brisure.

La naissance était quelque chose d'assez simple. C'était à une époque où tous les âges de la vie, l'entrée comme la sortie, avaient lieu à la maison. La maison n'était pas, comme aujour-d'hui, un dortoir, une salle à manger. Les vieillards y mouraient et partaient au milieu des enfants. Il n'y avait pas encore eu d'aliénation. À présent, l'accouchement est devenu un phéno-mène très professionnalisé, à tel point que ça n'appartient plus à la population. Que survienne une calamité, on ne saura plus quoi faire parce qu'on n'aura pas ces centres hospitaliers auxquels on est habitué.

L'avantage de la médecine que j'ai pratiquée, c'est que c'est une médecine qui n'a pas besoin d'institutions. Elle se diffuse dans la population et la santé reste entre les mains des gens. C'est, finalement, une médecine très simple et accessible, qui ne s'entoure pas de babioles. C'est très loin de la médecine du Dr Knock. Aujourd'hui, la santé devient une chose assez ember-lificotante et les gens sont soumis, si je puis dire, à une certaine dictature qui n'existait pas autrefois : on avait seulement besoin du médecin pour signer le certificat de décès. Le premier

---

7. Ferron emploie toujours ce nom qui eut cours jusqu'en 1980 pour désigner la réserve indienne de Kahnawake.

avantage de cette médecine était de rendre normal le concept de mort naturelle. Auparavant, toute mort était arbitraire, était une manière de meurtre qui amenait nécessairement des rites. Quelqu'un mourait et le médecin proclamait : « Cet homme est mort de mort naturelle », et l'histoire finissait là. Sinon, si le médecin ne signe pas, il y a enquête. Il est nécessaire, pour une civilisation pacifique, que la mort soit naturelle et non violente. Il faut donc quelqu'un pour en attester. Le premier rôle du médecin ce n'est pas de guérir, mais de signer un certificat de décès. C'est un rôle assez important, primordial. Ensuite, il peut être guérisseur ! Mais ce n'est pas la première fonction du médecin. Si son rôle était de guérir, « guérisseur » n'aurait pas ce sens péjoratif qu'on lui donne. Il y a un fourre-tout dans la médecine. Beaucoup de gens viennent nous voir qui, autrefois, allaient voir le curé. Il s'agit souvent de les écouter afin qu'ils puissent s'exprimer ; c'est la meilleure solution. Ils t'exposent leur problème et tu le leur rends, parce que tu le prends pour le leur redonner. Cette relation a une signification curative, enfin satisfaisante. On dirait qu'il y a une prise de conscience qui se fait ainsi, grâce à cet intermédiaire qu'est le médecin. Ce n'est pas une grande profession, la médecine. Je n'ai jamais prétendu que c'était une grande profession, comme le droit. C'est un métier assez honteux, assez bas. Quand ils avaient des maladies un peu embarrassantes, j'ai remarqué que certains vieux cultivateurs de Longueuil venaient me voir à Ville Jacques-Cartier au lieu d'aller chez les médecins de Longueuil. Or, quand tu impressionnes ces personnes-là, tu vas te faire dire : « Oui, Notaire ! » au lieu de : « Oui, Docteur ! » Ce qui veut dire que le médecin fait en quelque sorte partie des misères de la vie. On n'a pas de quoi s'en vanter. Enfin, c'était comme ça autrefois. À présent, on ne sait plus trop. Probablement que les gens se font une gloire, non pas d'être malades, mais d'être suivis et d'avoir une analyse de ci, une analyse de ça, d'être médaillés, si je puis dire. Mais c'est un peu chinois !

La dictature de la médecine

C'est ce que vous appelez la dictature de la médecine ?

Il me semble d'ailleurs que d'autres que moi ont traité du sujet. Je pense à ce curieux bonhomme qui était religieux, Illich. Mais, comme je vous disais, j'ai employé le terme « médicalisation » avant lui !

Vous vous référez au passé ou au présent quand vous dites : « C'est un métier un peu honteux ! »

Toujours !

De façon générale, les médecins ne donnent pas l'impression d'avoir honte de leur métier.

Dans l'église de Louiseville, il n'y avait pas tellement de bancs pour les médecins. On disait qu'ils ne pouvaient pas être à la messe parce qu'ils étaient occupés par les accouchements et tout ça. Ce n'était pas des gens qui faisaient partie de la démonstration, de la parade. Des gens un peu à part, comme vous voyez. Est-ce qu'ils sont plus glorieux de nos jours ? Je ne sais pas. C'est peut-être une question de revenu.

Vous ne croyez pas au médecin qui guérit, si je comprends bien ?

Ça peut arriver dans les cas très simples. Une appendicite ! Il n'y a rien de plus facile que de dire : « C'est une appendicite ! », et de faire enlever l'appendice. Ce sont des cas relativement rares. Mais il me semble, moi, qu'on voudrait de plus en plus réduire des difficultés existentielles à des maladies. Ce qui ne se fait pas. Beaucoup de gens ont des ennuis, souvent existentiels, qu'ils voudraient bien transformer en maladie et faire évaporer avec une petite pilule. En présence de l'anxiété qui règne, on donne beaucoup d'anxiolythiques. Les gens y sont habitués. Évidemment, je les prescrirais avec plaisir, par exemple, chez les anciens alcooliques. C'est quand même moins nocif que l'alcool, mais cette médication enlève beaucoup de la vivacité naturelle. Peut-être parce qu'on ne peut pas se dépenser et qu'on est pris à ne pas faire grand-chose. Au début de ma pratique, j'ai été un peu fâché de ne pas toujours trouver les maladies faciles à diagnostiquer. Nous traitions les gens malades, mais d'une manière qui n'était pas aussi catégorique qu'à l'hôpital. Je n'avais pas l'impression que mes soins valaient grand-chose, parce que je ne pouvais pas diagnostiquer, par exemple, les pneumonies. Je n'en ai pas vu beaucoup de pneumonies. Quand j'en voyais une, j'étais content, parce que c'est simple. À présent, il faut faire un diagnostic encore plus compliqué entre les vrais malades et ceux qui se servent de la maladie comme d'une porte de sortie. Dans un temps de chômage, les jeunes gens veulent bien toucher le Bien-Être. Après trente ans, ils touchent un montant substantiel. Avant cet âge, ils touchent un montant peu élevé, mais s'ils sont malades et déclarés incapables de travailler, là ils reçoivent le fort montant. Il faut les repousser. C'est quand même déplaisant de se faire demander un service qui va à l'encontre de son rôle de soignant, de thérapeute, en déclarant malade qui ne l'est pas. Il peut arriver qu'on se fasse jouer, parce qu'on donne toujours le bénéfice du doute à l'homme qui est devant nous. Les gens qui autrefois venaient nous voir à leurs frais n'avaient pas avantage à nous tromper. Ça fait partie d'un monde nouveau qui n'a pas encore trouvé son assiette. Tout va finir par se tasser, je l'espère. Mais cela montre que les gens restent enfantins, dans un état de dépendance. Si ce n'est pas envers les parents, c'est envers les médecins, quitte ensuite à réclamer des pensions pour tout et pour rien. Ça ne fait pas vraiment partie de ce qu'il peut y avoir d'exaltant dans la vie humaine que les petites arcanes de la médecine. Il n'y a, que je sache, rien de glorieux là. Il peut se faire des trucs bizarres, comme les changements de sexe que les chirurgiens peuvent réussir. Mais c'est quoi ça ?

Des prouesses ?

Oui… des prouesses.

Justement, il y a la médecine générale, celle que vous avez pratiquée. Mais il y a aussi la médecine très spécialisée, à la fine pointe du progrès technologique, celle que nous évoquons maintenant. Comment voyez-vous cette dernière ?

On a toujours craint pour la survie de l'humanité. Il y a eu un moment, oui, où il fallait empêcher les gens de mourir et les sauver, les faire vivre le plus longtemps possible. Mais il arrive un moment où la survie de l'humanité est amplement assurée. On pourrait très bien se passer de la médecine, vous savez. Il s'agirait de faire jouer la reproduction un petit peu plus. Il n'y a pas du tout de nécessité à être opéré pour le cœur, comme je l'ai été. Quant à moi, j'ai été pris dans un engrenage : deux infarctus. On t'explique alors que ça te ferait peut-être du bien d'avoir une opération au cœur, et tu te laisses aller ! C'est une question de facilité. Mais ce ne sont pas du tout des opérations nécessaires. S'il n'est pas capable de vivre, c'est simple, qu'il meure ! On lui signera son certificat de décès et il y aura bien des gens pour le remplacer. Cette façon de faire vivre m'irrite un peu. Je ne suis pas un massacreur, remarquez bien, mais peut-être qu'on exagère un peu dans l'autre sens. Je comprends que la vie ait beaucoup de valeur pour celui qui la vit, mais il faut quand même qu'il participe à cette vie. On fabrique de plus en plus de parasites pour lesquels quelques jeunes gens en santé travailleront. Ça me paraît quelque chose d'un peu déplorable. C'est une espèce de changement dans la société : il y aura de plus en plus de vieillards entretenus par quelques jeunes en état de travailler et qui seront minoritaires. Il y a là une contradiction flagrante. En voulant faire disparaître la mort, on rend les vivants esclaves des mourants.

C'est la mort qui réapparaît autrement ?

Et elle devient despotique ! Ça devient une manière de culte aztèque. Cet esclavage des gens en santé, esclavage au profit des malades, ça me paraît assez bizarre. C'est peut-être une des raisons pour lesquelles on tient tellement à la jeunesse, à la santé. C'est la peur de la dégradation, dans une société, dit-on, heureuse, où on se débarrasse de ses vieux. C'est la peur de cette déchéance qui pousse les gens vers la médecine et qui fait que les vieillards essaient de voler la jeunesse à la jeunesse. Je me souviens d'une des choses que j'ai trouvées belles dans ma pratique. J'avais, dans ma clientèle, des bouts de rue peuplés par des Italiens. La mamma, à l'âge où ses filles devenaient des femmes, se vieillissait avec une robe noire pour leur laisser la jeunesse et la féminité. Je me souviens aussi d'avoir soigné longtemps une madame Tanguay, qui est morte à quatre-vingt-dix ans. Entourée ! Elle était comme une merveille, entourée de cinq garçons célibataires et d'une fille célibataire qui la faisaient vivre. À la fin, elle semblait leur demander la permission de mourir, parce qu'ils ne voulaient pas. La mort, ça fait partie de la vie : la suprême liberté. Ça ne se voit plus aujourd'hui. Les gens d'âge mûr et les quasi vieillards s'agrippent à la jeunesse comme des désespérés, avec quelque raison, pour ne pas être relégués à ce qu'on appelle depuis quelque temps les morutoires. C'est une nouvelle apparition dans nos sociétés que ce terme « morutoire ». Des endroits très avantageux pour mourir, parce qu'on le fait en musique. Enfin, c'est mieux que ces autres maisons où sont parqués les vieux !

*Dans la société traditionnelle, il n'était sans doute pas plus inté-
ressant de vieillir qu'aujourd'hui, mais le vieillard y avait un
statut ?*

Il était une mémoire, le possesseur d'une mémoire collective qui
pouvait être utile. Il régnait un peu sur la jeunesse en sachant lui
faire peur. La jeunesse était modérée par la présence des vieillards,
par leur autorité. Le vieillard ne pouvait pas avoir une force
brutale : il avait une force persuasive, détournée. Il était bien à sa
place, pouvant léguer, avant de mourir, ce qu'il avait à son
entourage. Je me souviens d'une patiente accouchée à la Miséricorde qui, juste au moment de l'expulsion — il y a un moment
d'excitation qui peut se produire avant l'anesthésie —, s'était
dressée sur la table d'accouchement en disant : « Pépère ! » On
avait l'impression que le pépère y était pour quelque chose ! La
présence des vieux à la maison n'allait pas sans quelques
inconvénients, mais il s'agissait de quelque chose qui, me semble-
t-il, était plus naturel que les endroits où l'on place maintenant
les vieux.

On ne devrait pas se mettre dans des positions fausses à ce
point, surtout dans un monde où il suffit d'une simple mauvaise
manœuvre, soit d'un côté, soit de l'autre, pour que la terre soit
anéantie par la bombe. Parce qu'en somme, il faut bien parler de
ce problème. J'ai fait partie du *National Peace Congress*. Enfin,
tout le monde est pour la paix : la guerre est devenue invraisemblable. D'ailleurs, elle serait possiblement la fin de la planète.
En somme, c'est une mutation assez extraordinaire. Tout
d'abord, si je me souviens bien, la nature était considérée comme
un danger, et on implorait Dieu contre les fléaux de la nature.
Maintenant, le fléau c'est l'homme. Est-ce qu'on peut implorer
Dieu contre l'homme, étant donné que c'est l'homme qui
décide ? Il faut essayer d'avoir une vie la plus normale et la plus
conséquente possible. Éviter les aberrations, comme la résur-
rection de Lazare.

Comment voyez-vous l'avenir de l'humanité, du monde ?

À vrai dire, nous n'avons pas beaucoup de modèles de réflexion sur un tel sujet. C'est quelque chose de nouveau. On ne sait pas au juste si l'explosion des bombes détruirait l'ionosphère. S'il y avait destruction, ce serait évidemment la fin de la planète. Il vaut mieux ne pas risquer une guerre, parce qu'il y a possibilité, non pas simplement d'une destruction de la Russie, de Montréal, ou des États-Unis, mais de tous les pays. Il s'agit d'un problème tout à fait nouveau et je pense qu'on doit le résoudre à partir des plus petites choses, en essayant de donner un peu de vraisemblance à la vie ordinaire. Ce n'est plus le temps de se servir de la médecine pour faire des prouesses. On pourrait renvoyer les médecins, organiser une vie saine, se servir des herboristes qui ne sont pas méchants. C'est beaucoup mieux de prendre de la valériane que de prendre du valium ou des substances chimiques. Il s'agirait de se servir de quelques inspecteurs de la santé qui pourraient déterminer la nature de la mort, afin de savoir si elle est naturelle ou si elle est violente. Ça, évidemment, c'est un principe qu'il faut conserver. Sur le reste, on pourrait assez bien se passer des médecins.

Vous renverriez les médecins chez eux sans craindre une catastrophe ?

Ils ne sont pas absolument nécessaires. Évidemment, comme chacun est accroché à soi-même, mais n'entrevoit pas la survie en elle-même, c'est assez difficile de faire accepter ça. Chacun veut bien être le dernier à se servir de la médecine, mais pas être le premier à l'abandonner ! C'est dire qu'il faut essayer de restreindre la portée des soins médicaux au lieu de l'augmenter, au lieu de pratiquer des résurrections de Lazare, de le faire vivre outre mesure. D'autant qu'on ne sait pas ce qu'il a vu de l'autre côté : on n'a pas de relation de Lazare.

Quand vous faites ainsi le procès de la médecine, en relativisant beaucoup son utilité, n'est-ce pas le procès de toute la société que vous faites ? Car la médecine qui opère, qui transplante, qui étire la vie, c'est la technologie appliquée à la médecine. Il ne s'agit pas d'un phénomène isolé.

La transplantation a beaucoup énervé les gens. Le cœur est un symbole de vie. La transplantation du rein, on n'en parle pas. Pourtant elle est fort utile et se pratique avec avantage. Quant à la transplantation du cœur, il est assez bizarre que ce soit ordinairement des hommes qui se font transplanter. La médecine est entre les mains des mâles et il y a certaines interventions risquées qu'on fera, par exemple, sur les femmes. On a enlevé beaucoup d'ovaires et très peu de testicules. De même, on a surtout pratiqué la lobotomie chez les femmes. Le cœur, ça devient une machination glorieuse, ce sont donc les hommes qui se font transplanter. En Afrique du Sud, on a transplanté le cœur d'un Métis. C'est dans les pays barbares que la transplantation a surtout eu lieu. L'Afrique du Sud, le Texas et le Québec.

Vous mettez le Québec au rang des pays barbares ?

Toujours, oui.

En disant, comme vous venez de le faire, que la médecine est aux mains des mâles, vous rejoignez tout à fait le discours féministe qui dénonce le pouvoir des médecins sur le corps de la femme.

Bien sûr, et je n'ai pas d'objection à cela. Il y avait, à Sainte-Anne-des-Monts, la maison du Dr Rioux qu'on appelait le Château des ovaires, parce qu'on y pratiquait beaucoup l'ablation. J'ai été assez rapidement saisi de la question : on charcutait les femmes plus facilement que les hommes. Remarquez que, lorsqu'il n'y avait pas de méthodes contraceptives, j'ai vu à Québec quelques femmes enragées parce qu'on leur avait refusé l'hystérectomie. Face à cette question, je ne suis pas un fanatique de quelque côté que ce soit. Oui, certaines femmes désiraient la mutilation, mais, plus souvent qu'autrement, elles la subissaient du fait que la médecine était exercée par les mâles. Et quand arrive une affaire magistrale comme la transplantation, alors là ce n'est plus le cas, on opère sur les hommes à qui on donne un nouveau cœur.

N'avez-vous pas noté la même chose à propos de la folie, suggérant que la psychiatrie fait plus de lobotomies sur les femmes que sur les hommes ?

Oui, quoique les chiffres que j'ai de Saint-Jean-de-Dieu indiquent que c'était assez égal. Mais je pense qu'en général, on la faisait beaucoup plus chez la femme que chez l'homme. C'est une opération tout à fait risquée et qui m'a paru désolante parce que j'en voyais surtout les échecs. Quand tu transformes une personne en légume, le légume reste évidemment en institution. Tu ne peux pas très bien voir les réussites, si réussites il y a. Je ne sais pas. Mais, après avoir vu les échecs, je ne crois pas qu'on puisse les mettre dans la balance avec les réussites. Ces interventions-là sont dangereuses, ne serait-ce que parce que le cerveau n'est pas comme le cœur. On peut facilement changer de cœur, c'est un muscle qui n'est pas tellement différencié, tandis qu'on ne peut pas avoir de greffe de cerveau. Ça ne se conçoit pas parce que la personnalité de chacun s'y inscrit au cours des années. On ne peut pas mettre le cerveau de Jacques dans la tête de Pierre. Ça créerait des perturbations.

C'est de la science-fiction !

C'est ça !

Mêlé à une vie sans apprêt

Grâce à ce poste d'observation qu'est la médecine, visitant les milieux, faisant les accouchements, vous avez aussi certainement observé des choses particulières sur la condition des femmes. Dans plusieurs de vos textes il y a des personnages féminins de premier plan. Dans Les roses sauvages, *par exemple.*

Si j'avais été notaire, j'aurais peut-être eu un contact avec le chef de la famille et j'aurais peu connu les femmes. J'ai eu plus d'intimité avec les femmes grâce à mon métier, comme j'ai le plus grand respect pour elles. Ça n'a jamais été, j'espère, pour en dire du mal.

Au contraire ! Il y a dans vos écrits des points de vue sur les femmes assez avant-gardistes. Je pense aux Roses sauvages *et à la névrose de la femme de banlieue. Quelques années plus tard, on pouvait lire dans* Châtelaine *un reportage sur le même sujet[7]. J'avais trouvé le rapprochement intéressant.*

Quand un fait est patent, on peut nécessairement trouver plusieurs rapporteurs. Dans *Les roses sauvages* il y a aussi le sens de la responsabilité de l'homme. Les hommes dans les maisons, lors des accouchements, c'était très désagréable. On ne sait pas quoi en faire. On les envoie chercher de l'eau, on les envoie dehors… Mais j'ai quand même cherché à remarquer tout ce qui pouvait également faire la noblesse de l'homme, comme son sens de la responsabilité. Justement, dans *Les roses sauvages*, celui qui s'appelle Baron n'ose plus se remarier, même s'il est dans la force de l'âge et épanoui, parce qu'il a fait le malheur d'une femme et ce malheur-là le condamne lui-même. Ce n'est pas méchant de dire ces choses-là.

---

7. Catherine Texier et Marie-Odile Vézina, « Portrait-robot de la femme de banlieue », *Châtelaine*, XIX : 4, avril 1978, p. 37-39, 86.

J'avais déjà observé que les maîtresses d'école se marient très bien. En Gaspésie, par exemple, une maîtresse d'école n'enseignait pas longtemps. Même à Rivière-Madeleine, où j'étais, c'était un maître d'école. Une maîtresse n'aurait pas tenu. Elle était tout de suite mariée parce qu'elle pouvait tenir les livres et elle permettait au mari de devenir marchand. Il faudrait aller voir dans la lignée de Gilles Vigneault s'il n'y aurait pas des maîtresses d'école. Parce que dans son patelin, même si c'est de l'autre côté du golfe… Quand je l'ai connu, Vigneault n'était pas un chanteur, mais un libraire qui voulait s'occuper de la distribution du livre. Ça le tracassait beaucoup de voir qu'il y avait des difficultés à le distribuer. Il parlait comme un marchand : probablement fils de marchand, et fils de marchand parce que sa mère ou sa grand-mère devait être maîtresse d'école.

Et puis, le personnage de la sage-femme, Madame Théodora. La sage-femme, pour ma part, je l'ai connue en Gaspésie. Elle aidait à la naissance et faisait aussi la toilette des morts. Ces sages-femmes étaient vraiment des personnages dans les paroisses, des femmes de décision. Il fallait passer par elles. On parlait autrefois des Reines de Hongrie, des femmes de décision, c'est-à-dire des grandes gueules, des mégères dans le genre de Madeleine de Verchères qui, retournée à Sainte-Anne-de-la-Pérade, fait la chicane.

J'ai découvert une espèce d'égalité entre l'homme et la femme en Gaspésie. Après un certain âge, l'homme et la femme sont égaux. Et même avant : les filles choisissaient leur mari alors que, dans mon idée, c'était l'homme qui choisissait — idée un peu macho du comté de Maskinongé. En Gaspésie, ça se faisait tout autrement. Je me souviens d'un bonhomme quand même assez riche — il n'y avait pas beaucoup de richesse à Rivière-Madeleine —, qui a même eu quelques cabines pour les touristes et qui avait une espèce d'hôtel, avec un moulin à scier le bois, un moulin à vent. Et il est resté célibataire ! Les filles disaient : « Il va nous faire pipi sur le ventre ! » Il était d'une famille à

servantes et les servantes, on le sait, rapportent bien des détails
sur l'intimité. Il est resté célibataire, alors que normalement il
n'aurait pas eu de misère à se marier.

Comment vous situez-vous par rapport au discours féministe ?

Je suis agacé par auteur*e* et écrivain*e*. Je n'ai pas l'impression que
ça concerne vraiment l'écriture. Enfin, même quand les femmes
n'avaient pas tous les droits qu'elles ont actuellement, elles pouvaient quand même être de grands écrivains. Je pense à Gabrielle
Roy qui est un écrivain majeur : elle ne s'est pas dit écrivaine et
auteure. Non, ça me semble être un peu du charabia. Peut-être
que j'arrive tard dans ce monde-là. Je ne crois pas qu'il faille
transformer la langue.

Vous parlez de la langue, je pensais plutôt à la réalité quotidienne.

L'avenir n'est pas radieux sous cet angle-là. On a moins le goût
de faire des enfants. Or, cette question est primordiale. Quand
un homme et une femme sont rendus à leur grosseur, je les
prends comme ils sont et je ne me fais pas de souci avec eux.
Mais par rapport au long apprentissage de la vie, par rapport à
cette enfance qui dure si longtemps, il y a, je pense, un certain
sacrifice de la part de la mère : il existe une certaine régression
qui est nécessaire pour se mettre à la portée de l'enfant. Car c'est
elle qui lui apprend la langue. C'est elle qui le marque. Mais
pour être à son niveau, elle aura dû régresser quelque peu. Ce
qui fait qu'il peut y avoir des différences entre les sexes. Mais
l'honneur de la femme est aussi grand que celui de l'homme. Si
on vit en couple, sans enfant, il n'y a évidemment aucun problème. C'est l'égalité, quasiment l'homosexualité. Mais s'il y a
progéniture, il doit quand même y avoir une répartition des
tâches, c'est-à-dire cette régression que j'ai observée chez la

femme qui doit se mettre à la portée de l'enfant. Très souvent, après un accouchement, il y a un syndrome de mélancolie qui peut être grave. Dans *Les roses sauvages*, cette mélancolie aboutit à un suicide. La femme n'a pas réussi à régresser. Elle se suicide. Ce sont des choses qui peuvent arriver. Évidemment, on ne peut pas trop généraliser. En médecine, d'ailleurs, on le fait assez peu. On a des cas. Il y a, par exemple, le système d'indépendance et d'interdépendance qui est extrêmement riche et divers. Les choses se font d'elles-mêmes.

La famille, pour vous, est une valeur essentielle ?

Pour moi, oui. Est-ce qu'il en sera toujours ainsi ? Je ne sais pas. Si le sens tribal se reformait, ça pourrait être autre chose. Je viens d'une société où les familles étaient si nombreuses qu'on ne pouvait pas se trouver d'amitiés en dehors de la famille. Mais le monde actuel est tout à fait différent. Si les enfants attendent d'avoir des cousins pour avoir des amis, ils pourraient n'en avoir jamais. Tout cela forme une société bien différente de celle où j'ai vécu. Il faut se mettre à l'âge où je suis rendu. Mon temps est un assez lointain passé.

La famille y était une institution qui suffisait aux relations.

Et la famille favorisait l'écriture. Justement, avant de devenir écrivain, il est peut-être bon d'écrire des lettres. L'éloignement des personnes qu'on aime y oblige.

Nous y reviendrons… Si on essayait de préciser la vision particulière que la médecine donne du monde, de la société ? Dans « Suite à Martine », par exemple, Salvarsan dit avoir assisté à une mort…

…Salvarsan, Salvarsan ! Pour commencer, c'est un nom de médicament contre la syphilis ! Qui avait assisté…

… à une mort et disait que ça lui donnait le sens du tragique et lui rendait vaine la médecine.

J'ai l'impression que j'ai écrit « Martine » à Mont-Louis. Je me souviens : je faisais un petit tableau chaque jour. J'étais assez content. « Suite à Martine » aura suivi peu après. Mais je trouvais ça assez vague finalement : je n'ai jamais été un grand penseur.

Il y a sans doute là une vision de la vie qui vous vient en partie de la médecine.

J'ai pu entrer par la porte d'en arrière, d'une façon non officielle. On est au courant du quotidien, des vicissitudes de la vie. Ce n'est pas nécessairement le côté glorieux de l'homme qu'on aperçoit. Quand on le voit, c'est lorsqu'il réussit à surmonter ces états maladifs. C'est une façon de voir qui est assez directe. La pratique du cabinet empêche un peu de bien voir, parce qu'on ne voit pas le milieu. Il faut aller sur place. D'une certaine façon, c'est un métier qui peut privilégier un observateur. Il y a quelque chose de fâcheux dans ça. Il y va sous de fausses représentations et il est tenu au secret. Il y a quelque chose d'équivoque en moi-même et c'est malheureux. Enfin, c'est arrivé comme ça !

Pourrait-on dire que le médecin y serait pour quelque chose dans cette attitude qui vous tient près des choses, méfiant des idéologies ? Pour expliquer, par exemple, le rigorisme québécois, vous dites : les maisons étant petites et les enfants nombreux, il fallait cette rigueur… Vous avez, et cela me frappe, recours à des explications simples là où d'autres font appel à des théories compliquées. La médecine vous aide dans ce sens-là, j'imagine.

Le plus grand plaisir qu'on peut avoir, c'est de trouver des simplicités. J'ai observé que la prédication dans les collèges et les couvents n'est pas la même que la prédication paroissiale, pour la bonne raison, comme le disait un évêque de Saint-Hyacinthe, qu'il ne faut pas faire rougir les parents devant les enfants. Tandis que dans les collèges, on y va à grand train contre la luxure dans le but de faire du recrutement sacerdotal. Je suppose que les séminaires ont été fondés dans le but de fabriquer des curés. Alors on essaie de captiver les séminaristes. Ce n'est pas du tout la même chose dans la paroisse. La prédication doit varier. Cet évêque de Saint-Hyacinthe s'adressait à un vicaire, lui disant : « Allez-vous arrêter de prêcher contre le sixième commandement ? À tout moment, on se plaint. Les parents disent qu'ils sont gênés devant leurs enfants. » Ça c'est une espèce de petite observation que je considère comme une simplicité, mais que j'aime bien avoir remarquée. Réussir quelques simplicités dans une vie, ça m'apparaît satisfaisant.

De même, en Gaspésie, parce que les agglomérations paroissiales sont trop petites pour avoir une église à elles seules, j'avais remarqué l'existence de confédérations. Cloridorme, par exemple, comprenait Pointe-à-la-Frégate, Petite-Anse, le Grand Cloridorme, le Petit Cloridorme et Grand-Étang. L'église était au Petit Cloridorme. Mais plus vous vous éloigniez du village de l'église, plus les mœurs étaient faciles, moins guindées. Tandis que près de l'église, il y avait une espèce de peur, les gens n'étaient pas à leur aise. Antonine Maillet et moi partagions la même observation à propos de l'opposition du village de l'église et du petit village, c'est-à-dire du grand village et du petit village, ou du village d'en bas et du village d'en haut.

En Gaspésie, vous connaissez une pratique de la médecine assez heureuse. Arrivé à Jacques-Cartier, on a l'impression que les choses sont moins claires, moins transparentes, moins intéressantes ?

C'est qu'on faisait alors l'accouchement à la maison parce qu'il n'y avait pas de maternité et que les gens n'avaient pas les moyens d'aller dans les hôpitaux. On accouche à la maison par pauvreté. Il s'est même trouvé à Jacques-Cartier une femme très économe qui s'accouchait elle-même. Tout simplement parce qu'elle était trop radine ! L'accouchement, c'était vingt à trente piastres. Elle me faisait venir le lendemain matin pour que je voie le cordon ombilical et, disait-elle, pour être en loi. Dans un autre ordre d'idées, je me souviens également de la mort de mon ami Pierre Boucher, le comédien. Il était venu me voir pour me rapporter le livre que je lui avais prêté et il est mort dans la salle d'attente de mon bureau. Je ne fréquente pas beaucoup l'église, mais il était naturel que j'aille à ses funérailles. Or, je me suis retrouvé devant des funérailles bonbons où l'on chantait « Ce n'est qu'un au revoir ». Il me semble que cette nouvelle liturgie, contrairement à l'ancienne, ne permet pas l'expression du deuil. Non seulement dénature-t-elle la mort, mais elle lui enlève ce qu'elle a de terrible. J'avais été stupéfait et je me souviens que Jean Duceppe m'avait dit : « Le nouveau show ne vaut pas l'ancien ! » Les funérailles, telles qu'on les pratiquait avant le Concile, avec le *Dies irae*, rendaient aussi le deuil plus facile.

La société se transforme. À ce titre, il y a chez vous la constatation qu'on est embarqué dans une société de consommation très dure.

Dès la dernière guerre, précisément au moment où les religieuses ont commencé à avoir de la difficulté à se recruter — parce que les filles trouvaient à s'employer dans les usines de guerre —, il y a eu une transformation de la société. Le clergé a alors cessé d'être omniprésent et tâtillon. J'ai déjà parlé du respect dont était entouré le curé, faisant souvent office de notaire. En causant avec les Gaspésiens, j'en ai trouvé la raison. Je viens d'une famille anticléricale et j'avais le même œil critique que mon père sur mon curé à Petite-Madeleine. Il y avait aussi la question des servantes de curés : il s'agissait souvent de concubinage. Il est arrivé une fois que le curé de Saint-Maurice, étant déplacé vers une paroisse des alentours, avait marié sa servante avec une espèce de faible d'esprit, parce qu'il la croyait enceinte, mais en fait elle ne l'était pas. Quand il a déménagé, sa servante l'a suivi et il avait récompensé le mari qui était resté à Saint-Maurice en lui donnant ses chèvres et ses moutons. Les gens de l'endroit voyaient bien ! Tout était assez transparent dans cette histoire-là. Mais ils disaient : « Oui, ce sont des hommes comme tout le monde, mais ils font des miracles ! » Dans un milieu assez hostile, où les fléaux de la nature étaient autrefois dangereux pour l'homme, le curé était un protecteur. Au courant de son rôle, le bon curé ne gaspillait pas ses dons. Je vous disais que lors de l'incendie dans la Vallée d'Esdras — nommée ainsi en l'honneur d'Esdras Minville, un économiste originaire de Grande-Vallée qui, en faisant pression sur Duplessis, avait permis le retour à la Couronne de tout l'arrière-pays qui appartenait à la Brown Corporation —, les gens suppliaient le curé de venir arrêter le feu, mais lui, il avait un baromètre, et il savait s'en servir. Il a sorti ses saints ustensiles au bon moment, après s'être fait supplier pendant douze heures. Il est sorti en grandes pompes et la pluie s'est mise à tomber ! Il connaissait bien son métier ! Il pratiquait bien ! C'était le curé Bujold, un homme sévère, qui n'aimait pas les femmes et qui avait peut-être un petit faible pour les garçons. À peu près toute la paroisse, quand même très pieuse, avait été initiée par lui. Il exerçait une autorité !

Dans ma pratique, j'ai toujours voulu tenir compte du clergé, ne serait-ce que parce que j'ai été chassé de Mont-Louis. Le curé a seulement à demander à celui qui te loue un bureau de ne plus le faire et tu t'en vas. J'ai failli me faire jouer le même tour ici à Jacques-Cartier. C'est pourquoi je pratiquais avec précaution. Quand est arrivé la pilule anticonceptionnelle, on s'est mis à la prescrire avec prudence, en se demandant ce qui se passerait, d'autant plus que j'ai raconté qu'elle était connue ici sous le nom de « pilule du Congo », parce qu'on la donnait à des religieuses qui risquaient d'être violées par des nègres du Congo. Je n'en ai pas entendu parler. Là, j'ai senti que le pouvoir clérical s'en allait. Lorsqu'a commencé tout le mouvement pour l'école laïque, après avoir pourtant participé à ce mouvement-là, j'ai complètement refusé d'en faire partie parce que j'avais déjà compris que le catholicisme n'était plus autoritaire : il n'y avait plus de tyrannie. De toute façon, il me semblait qu'il fallait apprendre cette religion qui nous avait marqués, que ce soit par le dedans ou par le dehors, peu importe.

Cette lutte n'avait plus de sens ?

C'est ça ! Cela aurait été une petite commission scolaire pour les snobs d'Outremont. D'ailleurs, ça n'a pas donné grand-chose.

Je vous parlais, il y a un instant, de la société de consommation. Dans une rencontre précédente, vous disiez que votre œuvre n'était pas tragique. Cela me semble juste. Mais s'il y a du tragique, ce serait peut-être du côté de la société de consommation.

Je ne sais pas très bien comment cela finira. Je ne crois pas que les gens se plaignent de consommer beaucoup. L'apparition des autos à Ville Jacques-Cartier fut extraordinaire. J'ai connu des gens qui partaient en auto le dimanche, allaient jusqu'à Québec et revenaient. Ils avaient accès à toutes ces voitures qu'autrefois ils regardaient passer. Évidemment, ça modifie la société. Les villes deviennent démesurées parce qu'il faut les bâtir tout en étendue pour que les autos puissent rouler. Par la suite, on part à la recherche de la campagne qui fuit devant la ville. Je ne sais pas comment tout cela se terminera. Je ne veux pas médire de l'avenir. Il faut, à mon avis, avoir confiance. Nous arrivons à la fin du millénaire. Ce qui est toujours un dur passage. On le voit, ça commence : les rumeurs d'apocalypse apparaissent. Il ne faut pas se laisser emporter par la panique. Moi, je ne verrai pas l'an deux mille, mais j'ai des enfants et je dois faire confiance aux capacités d'adaptation des peuples. Il y a eu disparition de la religion. C'est un très grand phénomène, mais on voit reparaître des mouvements qui sont tout à fait inférieurs à la bonne religion catholique d'autrefois : des trucs comme la méditation transcendantale... Ces phénomènes démontrent quand même qu'on a besoin de réfléchir, que la religion a un sens. Enfin, elle avait une grande signification. Sa disparition subite, au moment où le Québec s'affirmait, a montré que nous ne devions pas notre survivance à la religion, mais à nous-mêmes. Il reste que le recours à la religion a quelque chose de naturel et souvent de très formateur. J'aime beaucoup la Contre-Réforme française parce qu'on y voit se développer une psychologie qui sera celle de Racine, par exemple, et l'honneur de ne pas mourir qu'on retrouve dans Corneille. C'était le bien de plusieurs saintes, dont sainte Thérèse d'Avila et sainte Catherine de Sienne qui l'a précédée. J'ai un livre sur sainte Catherine de Sienne. Je l'ai lu parce qu'elle meurt au moment où le schisme se déclare. C'est à l'époque des Clémentines et des Urbanistes : elle était Urbaniste, évidemment. Il y a dans la spiritualité catholique la liberté de l'âme. Ce qui rend le catholique différent du protestant, c'est la prédestination. La liberté des enfants de Dieu est difficile à concevoir à cause de la prescience divine et, dans ce livre sur Catherine de Sienne, j'ai retrouvé cette lutte constante entre la prédestination et la liberté du salut. J'ai découvert une explication dans la glose : la perspective temporelle est différente de la perspective éternelle. Dans la perspective éternelle de Dieu, on ne peut pas dire qu'un fait soit antérieur à l'autre et que l'avenir soit déterminé par le passé. C'est comme si, pour nous laisser la liberté, Dieu devenait un homme qui n'a pas le sens de la perspective et de la durée : il voit tout d'un bloc, un peu comme un poisson peut voir d'un aquarium ce qui se passe dans une maison. Cette lutte contre la prédestination a été quelque chose de très important, à mon avis. Or, dans la société de haute surveillance où nous nous trouvons maintenant, c'est justement cette perte de la liberté des enfants de Dieu que j'aperçois. Mais c'est une des contradictions de notre catholicisme. Il semble être une religion plus contraignante que celle des protestants, mais en même temps, il donne beaucoup plus de liberté à ceux qui y participent. Mais je n'ai pas encore étudié le grand schisme. J'ai toujours été intéressé par l'histoire, mais j'ai toujours voulu ne pas aller trop avant.

Mais ces changements dus au passage de la société traditionnelle à la société de consommation donnent quand même lieu dans votre œuvre à une interrogation assez angoissée ?

Oui, parce que j'ai quand même assisté à beaucoup de changements. J'ai assisté à l'arrivée de l'électricité. En Gaspésie on ne l'avait pas et j'ai connu la veillée sans électricité. Puis vinrent les automobiles. Quand je suis arrivé sur la Rive-Sud, le pont Jacques-Cartier n'avait que deux travées, mais il n'y avait jamais d'embouteillage : on passait très facilement. Alors qu'à présent !... Je me souviens que je tenais toujours à arriver à temps quand j'ai commencé à travailler au Mont-Providence. Pour éviter la circulation, je partais donc de très bonne heure. Il y avait des embouteillages parfois dès cinq heures.

Il reste que Ville Jacques-Cartier était une ville heureuse où les garçons voyaient leur père travailler à bâtir la maison. Il n'était pas absent. L'antagonisme avec Longueuil était un peu désagréable, ne serait-ce que parce qu'on mettait des « Stop » à l'entrée de Longueuil lorsqu'il n'y avait pas d'intersection — je me souviens d'avoir abattu un « Stop » avec ma voiture parce que ça me fâchait —, mais ce n'était absolument pas méchant. C'était tout simplement parce que Longueuil, avec ses vieux égouts de bois, ne pouvait pas se développer. Il y aura fusion : Jacques-Cartier a été obligé de se doter d'un aqueduc. Quand Longueuil a voulu avoir ses tours et cesser d'être un aimable village, ses égouts ne pouvaient plus suffire. Il y a eu annexion et nous sommes à présent dans Longueuil. Cette ville a beaucoup profité de la banlieue ouvrière. On était non seulement obligé de faire son marché à Longueuil, mais les banques s'y trouvaient aussi. Je rencontrais le maire Pratte à la Banque de Montréal. C'était un très brave homme qui ne prenait jamais de vacances pour pouvoir diriger la fanfare de Longueuil : un notable exemplaire. Ces gens n'étaient pas méchants. Ils n'étaient pas vraiment en mesure d'incorporer cette banlieue qui se développait sans aucun règlement d'urbanisme, sans police, avec ses seuls chiens pour garder la paix. Il y a d'ailleurs eu multiplication des bandes de chiens errants. Ce fut un moment de Farouest. J'ai expliqué que Ville Jacques-Cartier était le fruit d'une spéculation malheureuse. Lorsque le pont a été construit, on pensait que les Montréalais étaient pour traverser. Or la crise est arrivée : Montréal a régressé. Les gens sont allés en Abitibi et ce n'est qu'après la guerre qu'il y a eu retour de l'Abitibi. Les gens de Saint-Henri ont finalement traversé et les propriétaires de biens fonciers vendaient leurs terrains comme des pommes le dimanche. C'est ce que j'ai écrit dans *Le salut de l'Irlande*. Mais il y avait des ennuis : on se bâtissait des maisons qui ne pouvaient pas être assurées parce qu'il n'y avait pas d'aqueduc. Quand l'aqueduc et les égouts sont arrivés, il a fallu remonter les maisons pour creuser. Finalement, c'est aujourd'hui une banlieue ordinaire, tout à fait ordinaire.

Ayant travaillé auprès de la population ouvrière d'une banlieue au développement quelque peu anarchique, vous n'acceptez pourtant pas qu'on parle de vous comme du « médecin des pauvres ».

Non, parce que j'ai bien gagné ma vie. J'ai toujours été un bourgeois : la classe bourgeoise était heureuse d'avoir un représentant. Non, j'ai très bien gagné ma vie. J'ai eu des enfants. Je me suis même un peu enrichi. Ça me paraît drôle, parce que je ne me suis jamais vanté d'une conduite que j'estimais honnête. La question du « médecin des pauvres » m'a toujours paru une chose abracadabrante. C'était baroque. Les pauvres me payaient. C'est encore bien plus odieux que d'être « médecin des pauvres » : ils étaient malades et je les faisais payer !

Comment conciliez-vous votre rêve socialiste avec l'idée qu'il y aura toujours une élite et un peuple, ou, pour reprendre les termes que vous utilisez souvent, les notables et le peuple ?

On ne peut pas faire autrement. Il n'y a pas d'égalité absolue dans les sociétés. Même dans les pays socialistes on se rend compte que les fils de dirigeants sont plus favorisés que les humbles péquins. On recherche l'égalité en étant sûr que jamais on n'y parviendra. Il en sera toujours ainsi, je crois.

Vous entretenez l'utopie, mais vous êtes pragmatique ?

Je suis évidemment en âge de considérer le passé, ce qui s'est fait. Je crains l'élite au nom d'une idéologie. Je n'aime pas la guerre. Nous ne sommes d'ailleurs pas un peuple belliqueux et nous n'avons pour ainsi dire jamais connu la guerre. Imposer une nouvelle idéologie, une nouvelle forme de gouvernement à un pays, cela paraît extraordinaire sur le moment, mais par la suite on se rend compte qu'il y a d'autres privilèges qui se créent. Certains enfants sont plus favorisés que d'autres, ne serait-ce que par l'attention que certains parents prêtent à leurs enfants, alors que d'autres ont peu à leur apporter. Cette structure familiale empêchera toujours une véritable égalité, à moins de vouloir élever les enfants dès la naissance dans une manière de fourmilière, ce qui me paraît aberrant, épouvantable, parce qu'à ce moment-là tous les sentiments, toutes les passions de l'homme se trouvent stérilisés. Une telle société paraît plus dangereuse que celle dans laquelle nous vivons, où les inégalités ne sont pas tellement frappantes. Une chose, cependant, est certaine : il faut que ces inégalités soient acceptées par tout le peuple et que les notables, comme je les appelle, vivent au milieu du peuple, qu'ils soient pour lui des modèles dont on soit fier. Je me souviens qu'à Moncton, un matin, j'avais demandé à un Anglais où se trouvait le quai de la compagnie Irving. Son visage s'était épanoui ! À ce moment-là, les cargos de la Irving faisaient une espèce de prouesse en remontant sur le refoule, dévidant leurs cargaisons et redescendant. Ils étaient fiers d'avoir un Irving. Il était des leurs. Une égalité absolue serait pour ainsi dire le mépris qu'on aurait de tout autre que soi. La société humaine n'est pas formée sur ce modèle-là. Et il y a les différences d'âge. Qu'est-ce que vous voulez, un enfant et un adulte ne sont pas des gens égaux.

Vous reprenez presque les termes de Philippe-Aubert de Gaspé quand il évoque la relation entre le peuple et le seigneur ?

Oui, pour la bonne raison que les seigneurs ici n'ont jamais été oppresseurs comme en France. L'habitant avait le droit de chasse : il avait un fusil, ce que n'avait pas le paysan français. Les redevances, vous savez, n'étaient pas fameuses. On donnait quelques poules à la Saint-Jean-Baptiste, c'est tout. En somme, le seigneur était une manière de gros cultivateur. D'ailleurs, Philippe-Aubert de Gaspé n'écrit que dans la clarté. Il ne dit pas tous les malheurs qu'il a subis. Il a même été en prison. C'est pas des choses tellement plaisantes à raconter. Il a eu des heures tragiques dans sa vie, mais il les a escamotées. Toujours de bonne humeur : la façon canadienne d'être plaisant, avenant. C'était un peu la façon de mon beau-frère Robert Cliche que j'admire, que j'aime beaucoup.

Mais, permettez-moi d'insister, cela n'est-il pas un peu contradictoire, je dirais, avec votre « préjugé » démocratique qui vous fait prendre parti pour les démunis, les humiliés, contre les notables, qui vous fait dénoncer le système manichéen grand village/petit village qui justifie les privilèges de classe ?

Dans une cérémonie, mon Dieu, il y a des rangs. Si tout le monde s'entasse, ça fait des affolés avec un type en avant qui crie. Les belles cérémonies demandent des rôles différents. Qui dit rôle différent dit nécessairement une certaine inégalité. Il y a toujours inégalité. Elle est nécessaire et doit être respectée. Mais il faut lutter pour empêcher la misère, empêcher une espèce de déshumanisation de l'homme...

Vous ne remettez pas en cause la société capitaliste, la société de classes comme on la connaît ?

Il faut toujours faire attention. Le bourgeois est un notable qui n'a pas accaparé les moyens de production et qui peut avoir des avantages, mais ce sont des avantages qui ne lèsent pas la communauté. C'est contre celui qui possède les moyens de production qu'on peut lutter. Au Québec, les moyens de production ne sont pas tellement dans les mains des Québécois. Le bourgeois capitaliste est assez rare.

C'est pour cela que la question importante n'apparaît pas être celle de la structure de la société ?

Non, pour la bonne raison que les inégalités sont assez minces et ne reposent pas sur cette sorte d'injustice qui est la possession des moyens de production. Le grand patron, sous le gouvernement péquiste, c'est le gouvernement lui-même et, d'une certaine façon, nous en arrivons à une sorte de socialisme. C'est d'ailleurs ce dont on accuse actuellement les péquistes : on craint que ce gouvernement s'empare, par exemple, du Canadien Pacifique. C'est le risque du capitalisme d'État. Il y aura toujours des luttes dans les sociétés : ça fait partie de leur vie. Mais, pour le moment, nous pouvons considérer que, même sans être socialistes, nous évoluons par le Parti québécois vers un certain socialisme d'État qui ne me déplaît pas, parce qu'il n'est pas oppresseur. Il faut bien savoir où sont nos amis. À ce titre, nos ennemis ne sont pas les Amérindiens qui ont été exterminés. Parmi les livres que j'aime beaucoup, que malheureusement je n'ai pas relu depuis longtemps, il y a *Le rêve de Kamalmouk* qui relate le grand affrontement qui a eu lieu en Amérique entre une civilisation asiatique, celle des Amérindiens, et une civilisation européenne. L'affrontement n'a été décrit d'une manière sympathique que par Marius Barbeau, dans les montagnes Rocheuses. On voit dans ce livre que celui qui veut se faire Européen est un peu dans la même situation que l'Algérien qui voulait devenir Français. Il ne pouvait pas. Il y avait affrontement. Une des cultures détruisait l'autre.

III

Cartographies incertaines :
histoire et politique

L'écrivain et le politique

PIERRE L'HÉRAULT — *Vous vous êtes beaucoup engagé socialement et politiquement, participant à de nombreux mouvements. Vous avez, par exemple, frayé avec les automatistes, vous avez été au Parti social démocrate, vous avez fondé un parti politique, le Rhinocéros, vous avez été dans le Rassemblement pour l'indépendance nationale, à Parti pris, vous avez été de mouvements très divers qui, parfois, partageaient des idéologies très différentes. Et vous avez vogué à travers tout ça...*

JACQUES FERRON — Enfin, bon navigateur, bon navigateur ! Il faut voir où sont les vents, essayer de se trouver à la bonne place au bon moment, et tenter de participer à la vie d'un peuple. C'est ce que j'ai essayé de faire avec mes humbles moyens, sans avoir beaucoup de loisirs, car j'ai toujours été obligé de gagner durement ma vie. C'est une chose qu'il ne faut pas oublier. Je n'avais pas le temps de faire des tournées. Je pouvais offrir deux ou trois heures par-ci par-là, mais pas plus.

Vous avez effectivement toujours été à des endroits où il y avait des promesses d'avenir, dans des mouvements qui commençaient...

Oui, cherchant à les influencer au meilleur de mes connaissances, y réussissant parfois. La grande difficulté était de faire passer les socialisants à l'idée nationale.

Vous y êtes parvenu ?

Je pense que j'ai réussi cette lutte. Mais encore fallait-il leur prouver que ce nationalisme-là n'était pas une espèce de relance de l'impérialisme français. Il avait fallu nous démontrer à nous-mêmes notre bonne foi en prenant parti, par exemple, pour les Algériens contre la France. Enfin, ce sont des petits mouvements intérieurs. Il fallait toujours procéder de bonne foi et croire à ce que nous faisions. Tout cela est venu au fur et à mesure, sans projets démesurés.

Mais où étiez-vous, par exemple, vers la fin du régime Duplessis, alors que l'on préparait, chez les libéraux entre autres, la Révolution tranquille ?

À ce moment-là, avec Raoul Roy, ancien secrétaire de l'Union des marins, j'étais passé à la *Revue socialiste*, petite revue qui n'a pas eu tellement d'importance. Il y a eu répression. Au point de vue syndical, il faut savoir que, après la guerre, il y avait des unions ouvrières assez solides : elles ne proviennent pas toutes de la grève d'Asbestos. D'ailleurs, et c'est une chose assez importante, on a monté en épingle la grève de l'amiante pour nous faire perdre de vue d'autres syndicats qui étaient drôlement bien organisés — je pense à celui de Madeleine Parent et à l'Union des marins —, mais qui étaient sous tutelle communiste. Évidemment, je vous l'ai dit, on les a brisés. Mais d'un certain point de vue, c'était des syndicats qui valaient bien ceux de la Confédération des syndicats nationaux. Ayant fait le vide dans le monde ouvrier, on a voulu repartir toute la patente avec la CSN et c'est là qu'on a monté la grève de l'amiante en épingle, comme s'il n'y avait rien eu avant ! Lorsque l'Union des marins a été brisée, Raoul Roy s'est retrouvé dans la rue : il a été obligé de gagner sa vie. Il s'est lancé dans la vente du vêtement et, comme beaucoup d'anciens communistes — on dirait qu'ils ont tendance à faire fortune —, ses affaires allaient bien. Il a eu deux, trois, peut-être même quatre magasins à un moment donné. Il les faisait fonctionner d'une façon assez peu onéreuse : il avait fait venir ses sœurs de la Beauce et chacune d'elles tenait une succursale pendant que le mari, lui, trouvait à travailler. Il y a eu récession et les beaux-frères sont tombés en chômage, ce qui a causé des ennuis à l'organisation financière de Raoul. Il s'est rendu compte que les Canadiens du fond de la province qui venaient sur le marché du travail étaient moins aidés que, disons, les immigrants qui arrivaient d'Europe. Alors il a eu une réaction viscérale, si je puis dire, financière aussi : « Dehors, les immigrants ! » C'était pas fameux ! Ne serait-ce qu'au point de vue politique. Mais enfin, c'était sincère, ça s'expliquait bien. Il a lancé sa *Revue socialiste* sur ces principes-là : faire un pays où le Canadien, parce qu'il n'était pas question de Québécois à ce moment-là, serait chez lui comme un poisson dans l'eau. À la fin du régime Duplessis, j'étais donc avec Raoul Roy, dont je voyais bien les défauts, mais qui était un homme extrêmement travaillant et qui réussissait à publier une petite revue. Un peu comme Gisèle Lebeuf avait publié *Modo pouliotico*, lui, il publiait sa revue socialiste à peu près seul. En 1963, la veille de la capture des premiers terroristes, ce sera chez Raoul Roy, par exemple, que nous aurons une réunion où Pruneau, qui en faisait partie, est venu nous expliquer quel était le but des Effelquois — c'est ainsi qu'on nommait les premiers Felquistes. Ce n'était pas tout à fait le milieu de *Cité libre* ! C'était un projet

socialiste, si vous voulez, où se mêlait une revendication nationaliste. C'était pour nous une grande affaire et il était important
de savoir si on pouvait allier les deux. On se faisait souvent dire :
« National-socialisme : nazi, fasciste ! » C'était un problème pour
moi. Chaque fois qu'on voulait revendiquer quelque chose pour
le Québec, il fallait toujours commencer par les chômeurs, mais
si on ne s'occupait que de la question sociale, on ne réglait pas
du tout la question nationale. Les deux, à mon avis, allaient de
pair ; et même, la question nationale devait avoir préséance. On
ne pouvait pas du tout prévoir quel serait le résultat d'une lutte
nationale. Elle pouvait très bien favoriser le socialisme ! Il a fallu
se mettre sur pieds à ce propos. En 1963, quand arrivera un RIN
assez structuré, je crois que je faisais encore partie du Parti
socialiste québécois, la branche provinciale du Nouveau Parti
démocratique. J'étais là avec mes jeunes amis de *Parti pris,*
Maheu et Chamberland. Je me souviens qu'à une réunion du
PSQ, j'avais fait la cabale pour le RIN comme un pas bon. Mais
enfin, je crois qu'à peu près tous les gens du PSQ, comme tous
les socialistes québécois à cette époque, ont lutté pour un
Québec plus fort — je pense à Andrée Ferretti qui m'avait suivi
à ce moment-là au RIN. Tandis que du côté de *Cité libre,* mon
Dieu ! je ne connais pas beaucoup d'éléments très vigoureux qui
soient allés de ce bord-là. Il s'agissait simplement d'une milice
chrétienne, des gens d'action catholique, et non de véritables
Québécois. C'était assez mort, d'ailleurs, *Cité libre,* à la fin.

Cité libre *était sans doute l'organe le plus représentatif de l'intelli-
gentsia progressiste à la fin du régime Duplessis. Vous aviez une
manière diamétralement opposée de concevoir les choses : en voulant
faire le lien entre nationalisme et socialisme, vous proposiez que le
nationalisme était ici un « raccourci vers le socialisme ».*

Si on veut faire un socialisme authentique, il faut qu'il se fasse
sur place et qu'il ne soit pas imposé. Le socialisme tel qu'on nous

le proposait, c'était toujours un socialisme dont le moteur était en dehors du Québec. C'est à ce point de vue-là que je prétendais que, si on voulait faire du socialisme, il fallait le faire en passant par le nationalisme. Mais je n'ai jamais voulu prétendre que ça devait nécessairement aboutir sur le socialisme. Il ne fallait tout simplement plus se battre caché derrière un poteau, comme on le faisait auparavant. Pour que la lutte soit franche, il faut que le courant socialiste se manifeste au Québec contre un courant conservateur, que la bataille ait lieu entre Québécois et non entre Anglais et Québécois par curés interposés.

Le nationalisme est pour vous un préalable à toute discussion politique ?

Oui, et non contre un système de colonisation. Je ne prétends pas que nous avons été colonisés entièrement. Vous le savez, Fanon et Memmi sont des auteurs que j'ai lus, mais je ne pouvais pas exactement transposer leur lutte sur la nôtre. J'ai toujours parlé de semi-colonialisme, parce que notre sort n'a jamais été absolument tragique. Après tout, nous avons toujours eu la possibilité de muer, de nous transformer et de devenir Canadiens anglais, tandis que le colonisé est écrasé par le colonisateur : c'est un régime où les deux parties sont nécessaires. Je pensais, par exemple, qu'en cessant notre résistance, nous pouvions tout simplement devenir Canadiens, comme les autres. Si je me souviens bien, en Algérie, le colonisé pouvait imiter les colonisateurs, mais ne parvenait jamais à devenir colonisateur et restait dans son état de dominé. Ici, non seulement au Québec mais au Canada, nous vivons dans une société assez ouverte. Rien ne nous empêche d'être Canadiens anglais. Vous pouvez le devenir ; et très souvent vous serez plus dominateur que le Canadien anglais de vieille souche. C'est ça qu'on a remarqué, par exemple, en Grèce. Il y avait des Grecs qui étaient plus grecs que les autres. C'était ceux de souche macédoine. J'ai rencontré quelques Canadiens, mais des gens pas très intelligents, qui avaient bénéficié d'une formation à McGill, par exemple, et qui avaient l'impression en changeant de rang social d'être sorti d'un grand marasme. Ils étaient montés de rang social et ils confondaient ce rang social avec la nationalité.

Ce passage de Canadien à Canadien anglais n'est pas, pour vous, du colonialisme ?

Ce n'était pas un très grand malheur, après tout. Il y avait une lutte à continuer, puisqu'elle était commencée, mais cette lutte-là n'était pas la fin du monde. Nous gagnions ; nous perdions. Je n'ai jamais rien vu de très tragique dans notre situation : c'est une chose assez importante. J'en ai été d'autant plus conscient lorsque j'ai fait un voyage et que je suis sorti du Québec ! J'avais connu le Canada durant la guerre, voyageant des Rocheuses jusqu'au camp Utopia, dans la baie de Fundy, près d'un endroit où l'on prend des petits harengs que l'on transforme en sardines canadiennes. Je suis allé à Fredericton aussi : j'y étais stationné. Mais en 1973, j'ai fait le grand voyage et je suis allé directement à Varsovie, faisant une escale à Orly, sans descendre de l'avion, et revenant par Londres, de même, sans sortir du territoire international. J'ai constaté qu'il y avait eu des événements tragiques dans ces pays-là. Mais ici, jamais, jamais… Ni grande tragédie dans le passé, ni grande tragédie dans l'avenir. On n'en prévoit pas. Finalement, nous habitons un petit pays assez modeste qui ne devrait pas tellement crier qu'on l'ébouillante. J'ai toujours vu les choses un peu de cette façon-là. Il faut faire attention aux discours et à la transposition de phénomènes qui ont peut-être eu un sens très fort dans d'autres pays, mais qui, ici, n'en ont pas eu. J'en reviens toujours à cette maudite « Grande Noirceur » : elle n'avait rien de tragique. C'était une certaine pénombre où se fricotait très bien l'avenir, avec, pour maître d'œuvre, Duplessis lui-même. Il n'y a rien eu de révolutionnaire à ce moment, comme il n'y a jamais rien eu de révolutionnaire, je pense, au Québec. Évidemment, si on remonte dans l'histoire, il y a eu, bien sûr, un petit fracas : les événements de 1837. C'était pour nous une façon de prendre conscience de ce que nous étions auparavant ; et nous savons par les témoignages des gens de l'époque que cette prise de conscience s'est faite vers 1837. Quand tout un peuple prend conscience de lui-même, ça fait des petits bruits. Pourtant, même à ce moment-là, il y a eu moins de pendus en Bas-Canada qu'en Haut-Canada. Seulement, nous avons bien conservé nos pendus en mémoire, alors qu'en Haut-Canada on les a oubliés. Parce qu'en 1837, ces exécutions avaient une signification ici qu'elles n'avaient pas en Haut-Canada. C'est Durham lui-même qui en a signalé le sens : « C'est l'opposition de deux peuples. » Je pense que Durham nous a rendu un grand service en le soulignant, parce que la meilleure façon d'escamoter le conflit aurait été de dire qu'il s'agissait simplement d'une bataille de bureaucrates et d'Irlandais mécontents.

Ce moment de prise de conscience, vous l'avez toujours mis en scène dans votre œuvre, le réinstallant dans le présent. Comme s'il s'agissait d'une image primordiale.

Oui, mais je peux me demander si, en prenant conscience de la nécessité d'un État québécois, je n'ai pas cherché mes repères un peu plus près que, par exemple, les historiens de l'École de Montréal qui, eux, les ont retrouvés dans la Conquête, lors de la perte du pouvoir. Moi, j'ai toujours cru que notre passé était beaucoup plus court et que nous ne venions pas de si loin. C'est en Gaspésie que je me suis rendu compte que la mémoire collective est une mémoire qui ne remonte pas très loin dans le temps. Peut-être cent vingt-cinq ans. J'étais à la Madeleine en 1946. L'établissement sur les côtes avait eu lieu durant le dix-neuvième siècle. Déjà on avait oublié les vieilles paroisses de Montmagny, de Cap-Saint-Ignace, les vieilles paroisses d'origine. Il s'était formé sur place une autre conception de la vie, avec un hiatus entre ces paroisses anciennes et très belles dont on venait et dont on gardait, par exemple, le goût du médecin. Mais on se mettait à penser dans le nouveau paysage où on se trouvait.

Et c'est justement en me rendant compte que la mémoire collective ne va pas très loin dans le passé que j'ai voulu transposer ça à notre histoire, à l'histoire des Canadiens, des Québécois. Je me suis opposé à ce qu'on traîne derrière soi un passé qu'on ne peut pas assumer, d'autant plus que nous n'étions pas un peuple, à mon avis. Nous étions des gens normalement appelés à disparaître, à nous angliciser comme les Hollandais de la Nouvelle-Hollande, les Suédois de la Nouvelle-Suède et même les Espagnols et les Français de la Louisiane. Mais, par chance — parce qu'il faut dire que nous avons eu beaucoup de chance —, il nous fut donné de devenir un peuple. Un peuple, quand il devient une nationalité, doit assumer son passé. Mais ce passé ne remontait pas très loin. Il y avait des abîmes. Nous ne pouvions pas assumer le Régime français. Il était bon de le connaître, de savoir, par exemple, qu'il y avait une loi de zonage qui empêchait les gens de se grouper, de former des hameaux, des petits villages. Parce que si l'on voulait développer les terres, il fallait que les maisons soient isolées. Il y a eu des maisons détruites, sur l'Île d'Orléans, par ordre d'un intendant, parce qu'un père avait voulu regrouper ses enfants autour de lui en leur bâtissant des petites maisons. On empêchait la formation de ces hameaux. C'est assez important de comprendre ça, tout comme il est important de savoir comment on s'est adapté à l'hiver, à un nouveau climat. Mais ce sont des préliminaires : notre histoire commence vraiment lorsqu'il y a eu nationalité, c'est-à-dire vers 1840, après les petites rébellions de 1837. Lors de la Conquête, nous ne faisions pas tellement de différence entre l'Anglais et le Français : tous deux nous étaient presque aussi étrangers. Alors qu'en trente-sept, il s'agissait des premiers pas vers 1976, date qui n'achève rien, mais qui pousse encore un petit peu notre devenir. En somme, rien n'est accompli, rien n'est encore terminé, tout est en devenir. Il reste que, pour exprimer le pays, il me fallait partir de certaines données.

C'est pour cette raison que 1837 m'est apparu intéressant, simplement en tant que retranscription du vécu québécois, comme une espèce de prise en charge de soi-même. Un des théâtres les plus populaires au Québec fut celui tiré des mémoires de Félix Poutré, personnage que l'on retrouve également dans *Les grands soleils* ; cet agent double, tout en étant patriote, feignait d'être fou pour mystifier les Anglais. Ce fut un très très grand succès, l'œuvre théâtrale la plus jouée à l'époque ! C'est Laurier qui a mis fin à ce triomphe quand, ayant accès aux paperasses sérieuses, il est apparu que Félix Poutré n'avait pas été un patriote, mais tout simplement un agent des bureaucrates. Enfin, il y a eu beaucoup de petites choses de la sorte, comme la devise « Je me souviens. » Je me souviens de quoi ? C'est la devise du Québec, mais elle n'a jamais été votée à l'Assemblée législative. Lorsqu'on a fait restaurer le Parlement, on l'a tout simplement inscrite sur une pierre de la muraille et on a fait voter la restauration aux Travaux publics. C'est ainsi que nous avons passé un Québec aux Anglais en nous donnant pour devise : « Je me souviens. » Il y aurait quand même eu opposition. De la sorte, ça n'a jamais été débattu. Il y a eu beaucoup de ces petites manigances et il continuera d'y en avoir. Est-ce que nous deviendrons jamais un État-nation ? Il ne semble pas. L'époque des États-nations est un peu dépassée. René Lévesque était pour la neutralisation du Canada entre l'URSS et les États-Unis. Il a évolué ; à cause des Américains, il est maintenant obligé d'imaginer le Québec acceptant l'Alliance de l'Atlantique Nord. Mais ce n'était pas dans ses premières idées. Quant à avoir monnaie et armée québécoises, cela ne m'a jamais paru très important.

Vous répudiez une idée d'indépendance qui serait celle d'un État-nation ?

Oui.

Ce serait quoi alors ? Le terme « souveraineté-association » vous plaît davantage ?

Je ne sais pas ce que ce sera. L'unilinguisme français est une chose qui me paraît nécessaire. C'est à peu près la seule chose à laquelle je tienne. La monnaie : il y a moyen de s'arranger avec l'ensemble canadien. Peut-être même pour les Postes. En somme, c'est quasiment le statut particulier qui nous conviendrait. Pour la bonne raison qu'on nous a laissés survivre deux cents ans, même si on était porteurs d'eau et scieurs de bois, qu'est-ce que vous voulez ? Je n'ai pas beaucoup fréquenté la Bible, mais hier[1] j'ai lu ce livre d'horreurs que peut être l'Ancien Testament, en particulier le « Livre de Josué ». Je correspond actuellement avec François Hébert qui m'a appris qu'il avait un fils qui faisait beaucoup de bruits avec les percussions. C'est un rocker. Cette affaire de bruit m'a fait penser à Josué qui fait tomber les murs de Jéricho. On trouve toujours quelque chose à laquelle on ne s'attendait pas quand on fait une recherche. Je me suis rendu compte d'une chose : nous étions dans la situation des Gabaonites. Ce sont des porteurs d'eau et des scieurs de bois. Je savais qu'on nous avait comparés à des porteurs d'eau et à des scieurs de bois, mais je ne savais pas encore avant hier que ça faisait allusion à une page biblique. Lorsqu'on s'empare de la Terre promise, il y a là des habitants qu'on ne met pas à mort, contrairement aux autres. Parce qu'on est très fort pour passer au fil de l'épée : on tue beaucoup dans ce livre de Dieu ! On ne tuera pas les Gabaonites ; ils seront porteurs d'eau et scieurs de

---

1. C'est-à-dire le 30 octobre 1982, veille du cinquième entretien.

bois. Ça nous donne une situation de dépendance sanctionnée par les livres saints. Nous commençons porteurs d'eau et scieurs de bois qui, s'ils veulent refaire surface et se donner des droits, doivent procéder fort modestement. En somme, nous sommes une peuplade de la Bible. Le « Livre de Josué », ça correspond un peu à notre situation ! Josué a arrêté le soleil et l'a gardé suspendu pendant toute une journée pour défendre les Gabaonites, qui n'étaient pas des Israélites, mais des Hivvites plutôt fourbes qui avaient trompé le peuple de Dieu. Non seulement on les a laissés vivre, mais quand ils seront menacés par les Amalécites, Josué ira les défendre. Ainsi, je viens de m'adjoindre le « Livre de Josué » pour découvrir que nous sommes beaucoup plus des Gabaonites, protégés d'une certaine façon par des gens de parole, même si nous sommes fourbes, que des Nègres blancs d'Amérique. En se rappelant ce fameux combat des Anglais pour sauver Gabaon, qui n'était pas leur ville, mais une ville de Québécois, les gens de l'Ouest disent : « L'Est n'apporte rien, excepté le soleil ! » Le soleil est resté suspendu pendant toute une journée au-dessus de Québec !

Justement, je me sers de Josué pour répondre à mon ami Ellenwood et le remercier de sa traduction dans *Brick*[2]. *Brick* est une revue que j'aime bien, austère, calviniste. Ces gens-là doivent avoir lu la Bible, parce que la Bible c'est évidemment une des grandes forces de l'anglais. L'anglais est une langue liturgique, tandis que le français est une langue profane. Être traduit par le peuple élu de Dieu, ça signifie quelque chose ! J'aime bien être traduit par les Anglais. Là, je ne suis pas un porteur d'eau. L'Amérique peut être considérée comme une Terre promise par les nouveaux arrivants qui sont évidemment le peuple élu de Dieu, et nous, on nous permet de survivre, on ne nous passe pas au fil de l'épée, on ne tue pas nos enfants. Pour ma part, j'ai

---

2. Cette revue ontarienne venait de faire paraître un numéro entièrement consacré à Jacques Ferron (n° 16, automne 1982) qui m'en a remis un exemplaire lors de l'entretien du 31 octobre 1982.

compris un peu hier le ressentiment que j'éprouve contre Jérusalem, contre la Bible. C'est un livre qui me cause de l'amer-
tume. J'ai d'ailleurs manifesté cela dans *La charrette*, où il
m'amuse assez de faire pisser les Palestiniens sur le Mur des
Lamentations. Ces lieux me paraissent une espèce de vespasienne.

Est-ce qu'on a réagi à cela ?

Il n'y a pas eu de commentaires. En français, ça n'avait pas
tellement d'importance ; le tirage de *La charrette* est assez
régulier depuis sa parution : ce n'est que deux cents par année.
En anglais, cela aurait pu avoir des répercussions fâcheuses. On
aurait pu en entendre parler. Non ! Ça passe et on n'en dit rien !
J'ai seulement reçu un téléphone d'une organisation juive de
gauche. Ils m'ont dit : « Dr Ferron, faites comme vous voulez,
mais, vous savez, ici il n'y a pas beaucoup d'Arabes et nous
sommes nombreux ! » Ce n'était pas une menace, mais ils me
rappelaient mes intérêts. Par contre, j'ai rencontré, avec mon
ami Paterson Ewen — j'ai eu beaucoup d'amis anglais —, un
jeune Juif qui disait calmement : « Les Israéliens, c'est des
nazis ! » Il ne faut pas croire qu'ils font tous corps.

C'est pour vous dire que porteurs d'eau et scieurs de bois,
cette condition d'humiliés d'où nous partons ne nous donne pas
grand jeu. Nous nous en sommes tirés assez habilement.

D'où votre idée que nous ne sommes pas un peuple tragique ?

Pour faire une tragédie, il faut quand même avoir de grands
moyens, il faut avoir une espèce d'orgueil insensé. Il faut avoir
des moyens matériels et surtout des moyens psychologiques que,
porteurs d'eau et scieurs de bois, nous n'avons pas. Ce n'est pas
avec des godendards qu'on fait la tragédie : ça devient burlesque !

Mon opinion est que nous nous sommes développés un peu à l'insu de ceux dont nous étions les porteurs d'eau et les scieurs de bois. Les Anglais doivent être minoritaires, parce qu'ils ont une mentalité d'aristocrates et que les aristocrates ne peuvent être majoritaires. Imbus d'eux-mêmes, vivant sur le même territoire que nous, mais en dehors, d'une autre façon, ils ne voyaient pas ce que nous faisions. Il a fallu les amuser. J'ai comparé notre situation commune à celle de deux bandes de singes qui occupent le même territoire et qui réussissent à s'éviter par leurs cris ou autrement. Il se peut que nous nous soyons rencontrés tout récemment, justement avec cette histoire de terrorisme et de prise de pouvoir du pays. Cela se fait avec un minimun de fracas et ne peut pas aboutir à la création d'un État-nation tel qu'il s'en fabriquait autrefois. Le principe de l'État-nation, avec ses frontières, n'est bon qu'à empêcher le surpeuplement à l'intérieur des frontières ; autrement, ce serait le déferlement du pays. Il sert aussi à protéger les langues, c'est entendu, pour empêcher, non pas une tour de Babel — dans le sens vertical —, mais une espèce de mélange qui mènerait à une sorte de dégradation des petites acquisitions intellectuelles qui ont été faites dans les différentes civilisations et qu'il faut préserver en évitant de les mélanger. C'est la seule raison qui veut que l'État persiste. Lors de l'Exposition universelle de 67, comme on me croyait un peu communiste, on m'avait fait rencontrer le représentant de Cuba à l'Exposition. On voulait l'inviter à un petit banquet du Rassemblement pour l'indépendance nationale, dont je faisais partie, qui avait lieu à l'Île Goyer, à Carignan. Lui, il était assez heureux de garder ses relations avec le Canada, étant donné qu'il était boycotté par les États-Unis. Il pouvait échanger des chevaux, des vaches ; et c'était ça qui comptait pour lui. Il s'est mis à dire qu'après tout nous ne semblions pas dans une très grande infortune. Il préférait travailler pour les pays latino-américains qui semblaient être plus misérables que nous. Et puis, pour ce qui est de l'indépendance nationale, il disait : « Bolivar ! Bolivar !

ça fait bien longtemps ! » Oui, nous arrivions un peu hilares, un peu grotesques avec notre : « Bolivar ! Bolivar ! » ici au Québec. Ça ne va pas, je pense, jusqu'à la constitution d'une armée québécoise, avec une troupe pour te fusiller !

Avez-vous toujours eu une position aussi conciliante sur les rapports du Québec et du Canada ? Vous dites : « Je m'accommoderais peut-être du statut particulier. » Il y a eu des périodes plus radicales ?

Il y a eu des périodes belliqueuses. À ce moment-là, ce n'était pas la pensée qui comptait. On ne me demandait pas de m'expliquer. Je participais à ce qui me semblait un conflit. Chénier, à Saint-Eustache, qu'est-ce qu'il voulait au juste ? Est-ce qu'il voulait le Canada français indépendant ? Je ne sais pas. N'empêche qu'il s'est fait tuer ! Il s'est fait tuer ! J'ai des idées de patriote. C'est un terme qui m'a toujours paru préférable à celui de nationaliste, qui m'a toujours paru être la partie ombreuse du patriotisme. Il exprime des besoins d'air, de vie, et sa mythologie reste assez vague.

Le Canada aurait vraiment pu devenir notre pays si on avait permis le développement de toutes les fondations, de toutes nos colonies canadiennes tout au long des lignes du chemin de fer jusqu'à Vancouver. C'est une chose que j'ai comprise assez tôt, parce que, quand j'étais au Brébeuf, je voyais revenir Jean-Baptiste Boulanger d'Edmonton ; les frères Dubuc, Jacques et Carl, petits-fils de Sir Joseph Dubuc qui avait été grand juge dans l'Ouest ; Robert Bernier, mon professeur de Belles-lettres, fils de juge au Manitoba… Si ces gens, qui avaient qualité française, revenaient vivre au Québec, c'est qu'il n'y avait pas de place pour eux, c'est qu'il n'y avait pas de vie possible pour les Canadiens français au Canada anglais, en Alberta, au Manitoba… Ça aura été le mensonge de Pierre Trudeau que de relancer, à un moment où elle était morte, une vieille aspiration, qui restait vivante dans le coeur archaïque du pays, mais qui, dans les faits, avait été brisée. Le Canada français *coast to coast*, ça n'a aucun sens. Bien sûr, il y avait déjà un peu de terrorisme, mais la terrorisation est devenue plus évidente après 68, quand Trudeau a pris le pouvoir, justement lorsque, à la Saint-Jean, la veille des élections, on le montre menacé par les siens comme un sauveur du Canada anglais. Là c'était une malhonnêteté intellectuelle !

Diriez-vous alors que le nationalisme de Trudeau est un nationalisme anachronique ?

C'est ça, anachronique. Un nationalisme qui a eu, disons au début du siècle, une certaine vie, de l'allant. On parlait français à chaque niveau. On parlait français à Sudbury... Le père de Jean-Baptiste Boulanger, qui était médecin à Edmonton, affichait : « Ici on parle français, anglais et cri. » Il publiait une petite feuille en français qui s'appelait *Le petit jour*. Mais je savais, moi, pour avoir parcouru les provinces anglaises, lors de mon séjour dans l'armée, que ces temps-là étaient révolus. De les relancer en 68, en se servant d'une aspiration forte ayant eu sa raison d'être mais l'ayant perdue, c'était non seulement anachronique mais mensonger. Cela d'ailleurs ne réussit à nous faire que des ennemis. Dans l'Ouest, il y a, dans certains lieux, beaucoup plus d'Ukrainiens, de Polonais et d'Allemands que de Français. Ils disent : « Pourquoi les Français auraient ça et non nous ? »

Compte tenu de ce que vous avez dit précédemment à propos de l'État-nation, et je vais peut-être dire une énormité, le Parti québécois ne vous apparaît-il pas, lui aussi, d'une certaine façon anachronique ?

Le Parti québécois anachronique ? Je ne comprends pas ! Non, le Parti québécois a été le gouvernement qui représentait le mieux

mes aspirations et qui tend à promouvoir d'une façon raison-
nable et civilisée l'unilinguisme français, même si on nous met
des « Arrêt » à la place des « Stop ». C'est un régime heureux et
on dirait qu'on l'empêche de s'accomplir complètement parce
que justement ça fait partie du génie de notre peuple d'être
prudent, de ne pas vouloir aller trop vite, de tout ménager. Au
fond, une attitude de pauvres gens. On n'est peut-être plus les
porteurs d'eau et les scieurs de bois du « Livre de Josué », mais
on reste des gens très vulnérables et on veut bien que le pays se
réalise, mais sans sacrifices. Il faut qu'il nous profite. Évidemment, on est en faveur du français et je n'avais pas de difficulté
à l'expliquer à mes clients. Je leur disais, par exemple : « Depuis
la nationalisation de l'électricité, nos gens qui autrefois n'allaient
pas plus loin qu'en haut des poteaux, montent en haut du grand
building de l'administration. » Ça, ça leur plaît ! Ça nous aide,
ça nous favorise, mais, je ne sais pas, on n'est pas tellement
empressé. Il se peut que ce soit de cette manière-là, en ayant un
régime assez nationaliste, que se poursuive l'association. Comme
le précédent compte beaucoup chez les anglophones, c'est un
état de fait qui s'établit et qui va devenir respectable et favorable
pour nous. On n'aura qu'à gagner ce que nous pouvons gagner
grâce au Parti québécois. Vous me disiez : « Est-ce que vous
trouvez le Parti québécois anachronique... »

*« Anachronique » par rapport à ce que vous veniez de dire au sujet
de l'État-nation, par rapport à un projet rigide d'indépendance, si
on veut...*

Je ne pense pas. Dans le Parti québécois il y a toutes sortes de
choses, comme il y avait toutes sortes de choses dans le Rassemblement pour l'indépendance nationale. Il est possible qu'il
y ait dans le Parti québécois des gens qui veulent battre monnaie,
qui veulent avoir armée, mais il ne semble pas que ce soit la
majorité. Non, René Lévesque est un homme très modéré.

Ça vous plaît bien que le peuple empêche le Parti québécois d'être un pouvoir total, qu'il garde à l'idée d'indépendance sa force de mouvement, la garde vivante ?

Oui, la garde vivante. Mais dans le Parti québécois, grâce à Lévesque, l'idée n'est jamais impérieuse, jamais imposée. Lévesque explique trop bien les choses pour qu'il soit impérieux. Vous savez d'ailleurs comment on le surnomme : « Ti-Poil ! » Ti-Poil, pour un gros Canadien français, ce n'est rien de bien important. C'est excellent que nous ayons un chef de gouvernement qui soit aussi gentil et familier, tout à fait à l'opposé de Trudeau qui nous fait des sermons. Lévesque ne fait pas de sermons.

Je cherche à vous faire préciser votre pensée sur ce point. Il me semble entendre que vous trouvez intéressant que le peuple garde le projet inachevé. Ce qui permet de rester tendu vers quelque chose, un accomplissement.

Et en même temps, du côté de nos ennemis, on réfléchit aussi et on peut se demander si on n'a pas besoin du Québec pour continuer d'avoir un pays qui se nomme le Canada.

Il y a bien sûr un thème dans votre œuvre qui traduit cette idée de l'inaccomplissement du pays : celui du « pays incertain... »

La première préoccupation que j'ai eue, ce fut d'écrire. Après avoir écrit un premier roman qui s'appelle *La gorge de Minerve* — que je n'ai pas publié, mais qui prouvait que je pouvais faire un livre — et après m'être installé en Gaspésie où on parlait une belle langue, un français qui n'était pas mêlé, peut-être archaïque mais beau, je suis venu m'établir dans une ville frontalière à Montréal. Là je me suis rendu compte que je ne pouvais pas faire des livres qui ne soient pas en même temps un combat pour cette écriture. On ne fabrique pas un livre comme un journal, on le fait dans l'espoir qu'il durera quelques années. Vous avez besoin de la pérennité du pays. Alors ce pays m'a semblé menacé. Et ce pays que j'ai appelé le « pays incertain » a eu une influence sur la suite de mon écriture. Parce qu'il ne s'agissait plus pour moi d'écrire simplement de belles histoires, mais en même temps d'assurer la pérennité du pays où je vivais. Au bout de ma carrière, je ne suis pas beaucoup plus avancé. D'ailleurs, nous vivons dans un monde tellement perturbé, que des certitudes, des pérennités, on n'en voit plus nulle part.

Vous avez l'impression que le pays n'est pas plus assuré qu'au moment où vous avez commencé à écrire ?

Il y a eu quand même une lutte politique qui a amené le Parti québécois au pouvoir et qui, pour moi, a été quelque chose de très important. Et aussi la francisation de la province. Je ne croyais pas au bilinguisme de deux langues de même âge, de même civilisation, de même bibliothèque : le français et l'anglais. L'une mange l'autre.

Vous venez de dire : « Quand je suis arrivé à Jacques-Cartier, je me suis rendu compte que je ne pouvais pas écrire simplement des histoires, mais écrire pour assurer la pérennité du pays. » À ce moment, ou à d'autres, cette réalité, vous la percevez comme une contrainte ?

Il m'a semblé que ça me dérangeait. Peut-être que je me trompe, mais si j'avais vécu, par exemple, en Pologne ou en France, je n'aurais pas eu à me faire des inquiétudes sur ce que j'appelle la pérennité du pays, la survivance de la bibliothèque où je glisserais mes petits livres. Il me semble que j'aurais pu traiter de sujets généraux intéressant l'homme, et non des histoires, si je puis dire, d'Esquimaux se battant pour assurer la survie de l'igloo. Remarquez que cette inquiétude m'a été utile. Elle m'a obligé à étudier ce qu'était ce damné pays, à constater qu'il avait survécu par chance. Alors que dans tout le reste de l'Amérique du Nord, la Nouvelle-Suède et la Louisiane étaient disparues, nous, nous persistions. Pourquoi ? J'en ai cherché les raisons. C'était, il me semble, des raisons fortuites et qui n'étaient pas nécessairement durables, éternelles. Je n'ai pas non plus la folie d'une langue quelconque. Je ne prétends pas qu'en français on écrit des œuvres supérieures à celles qu'on écrit en chinois, en espagnol, en anglais... Après tout, une langue ou l'autre ça n'a pas tellement d'importance. Simplement, il faudrait que l'on sache à quoi s'en tenir ! Pour ne pas perdre son temps en écrivant en français si cette langue est en perdition. Des personnes se sont offusquées que je dise pareille chose, parce que, pour elles, il va de soi que nous soyons français. Elles ne peuvent pas concevoir autre chose. Elles ont ce qui me semble être une foi que je n'ai peut-être pas à un degré aussi grand. Je pense que cette foi doit être comprise comme élément vital : ça fait vivre. Une foi, une certitude, ça revient un peu au même. Une certitude est quelque chose qui peut se prouver d'une façon expérimentale. Une foi est la certitude sans preuve... Il y a le problème technique de l'impossibilité de la coexistence de deux langues : le français et l'anglais. La guerre de Cent ans a réglé les choses. Ici, elle n'est pas réglée.

Nous étions pris dans une aventure collective, et il fallait continuer l'aventure qui perpétuait ce pays incertain. Perpétuer un pays incertain... Le mot « perpétuer » est peut-être un peu fort. Perpétuer l'incertitude ! Remarquez que l'incertitude est devenue une qualité humaniste actuellement. Il n'est pas dit que l'incertitude nationale dans laquelle nous nous trouvons soit malsaine. Elle convient peut-être à l'époque où nous vivons. J'ai beaucoup de difficultés à démêler cela. Il y a des inconvénients et il y a des avantages. Je ne sais pas trop, parce que ce n'est pas fini. Rien n'est réglé... L'incertitude, c'est une bonne idée.

Quand j'ai gagné le Prix du Gouverneur général, je me souviens que, du côté anglais, on aurait voulu attirer cette idée du pays incertain du côté canadien. Parce que les Canadiens sont un peu inquiets de leur pays, à côté des États-Unis. Nous vivons à une époque d'incertitude. Dans un monde aussi menacé que le nôtre, les gens absolument sûrs de l'avenir sont rares, ou ils sont des imbéciles.

Dites-vous qu'il n'y a rien de réglé et qu'il ne doit rien se régler non plus ?

C'est une question d'héritage. Nous n'avons pas un héritage comparable à celui du cultivateur qui laissait une terre bien divisée, avec le fronteau, le trécarré, ses pagées et ses cultures. D'autant plus que dans le système québécois, il y a toujours eu un surplus humain dont on ne sait pas quoi faire. Il y a déperdition. C'est un thème que j'ai abordé dans mes premiers contes. Une patrie qui ne peut pas garder ses enfants et en prendre soin n'est pas une patrie. C'est une fabrique d'exil.

L'Amérique est un grand continent conquis sur l'Asie par les Européens. Après avoir été nous-mêmes des immigrants venant de France, il y a de cela bien longtemps, il y a eu cassure et, pour ne pas être écrasés par l'immigration européenne qui continuait, nous avons dû fabriquer, comme je l'ai dit, des immigrants de l'intérieur, c'est-à-dire ce surplus humain qui venait d'une natalité nombreuse. La chute de la natalité est le prix de cette immigration. L'Amérique n'est plus le grand continent d'espoir pour les Européens malheureux. Elle devient un continent comme les autres, avec des pays, son quota de population, qui ne reçoit plus, disons, les Irlandais dont l'Angleterre ne savait pas quoi faire, surtout lors de la grande famine, les surplus italien, slave, ukrainien qui, eux, ont continué d'arriver pendant près de deux siècles alors que nous n'avions plus cette immigration venant de l'Europe. Nous avons été coupés de l'Europe en 1760.

Ça présentait un désavantage. Mais il n'y a jamais de désavantage pur. Un désavantage comporte toujours son contraire. Et peut-être avons-nous acquis certains caractères américains plus vite que d'autres, plus vite que le reste des Canadiens, par exemple. Nous avons fourni au Canada anglais un nom, des emblèmes, un caractère.

Votre discours est tout le contraire d'un discours dogmatique. Vous manifestez une sorte de répulsion envers les théories trop bien taillées. Vous avez parlé, par exemple, des « costumes » de Memmi et de Fanon qui nous habillent mal. Votre pensée me semble osciller, revenir sur elle-même, toujours se ménager des ouvertures.

Disons que je ne suis pas juge, que je suis témoin. Le témoin déclare ce qu'il croit être juste, mais il n'a pas de décision à prendre. Sa décision, c'est son témoignage, mais il n'est pas décisif.

Est-ce que vous avez des rapports avec le Parti québécois, des influences sur lui ?

Absolument pas ! En politique, il faut faire bien attention. Si vous voulez conserver votre liberté, votre imagination, votre imaginaire, il ne faut pas exercer le pouvoir. Voilà une chose que j'ai apprise très tôt dans Alain. Qu'est-ce que vous voulez, l'exercice du pouvoir stérilise nécessairement la vie. Il y a avantage pour le pouvoir politique à être surveillé par des gens libres qui ne profitent pas de son exercice, mais qui le guettent et qui sont ses meilleurs conseillers, et qui le sustentent, si on peut dire. C'est à cette vie hors du pouvoir politique que je pense, tout en étant très intéressé à la politique. Il ne faut pas se commettre avec le pouvoir ou l'exercer. Je ne peux pas m'empêcher de connaître des gens qui exercent le pouvoir, que ce soit d'un côté ou de l'autre, mais je ne suis pas à leur disposition, je ne suis pas tenu par lui. Je reste libre.

Participer au pouvoir, ce serait en quelque sorte une négation de votre œuvre ?

De mes principes.

C'est une ligne de conduite que vous avez toujours suivie ?

J'ai appris ça au collège. J'ai eu la chance de connaître Alain qui est, enfin pour mon niveau d'esprit, un penseur qui me suffit très bien. C'était, d'une certaine façon, un vulgarisateur de la très grande pensée. Mais il était drôle, Alain. Il collaborait à des journaux populaires et en même temps, il enseignait dans les plus hautes écoles. C'était un esprit, si je puis dire, de synthèse. J'ai lu avec beaucoup d'attention, par exemple, ses *Vingt leçons sur les beaux-arts* qui ne me paraissent pas être une œuvre de vulgarisation, mais une œuvre où il y a une espèce de synthèse qui lui est propre. Il y a dans tous ses propos une sorte de poésie. C'était des propos vite faits et dans ce qui est vite fait, il peut y avoir du style. Cet homme m'a beaucoup influencé. C'est un homme que j'ai aimé, respecté ; c'est un maître à penser. Et justement, il tient à la dignité du pouvoir, mais aussi à sa contestation par l'existence de nombreux citoyens qui se refusent à l'exercer, étant donné que le pouvoir, nécessairement, ne peut tenir un discours libre. Il se trouve pris dans une situation qui l'oblige à plaider. Il doit trouver contestation parmi les citoyens éclairés qui se refusent au pouvoir. Je ne pense pas avoir jamais voulu être député, ni avoir voulu exercer quelque pouvoir. C'est une raison pour laquelle je me plaisais dans les petits partis qui ne sont pas menaçants de ce point de vue. Ce sont des endroits pour refaire le monde, pour refaire la société, mais en toute innocence.

Des endroits stimulants.

Oui. Tu as l'impression d'avoir une influence sur le monde entier, mais en fait tu n'exerces aucun pouvoir, excepté le pouvoir, s'il existe, de la vie littéraire ou politique, mais enfin quelque chose de tout à fait…

Pas du pouvoir, mais de l'influence…

Voilà, c'est ça ! Essayer d'avoir de l'influence sans exercer aucun pouvoir. De ce point de vue, Trudeau est un type évidemment différent, qui a recherché le pouvoir et qui en est resté en fait d'influence aux années très lointaines de *Cité libre* et de la bataille de l'amiante. C'est plutôt un homme de pouvoir, exactement comme Duplessis !

Je m'écoutais dire le mot « principe » tout à l'heure. Dire que j'ai des principes, ça ferait plaisir à mon père parce qu'il tenait beaucoup à ce qu'un homme ait des principes. C'était une façon pour lui de juger, de condamner quelqu'un : « Il n'a pas de principes ! »

Vous affirmez n'avoir jamais voulu être un homme de pouvoir. Par ailleurs, lorsque vous avez reçu le Prix David en 1977, c'est le premier ministre Lévesque qui vous le remet en vous citant presque : « L'œuvre nous permet d'être un peuple, et un pays plus cohérent, plus sain et plus normal. » N'y a-t-il pas quelque chose d'un peu gênant ou de compromettant dans une coïncidence comme celle-là, où deux discours, le vôtre, celui de l'écrivain, et celui de René Lévesque, celui du pouvoir, se rencontrent ?

Mon œuvre achoppe là. J'ai perdu la parole à ce moment-là. Quand je vous disais que je n'écrivais pas une œuvre majeure, mais une œuvre mineure dans des conditions particulières, c'est à ça que je pensais. J'attendais de mon œuvre une influence pour

que le pays devienne un pays comme les autres et qu'on n'ait pas
à se batailler pour une survie, pour qu'on puisse écrire des livres
où il n'y ait pas de polémiques. Enfin, l'idéal, le beau livre, c'est
un livre de pérennité.

*L'idée qui vous avait préoccupé dans votre œuvre, prenant forme
dans un gouvernement, vous n'aviez plus rien à dire ? C'est ça ?*

Je passais la main aux politiciens. Refuser le pouvoir, mais quand
même le pouvoir est nécessaire pour constituer un pays.

*Mais vous auriez pu vous démarquer du pouvoir, le critiquer. Vous
ne l'avez pas fait. Vous vous êtes abstenu d'interroger l'action du
gouvernement... On voit maintenant, par exemple, certaines attitudes du gouvernement face aux syndicats être très critiquées...*

Il est assez normal qu'on puisse redevenir un simple citoyen,
qu'on puisse mettre fin à son œuvre. Je pense à Tolstoï qui fuyait
et qui se mourait dans une gare, je ne sais où dans l'Oural, et
que les gens entouraient. Il disait : « Qu'avez-vous à vous occuper de moi ? Il y a tant d'autres gens qui ont besoin ! » Je suis,
je pense, un homme assez humble.

*Vous vous mettez sur la réserve, ne pratiquant plus cette critique du
pouvoir que vous exerciez auparavant ?*

Ça reste un pouvoir assez menacé. Alors, la seule chose que je
pouvais faire, c'était de prendre parti pour ce pouvoir. Et le
Rhinocéros a continué, qui est un parti fédéral, qui dit mon
refus du pays canadien, où nous sommes, qui a avorté. Ça, c'est
une chose que j'ai étudiée avec attention. À Moncton, par
exemple, j'ai très bien noté que le Hall's Creek était un fossé
profond.

Vous dites même : « un gouffre ».

Un gouffre, oui, parce que le français y était comme une langue clandestine. Je n'avais pas de préoccupations politiques. Cependant, je voulais écrire et c'est la notion de la langue qui a fait que je suis allé m'installer en Gaspésie où il y avait une langue très riche d'analphabètes. C'est en revenant à Ville Jacques-Cartier que je me suis mis à me battre pour mon matériau. On veut que l'écrivain soit un artiste : on conçoit mal un sculpteur qui fasse un discours pour défendre la glaise ! C'est là que mon œuvre a pris une toute autre tournure.

Il vous était apparu que vous deviez être un écrivain utile. C'est quelque chose d'important pour vous, ça ?

Un écrivain utile ? Je m'imagine que personne n'écrit pour être nuisible. Il m'a semblé être utile quand il fallait lutter pour les matériaux mêmes de mon œuvre, le français. Oui, là j'ai voulu que ce que je faisais soit utile. C'est peut-être un défaut que d'écrire des œuvres utiles. Une œuvre n'a pas besoin d'être utile. Il faut qu'elle soit belle.

Redonner fantaisie au français

Dois-je comprendre que le Dr Laurin, avec la Loi 101, vous aurait, pour ainsi dire, coupé l'herbe sous le pied ?

Non. On a tout simplement établi une législation assurant la pérennité du français, son élargissement, l'empêchant de devenir une petite langue familiale. C'est une entreprise politique très sérieuse et, comme dans mon œuvre je n'ai vraiment pris au sérieux que la langue, j'ai l'impression que le combat se fait à un autre niveau, un niveau que j'avais souhaité, mais auquel je ne peux pas participer. J'ai désiré beaucoup l'avènement du Parti québécois. Je n'ai jamais été souverainiste absolu, mais enfin j'éprouve la nécessité de me taire. Je suppose que je puisse en reparler un jour, si je vis assez longtemps. Mais pour le moment, je ne veux surtout pas. Je respecte René Lévesque parce qu'il a fait parler le français à l'électricité. Ça me paraît une chose essentielle. On s'y applique sérieusement. J'ai reçu une revue de terminologie dans laquelle on dit qu'il faut nommer deux cent mille pièces d'outils pour fabriquer l'aluminium. Ça devient une vaste opération. C'est là que je note avec regret que certaines langues vernaculaires, qui n'ont pas réussi à prendre leur départ, devront disparaître parce qu'il deviendrait très dispendieux d'équiper une langue. Le fait que le français s'équipe, ça me paraît primordial. Je peux bien arrêter d'écrire sans dommage.

En ce sens, la Loi 101 aura été pour vous une mesure déterminante.

La Loi 101 me semble quelque chose de beaucoup plus important qu'une marine ou une armée québécoise...

Plus importante qu'une déclaration d'indépendance ?

Oui, oui ! C'est Gérald Godin qui s'en occupe actuellement, qui est beaucoup plus pragmatique que son prédécesseur. Gérald était un jeune homme de Trois-Rivières qui venait à nos réunions d'écrivains. Il se demandait : « Qu'est-ce que nous allons faire des Anglais ? ». Parce qu'il voulait quand même leur laisser une petite place ! Actuellement, la Loi 101 leur laisse un peu de répit, mais il se peut qu'on ait dans le Québec le même phénomène qui est survenu dans les Cantons de l'Est où, quand une municipalité était à majorité anglaise, tout se faisait en anglais. Lorsqu'on passait à une majorité française, il y avait renversement complet. Les Français s'emparaient du gouvernement de la municipalité et les Anglais s'en allaient. Ceux qui ne pouvaient pas partir, les vieux, étaient ensuite francisés. Il se peut qu'en perdant un peu de leurs privilèges au Québec, ils perdent aussi un peu de leur intérêt pour le Québec et nous le laissent.

Est-ce que vous trouvez que, depuis la Loi 101, les attitudes ont changé, ont évolué ?

À vrai dire, je n'ai pas vu grand changement. Pour la bonne raison qu'on ne m'a jamais parlé qu'en français. J'ai des amis anglophones — je pense, par exemple, à Ray Ellenwood et John Grube, en Ontario, ou à madame Betty Bednarski[2], à Halifax — qui ne m'ont jamais parlé qu'en français. C'était chose entendue. J'avais ma propre Loi 101 avant la Loi 101 et j'y ai trouvé du profit. Peut-être qu'il est bon que j'aie fait cette guerre-là. Il n'est pas dit cependant que, cette guerre-là faite, mon fils Jean-Olivier, lui, ne parlera pas anglais. Il pourra le faire, mais d'une façon tout à fait...

...dégagée ?

...tout à fait détendue, alors que mon père aurait voulu que je parle anglais comme il voulait que je cire mes souliers. C'était un bilinguisme qui était un peu triste, un peu subalterne.

C'est peut-être l'effet de la Loi 101 que d'avoir fait de l'anglais une langue seconde qui soit utile, voire même nécessaire, mais...

---

3. Sur Ray Ellenwood, voir la note 24, page 71. Ferron a entretenu une correspondance avec John Grube, publiée sous le titre *Une amitié bien particulière* (Montréal, Boréal, 1990, 257 p.). Betty Bednarski a traduit plusieurs ouvrages de Ferron et lui a consacré un essai remarqué, *Autour de Ferron. Littérature, traduction, altérité* (Toronto, Éditions du GREF, 1989, 145 p.).

Évidemment, mais enfin seconde, comme pourrait l'être l'espagnol, et non la langue majeure, ne laissant au français que la famille, la paroisse. On a vu à quoi aboutit ce système chez nos parents de la Nouvelle-Angleterre. Il y a un livre que j'ai bien aimé, c'est le *Docteur Sax* de Kerouac, où le joual de Lowell est une langue de perdition. Gérald Godin a fait un peu de joual, mais j'ai toujours dit que de cette façon il réapprenait le français, que son joual était un français d'avant la grammaire, enfin, le français dont nous avons hérité. Ma grand-mère, par exemple, disait : « Je vais aller quant-et-toi à l'écurie. » « Quant-et-toi » : avec toi, en même temps que toi, c'est une expression dont nous avons hérité, mais qui est antérieure au lexique et au dictionnaire. On peut la retrouver, par exemple, dans le *Francion* de Sorel, mais pas après...

C'est un français que l'on retrouve peut-être chez Montaigne...

Peut-être...

Il y a beaucoup de choses qu'on trouve chez Montaigne...

Il se peut, oui, je ne sais pas.

C'est encore une époque où la langue n'est pas totalement codifiée...

C'est pourquoi on peut se l'approprier ! J'ai eu aussi en main les lettres de tous les colons qui, établis en Abitibi, se plaignaient et demandaient secours en écrivant au son. C'est un peu cette langue-là, je suppose, que Gérald Godin va chercher pour la ramener ensuite au français, parce qu'il n'a jamais été de stricte obédience dans son utilisation du français.

C'est très beau ses Cantouques *!*

Je n'ai pas l'impression que c'est la même langue que celle de Lowell. C'est au contraire, ne serait-ce que par le titre *Cantouques*, une langue d'avant les grammaires : c'est un français ancien qui revient à la surface, qui aboutit au français. Le français de *Parti pris* a peut-être eu deux modèles : celui, disons, d'une langue grossière et populaire, mais pleine de fraîcheur et de trouvailles, une langue qui va vers le français ; et celui d'une langue qui, il faut bien le dire, était l'ombre du joual de Lowell. Parce que le joual va dans les deux sens. Ce n'est pas une langue sûre ; elle n'est pas durable. Ça peut être un mouvement qui va vers le plus beau français ou qui se détruit. Évidemment, Kerouac devait écrire en anglais. Je ne sais pas pourquoi il a transcrit son joual de Lowell. Enfin, ça faisait partie de la réalité. D'après ma parenté de Lowell, la première génération continue à parler français, la deuxième parle joual — c'est celle de Kerouac — et la troisième parle anglais. De sorte que les petits-cousins qui revenaient nous voir étaient des étrangers pour nous : nous ne les comprenions plus.

Justement, votre position — votre pratique de la langue — est très différente de celle de Parti pris.

Enfin, ça me paraissait être des fantaisies... Il y avait aussi une part de misérabilisme qui ne me convenait pas. Mais pas chez Godin : il a pris *Parti pris* quand le mouvement tombait. Il n'est pas vraiment de *Parti pris*. Il y a peut-être Renaud et Major... Mais, ils sont tous deux revenus à une pratique très rigoureuse de la langue. Il s'est agi d'un phénomène passager. D'ailleurs, on ne peut pas se payer le luxe de défaire une langue et de la refaire, ne serait-ce que parce qu'il y a tout un matériel d'imprimerie qu'il faudrait changer. Dans Ducharme, par exemple, c'est assez bizarre, mais on dirait que la langue correcte est pour lui quelque chose de non seulement nécessaire, mais aussi d'amoureux. Ducharme évidemment, évoluant à sa façon, c'est une autre comète, c'est un phénomène très très important. Il a balayé le joual en redonnant une fantaisie au français d'une tout autre façon que le joual, qui était une sorte de laisser-aller. Enfin, il n'est plus beaucoup question de cette histoire-là. Pour moi, elle n'a jamais eu beaucoup d'importance.

Un rhinocéros dans le tumulte

J'aimerais revenir aux années qui ont entouré votre engagement au Parti social démocrate. Car, avant l'aventure du Rhinocéros, il y avait eu votre participation à ce parti socialiste dont vous avez même été candidat à une élection fédérale.

À cette époque, j'avais déjà quitté le Parti communiste qui, m'avait-il semblé d'ailleurs, était devenu une officine de police. Je n'ai jamais été tout à fait communiste, mais j'étais quand même devenu vice-président du *National Peace Congress*. J'ai essayé de me raccrocher au PSD, une formule intermédiaire entre la CCF [*Cooperative Commonwealth Federation*] et le Nouveau Parti démocratique. On m'a d'abord refusé parce que je tenais à rester au *National Peace Congress* avec le pasteur Andicott qui en était alors le président. J'ai finalement été accepté par madame Thérèse Casgrain, qui était un esprit très pragmatique, quand on a appris qu'en Colombie-Britannique on pouvait être à la fois du PSD et du *National Peace Congress*. C'est ainsi que je suis devenu candidat pour le PSD dans Longueuil. Gaston Miron, lui, se présentait en même temps dans Outremont. C'était vers 1958. Je quitterai le PSD en 1960, à propos de la guerre d'Algérie qui, pour nous, était très importante. En étant pour les Algériens contre la France, elle nous a permis de voir qu'il n'y avait pas seulement le français qui nous animait. Ça dédouanait notre nationalisme : nous ne faisions pas partie d'une espèce de néocolonialisme français. C'est assez amusant, les petits partis ; ils refont le monde. On avait proposé au PSD de donner aux Algériens — il faut toujours distinguer les Algérois, c'est-à-dire les Pieds-Noirs, des Algériens, les musulmans d'Algérie — le droit à l'autodétermination. J'avais alors apporté une petite modification à cette proposition : l'autodétermination pour les Algériens, bien sûr, mais aussi pour les Québécois. Personne ne m'avait appuyé, ni Michel Chartrand ni Pierre Vadeboncœur. Tout le monde a voté contre ma résolution. C'est après ça, en 1960, que j'ai laissé le PSD.

Pour une raison ou pour une autre, on m'a rappelé lorsqu'il a été question de lancer le Nouveau Parti démocratique. J'ai assisté aux pourparlers qui devaient lancer le parti et je me souviens qu'on avait parlé de la question nationale et de la problématique des deux nations. Gérard Pelletier n'acceptait pas du tout le terme de « nation » dans le NPD, parce que, disait-il, « *nation* », pour les Canadiens anglais, ça voulait dire *coast to coast*. L'idée des deux nations a quand même fait son chemin et c'est à une espèce de congrès du NPD à Hull qu'elle a été votée, mais d'une façon bizarre. Il y a eu une sorte de falsification. Enfin, je ne me souviens pas d'avoir fait partie du NPD. Par contre, j'étais dans le PSQ, qui était la branche provinciale du NPD, jusqu'en 1966. C'est à peu près à cette époque que je suis passé au RIN. Mon beau-frère Robert Cliche était entré au NPD un peu avant ça, je crois, et je l'avais désapprouvé. Cela a donné lieu à une chicane mémorable, une chicane comme il y en a dans les familles canadiennes. Nous avons été plusieurs années sans nous parler. Je le narguais en lui disant : « Mon pauvre Robert, tu t'en vas chercher un banc plus haut que celui de ton père ! » Et de fait, c'est ce qui est arrivé. Son père était un simple magistrat, alors que lui, il a eu un banc plus haut. Nous nous sommes raccordés plus tard. Ce fut une histoire assez fracassante dans la famille. Au début, mon frère Paul était aussi actif que moi dans le Parti Rhinocéros. Il était le petit frère de Madeleine Cliche qui, en quelque sorte, était pour lui une mère : Paul a pris le parti de Robert. Ce fut un conflit assez furieux, jusqu'aux poings ! Robert attaquait et mon ami Millet, qui avait assisté à la catastrophe, avait reçu le coup de poing qui m'était destiné. Il était debout et il disait : « J'exige des excuses ! » Enfin, c'est à ce moment-là que tous les emblèmes du Parti Rhinocéros sont allés chez Millet et c'est lui qui, au fond, faisait fonctionner le parti. Moi, je signais. C'est un bidule qui lui plaît encore. C'est un drôle de garçon : moitié Canadien français, moitié Irlandais. Il a été à l'emploi de Radio-Canada et a eu quelques difficultés lors de l'Exposition de 1967 lorsqu'il avait démissionné pour s'occuper du Pavillon du Canada ou du Québec, je ne sais plus. Ensuite, il s'est retrouvé sans emploi et, avant qu'il n'en trouve un au ministère de l'Éducation du Québec, il a passé par quelques années de vache enragée, de misère. C'est à ce moment que j'ai publié des articles dans *Le Petit Journal* qui ne sont pas entièrement de moi, mais en partie de Millet. Je signais, mais c'est lui qui touchait le montant. Toujours est-il qu'après la crise de Robert Cliche, j'ai eu parfaitement en main le Rhinocéros : nous l'avons tenu en main jusqu'à présent et il ne s'est jamais égaré.

Il y a même des candidats qui ont failli être élus...

Il ne faut pas dire ça... On va toujours chercher, je pense, soixante mille voix. Ça représente une foule quand même...

Il y en a qui ont été assez populaires. Vous avez eu des candidats comme Robert Charlebois.

Les deux premiers candidats ont été choisis lors des premières élections complémentaires dans Saint-Denis et Papineau. On ne pensait pas pouvoir entrer dans une élection générale. Paul a été candidat dans Papineau et André Goulet, mon éditeur, dans l'autre comté. Par la suite, oui, nous avons eu de gros candidats, comme Charlebois, quoiqu'il ne comprenait pas très bien ce qu'était le Rhinocéros dans Longueuil. Après, nous avons eu Wéziwézo…

Raoul Duguay.

Et il était très bon. Il était venu en habit de plumes à l'Externat classique. C'était un homme impressionnant. Enfin, nous contrôlons le parti parce qu'il faut que j'accepte un candidat. Il y en a qui ont voulu faire du Rhinocéros sur les scènes provinciales et municipales, mais ce n'est pas son but : c'est un parti fédéral. À Vancouver, ma fille aînée s'était présentée pour le Parti marxiste-léniniste et un Rhinocéros avait eu plus de votes qu'elle.

Elle ne vous en a pas trop voulu ?

Elle a un certain sens de l'humour. Elle m'a rapporté l'histoire. À une de ces assemblées est arrivé le Rhinocéros. Un des partisans avait été outré — les marxistes-léninistes sont des petits fanatiques ; ils ont les cheveux bien coupés et ils sont habillés d'une façon négligée — et lui avait dit : « Tu sais, on a insulté ton père : le Rhinocéros est venu te féliciter d'avoir un père Rhinocéros ! » Je lui ai dit qu'elle n'était pas responsable des actes de son père, comme moi je ne suis pas responsable de ceux des fous. Enfin, nous sommes sortis un peu de nos vues premières en acceptant des candidats dans les autres provinces. C'était pour avoir le nombre. C'est assez bizarre : il arrive quelquefois que des anglophones ou même des Américains viennent au Québec et s'y trouvent bien, adhèrent au pays. Ça nous sera peut-être utile aux prochaines élections si, disons, le Parti québécois se manifestait sur la scène fédérale. À ce moment-là, le Rhinocéros deviendra strictement un parti du reste du Canada. Nous ne prendrons nos candidats que dans l'Ontario, en Colombie-Britannique, en Alberta, mais pas au Québec. En somme, nous tenons le parti en main.

Qui est pour vous une chose sérieuse ?

Ah ! ben oui ! Le Rhinocéros a toujours été une chose très très sérieuse pour moi. C'est peut-être ce que j'ai fait de plus sérieux ! Il est absurde d'annuler son vote. Et il est absurde aussi de faire la guerre civile. Il y a quand même eu une espèce de tentation. J'ai été assez près de la violence en 1963 avec ma *Tête du roi*. La pièce a peut-être servi de scénario... Enfin, de mes pièces de théâtre, c'est peut-être celle que je préfère. C'est toujours la même histoire : le procureur a deux fils, l'un nationaliste, l'autre libéral. Le nationaliste représentait, à ce moment-là, un nationalisme qui n'était pas québécois, mais laurentien. C'était le nationalisme inventé par un disciple de Groulx, je ne me rappelle pas son nom[4]... Il a eu une revue qui s'appelait *La Laurentie*.

Vous dites que La tête du roi *avait pu servir de scénario à certains incidents. N'y a-t-il pas eu des réactions de lecteurs qui vous ont fait peur ? Je pense surtout à ce que vous dit Paul Rose au moment où vous allez à Saint-Luc : « Nous ne faisons pas de sentiments. Nous nous fondons dans une lutte qui n'est pas seulement la nôtre. Vous le savez, D*r* Ferron, vous avez écrit une pièce sur Chénier ! » Est-ce que vous ne vous êtes pas trouvé pris, par exemple, avec des réactions de jeunes lecteurs qui, en se lançant dans certaines actions, avaient l'impression qu'ils accomplissaient votre œuvre ?*

----

4. Il s'agit de Raymond Barbeau.

Oui, très tôt. Même si j'avais écrit *La tête du roi*, je n'avais pas prévu du tout les Effelquois de 1963, parmi lesquels je connaissais Mario Bachand. La veille des arrestations, justement, après la rencontre dont je vous ai parlé chez Raoul Roy, rue Amherst, Bachand était venu me trouver le soir pour me demander d'aller le conduire aux lignes de La Prairie. Je lui avais dit : « Mon pauvre vieux, tu as commencé quelque chose sans me demander mon opinion et tu voudrais que j'aille te reconduire à La Prairie et que je me fasse emprisonner avec toi ? Ça, je n'y tiens pas ! » Il n'est pas dit que nous ayons recommandé la violence, mais elle était possible. On pouvait parler de la violence sans pour ainsi dire la recommander, et ce n'est pas le fait d'en avoir parlé avant qu'elle n'éclate qui nous en rend responsables. Ce n'est pas parce que vous annoncez qu'une situation est dangereuse que vous la créez pour autant. Dans le système de répression qui s'installait, il est arrivé une phase où on a voulu trouver des responsables : il y en avait trois de désignés et le gros Léon Patenaude en était convaincu. Ces trois responsables étaient : Gérald Godin, Gaston Miron et moi ! On nous accusait même d'avoir rédigé le « Manifeste » du Front de libération du Québec.

Oui, j'ai entendu cette rumeur.

De ça, il fallait se défendre. Et de fait, assez vite, je l'ai affirmé à travers le Rhinocéros. Nous nous sommes dédouanés, sans pour autant avoir considéré les ardents militants d'une façon haineuse.

Vous dites qu'on avait désigné trois responsables : Godin, Miron et vous. Vous parlez de machination. Est-ce que vous diriez, par exemple, que cette machination avait justement pour but de discréditer les gens qu'on désignait, les gens qu'en somme on jugeait avoir de l'influence ?

Au point de vue politique, on se fiche bien d'un Gaston Miron, on se fiche bien de moi et on ne savait pas que Gérald Godin était pour devenir ministre. Ce qu'on a voulu discréditer ? Le calque ! Le FLQ a commencé au moment où, au lieu d'être des Canadiens, on s'est mis à se dire Québécois. C'est sans doute pourquoi la première appellation du FLQ a été « Effelquois ». Le terme a été écrit en novembre 1963 dans le *Combat*, journal qui, à ce moment-là, était dirigé par la police. Effelquois ! C'est qu'on voulait discréditer la nouvelle appellation de notre collectivité. En 1970, l'appellation du FLQ est devenue « Felquiste » et c'était évidemment calqué sur « Péquiste ». J'avais l'impression que c'était déjà bien assez de discréditer le Parti québécois sans commencer à vouloir discréditer des gens dont l'œuvre n'était guère connue à ce moment. Gaston Miron, qu'on voit comme un combattant, est surtout un poète : il célèbre la corneille ! Je me souviens de l'avoir rencontré avec Éthier-Blais, que je voyais pour la première fois et avec qui j'ai des rapports assez frais. Éthier-Blais disait que la corneille représentait la femme aimée. Mais non ! La corneille, c'est Miron, parce qu'il a été Frère de l'Instruction chrétienne. Il en a d'ailleurs gardé le style, le goût d'enseigner, le goût de pousser quelqu'un au mur et de lui expliquer exactement la différence entre le colonialisme et l'impérialisme. Mais Miron avait beau prêcher dans les taxis — parce que c'est un enseignant et qu'il a besoin d'enseigner —, son action était quand même très limitée. Quant à Godin, il en avait aussi été question. Je m'en suis rendu compte quand j'ai posé la question au gros Patenaude : il en était sûr et il n'avait rien dit pour se rétracter, comme s'il croyait que nous étions vraiment responsables, sinon coupables.

On tentait de suggérer des liens entre les actes qui étaient arrivés et ce qui avait pu être dit, écrit ?

Je l'avais même dit à Pierre-Elliott Trudeau en 1962.

Vous lui aviez dit quoi ?

Que s'il n'y avait pas quelques petits ajustements, on risquait d'avoir de la violence.

L'idée du Parti Rhinocéros vous est donc venue, si je comprends bien, d'une crainte de la violence ? Pour discréditer la vision canadienne, vous avez préféré à la violence la dérision, comme le montrent certains articles du programme, celui, par exemple, proposant la suppression des Rocheuses ?

Ce n'est pas une idée qui est de moi, supprimer les Rocheuses. En somme, les blagues rhinocéros n'ont pas tellement été réussies. Il ne s'est rien dit de très fin. Mais je crois que ce système de la Confédération, le Canada, nous étions peut-être les seuls à y croire. C'était nous les Canadiens ! Le passage de Canadiens à Québécois, pour moi, a été difficile. Dans *Le ciel de Québec*, je le note, j'ai beaucoup de difficulté à m'assimiler à un Québécois habitant la ville de Québec. C'est pour ça que j'écris Québécois de deux façons : « Québecquois » pour la ville de Québec. Nous étions des Canadiens, un peu comme les Juifs étaient les Palestiniens, avant qu'ils ne deviennent Israéliens.

Oui. C'est un parti de dérision qui ne prône pas la violence, mais une espèce de désobéissance passive, si vous voulez. La seule inquiétude que j'avais avec ce parti, c'était la pièce de Ionesco, *Le rhinocéros*, qui en donne une tout autre image. Mais il semble que ce soit notre façon de considérer le rhinocéros qui a prévalu. Quand la violence a éclaté, on ne savait pas d'où elle venait. Comme je vous l'ai déjà dit, j'avais assisté, la veille des arrestations, à une assemblée où le jeune Pruneau, chez Raoul Roy, nous avait exposé sa lutte. Autrement dit, nous étions un groupe d'apôtres, de supposés sympathisants. Il y avait Marcel Chaput, Jacques-Yvan Morin et sans doute beaucoup de policiers à cette réunion. Des choses bizarres sont survenues le lendemain, après les arrestations. Pour commencer, Pruneau était un garçon qui s'exprimait admirablement bien, aussi bien que Hubert Aquin. Aquin parlait si bien que je me demandais pourquoi il écrivait ; peut-être qu'il éprouvait le besoin d'écrire du fait de son expérience en prison : je crois qu'il y a écrit son premier livre. Pruneau a pu s'enfuir et quitter le pays : il est encore en France[5]. À l'époque, il s'était enfui, je pense, en Algérie. En France, il est actuellement l'expert international du Parti communiste français. C'est bizarre...

Il a bien tourné, si on peut dire !

Et ce fut une perte pour nous. Mais il y avait aussi des gens tout à fait loufoques, comme Mario Bachand qui, emprisonné, s'évade et s'en va à Saint-Pierre-et-Miquelon au grand désespoir de celui qui avait payé son cautionnement, un brave riniste de Montréal-Nord dont j'ai oublié le nom. C'était juste pour agacer la France. Les Français n'ont pas voulu le prendre : ils l'ont renvoyé en Nouvelle-Angleterre d'où il est revenu ici. C'est donc pour des raisons multiples que j'ai craint cette violence qui, d'ailleurs, s'est retournée contre nous. C'est pour ça que j'ai fondé le Rhinocéros. Tout s'est fait dans le feu des événements. Il fallait se rendre compte très rapidement qu'il ne pouvait pas y avoir de terrorisme au Québec, qu'il se ferait au profit d'une terrorisation sociale contre nous. Cette terrorisation est devenue manifeste en 1970. Là encore j'étais assez près des participants, des frères Rose, que je connaissais, et de Francis Simard.

---

5. Gilles Pruneau n'y est plus ; il est décédé en France vers la fin des années quatre-vingt. (N.D.É.)

En 1970 justement, nous avions fait battre le candidat officiel du Parti québécois, une lavette qui, de toute évidence, n'était pas un péquiste. Nous l'avions battu en lui opposant un péquiste indépendant, Serge Mongeau. Francis Simard, qui travaillait alors pour nous, est disparu après ça. Quant aux frères Rose, qui se lanceront dans cette aventure, je les avais aidés d'une façon un peu désinvolte, sans participer aux événements. Ils étaient, je pense, un peu téléguidés. Il y a encore bien des mystères. Je me souviens que Paul Rose s'occupait de la Maison du Pêcheur à Percé. Or, la chose qui m'avait étonné, c'est que Rémi Paul — alors ministre de la Justice, avant que le gouvernement de l'Union nationale ne perde le pouvoir en 1970 —, un homme d'ordre qui n'était pas du tout favorable aux petits énergumènes, avait pris parti pour les gens de la Maison du Pêcheur contre les notables de Percé ; ce qui m'apparaissait très abracadabrant ! Je me souviens que Paul Rose m'avait demandé, à l'époque, de signer un petit papier afin qu'une jeune fille de Jacques-Cartier puisse aller à Percé — on signe beaucoup de choses en médecine pour avantager les gens ! Je lui avais demandé : « En quel honneur as-tu réussi à mettre Rémi Paul à ta main ? » Il m'avait fait un petit signe en voulant dire... Et c'est là que l'affaire devient un peu complexe, car il faut se souvenir que Rémi Paul, tout comme le père de Jacques Lanctôt, avait été un apôtre d'Adrien Arcand. Les Lanctôt, comme me disait le vieux juge Marquis, sont des gens assez extraordinaires : le grand-père, c'est Gerry Lanctôt, l'homme de Taschereau qui a été battu par Duplessis lors du débat sur les comptes publics. Son fils Paul a été un associé d'Adrien Arcand et Jacques avait probablement accès à Rémi Paul à cause de ces accointances-là. Lorsque Hugh McLennan, l'auteur des *Deux Solitudes*, avait dit : « Il s'agit d'authentiques nazis ! » j'avais été très scandalisé. Ça me semblait aberrant. Mais il y avait une petite vérité dans ça. Il se peut qu'il y ait eu, peut-être pas de nazisme, mais un petit peu de fascisme dans ce mouvement ; ce que j'apprendrai par la suite. C'est de cette manière-là, probablement par Lanctôt, que Paul Rose pouvait faire de Rémi Paul ce qu'il voulait et gagner son point à la Maison des Pêcheurs contre les notables de Percé[6]. Ce qui me paraissait aberrant. En ce sens, il semblerait qu'ils n'étaient pas tellement pressés, les frères Rose, de commencer la série des enlèvements. Parce qu'enfin, c'était des braves gens qui se sont mis à vivre dans l'argent et qui sont devenus des espèces de petits pachas. Mais, au préalable, c'était de bien braves gens. Paul était un instituteur compétent, respecté, qui réussissait dans l'enfance exceptionnelle.

Tout s'est mis à se défaire chez eux à la suite de la manifestation de la Saint-Jean-Baptiste qui a amené Trudeau au pouvoir en 1968. Je pense que Paul Rose a mis beaucoup de temps à publier des *affidavits* assermentés nous montrant que la police avait charrié un peu. Il se peut fort que, dès 1968, cette manifestation ait été organisée pour amener et l'élection de Trudeau et le commencement de la terrorisation sociale contre le Québec. La preuve, c'est que parmi les personnes arrêtées, nous avions une amie qui fréquentait chez nous et qui est allée en prison. Si tu te trouves sur la voie publique lorsque la loi d'émeute est votée, il faut que tu puisses y expliquer ta présence ; si tu n'as pas de raison valable, tu vas en prison. De sorte que Paul Rose était sous une accusation de participation à une émeute qui demeurait toujours pendante après lui : on aurait pu le mettre en prison à n'importe quel moment de 1968 à 1970, et même durant l'été de 1970. C'était l'homme le plus facile à mettre en prison à cause de cette accusation. Mais on ne l'a pas fait ! On l'a laissé courir et le drame est arrivé.

---

6. Ce qui est pure fabulation. Mon grand-père ne s'appelait pas Gerry, mais bien Roméo et il n'a jamais fait de politique. Mon père ne s'appelait pas Paul mais Gérard. Et je n'ai jamais eu de contact de près ou de loin avec Rémi Paul, dont nous nous sommes moqués dans le manifeste du FLQ. Pour le reste, je laisse les historiens en juger ! (N.D.É.)

Évidemment, il ne fallait pas enlever Pierre Laporte. Surtout pas Pierre Laporte ! C'était pour ainsi dire le dernier des hommes publics québécois. L'homme public québécois est souvent un type qui s'exprime bien et un homme fort physiquement, et Pierre Laporte était très fort ! Il a mangé de la misère pour son nationalisme jusqu'au moment où il s'est dit : « Mais pourquoi je n'entrerais pas au pouvoir moi aussi ? » Et comme Lesage voulait avoir un type de l'Ordre de Jacques-Cartier dans son ministère, le comté de Longueuil lui a été ouvert et il a gagné. C'est lui, malheureusement, qu'on enlèvera. Il n'était pas homme à se laisser faire, absolument pas ! Ce qui s'est passé ? C'est un mystère. On finira sans doute par le savoir : tout finit par se savoir. Mais enfin, ce n'est pas encore clair. Certains détails... Par exemple, on a trouvé le corps de Laporte dans un coffre d'auto avec un oreiller sous sa tête et on s'est dit : « S'il n'avait pas été vivant, on n'aurait pas mis un oreiller comme ça en dessous de sa tête ! » Or, je relisais, la semaine dernière, *Souvenirs de la maison des morts*[7], où un noble parricide décapite son père et met un coussin sous sa tête. L'argument de l'oreiller, en ce sens, n'est pas définitif. Qu'est-ce qui s'est passé ? Je ne le sais pas. Bien sûr, il semblerait qu'il ait tenté de fuir.

Je connaissais la rue Armstrong à Saint-Hubert : j'y avais des clients. On a voulu en effacer le souvenir : elle est devenue la rue Bachand. Franchement, je ne vois pas pourquoi on a fait ça. Quelque temps après Octobre, en 1972 ou 1973, on m'a donné le Prix Duvernay au moment où on apprenait qu'en mai 1970 Ottawa avait formé un petit comité interministériel pour appliquer la Loi des mesures de guerre. Ce qui voulait dire que, si on se précautionnait de cette manière-là dès mai 1970, c'est qu'on prévoyait déjà appliquer cette Loi des mesures de guerre. C'est un journal de Toronto qui avait publié ça, et je m'étais servi de la réception de mon prix pour dire qu'Octobre 70 avait été

---

7. Récit de Dostoïevski relu dans la semaine du 10 au 16 octobre 1982.

planifié d'avance, le petit comité du 6 mai en étant la preuve. Évidemment, la Loi des mesures de guerre n'a été passée au Parlement d'Ottawa que lorsqu'on a découvert le corps de Pierre Laporte. Et à un moment donné, dans la soirée, le ministre Turner a levé la main en montrant deux doigts, parce qu'il y avait une fausse rumeur voulant qu'on ait également retrouvé monsieur Cross, mort dans la région de Rawdon. Ça en faisait deux ! La loi est passée, mais on n'avait pas besoin d'une loi pareille pour faire face à des événements prévus auxquels on a donné une immense répercussion. Les gens se sont mis à avoir peur, même dans l'Ouest, me disait mon ami Ray Ellenwood, dans une place aussi tranquille qu'Edmonton, on avait peur de voir surgir un felquiste au milieu de son jardin. Il y a eu une espèce de panique qui a été drôlement bien orchestrée.

Par après, j'assisterai à la reddition des frères Rose et de Francis Simard dans la maison de campagne de Viger. En 1970, on ne pouvait plus croire beaucoup au terrorisme si on regardait la situation internationale. 1970, c'est aussi le Septembre noir en Jordanie : les beaux jours du terrorisme étaient finis. Et il y avait peut-être aussi l'influence de la guerre du Vietnam, une certaine façon de creuser des trous, parce que c'était drôlement bien creusé leur patente à Côte-Saint-Luc : ils avaient une très belle cache qui sortait de la chaudière, à l'extérieur. J'y suis allé par un temps froid — c'est Maître Ducros qui m'avait réveillé au milieu de la nuit pour aller là —, et il a fallu arrêter la chaudière pour leur parler avec un haut-parleur. Il faisait froid et il ne restait plus de thé. Ce fut, pour ainsi dire, le début de la négociation. Ils sont sortis sans condition. Moi, j'étais un assez bon négociateur. Évidemment, à ce moment-là, il y avait ce qu'on appelait des otages arrêtés. En 1970, on a raflé un tas de personnes qu'on a mises en prison. La seule chose que demandait Paul Rose, c'était qu'on ne les accuse pas, ou quelque chose comme ça. Jérôme Choquette, alors ministre de la Justice, acceptait très bien cette condition, mais il ne pouvait pas faire une déclaration pour le dire : il fallait prendre sa parole. Autrement dit, mon rôle aura été de leur faire accepter la parole de Jérôme Choquette. Il n'y a pas de vie possible en société sans qu'on n'accepte la parole donnée de qui que ce soit. C'est donc en cela qu'a consisté ma négociation. Ils étaient sortis du trou. La police aurait pu les traiter beaucoup plus mal que ça. Il n'y avait rien de plus facile, par exemple, que de dynamiter le souterrain ou tout simplement de mettre un bulldozer dans la terre. Mais il n'y avait pas de force policière du tout quand je suis arrivé ; elle a augmenté peu à peu. Il y avait, entre autres, le chef de la brigade. Chose assez bizarre, il a démissionné au milieu des procès, comme si quelque chose n'allait pas à son goût. L'attitude de Paul Rose en cour n'a pas facilité la situation non plus : il voulait tout retourner en termes politiques. Devant répondre de l'assassinat de Laporte face à un petit magistrat très gentil, il se tenait d'une façon militaire et, au lieu d'« assassinat », il insistait pour dire « exécution ». Le juge n'a pas pu faire autrement que de l'expulser de la boîte des témoins. Il y a quand même, en cour de justice, une manière d'être. On ne peut pas se mettre à tonitruer et à engueuler le juge. Ça n'a pas de sens ! Enfin, si le terrorisme a disparu de lui-même, c'est qu'il était peut-être entretenu artificiellement. Après 1970, on ne pouvait plus recourir au terrorisme, quoi !

Vous maintenez cette hypothèse ? Vous en arrivez toujours à la conclusion que ces gens-là ont été roulés et que c'était une machination ?

Dès 1963, oui ! Et moi, je persiste et je signe ! Il y a des épisodes qui m'échappent encore, mais dès le début, par Mario Bachand que j'ai connu en 1962, j'ai pu m'apercevoir que quelque chose clochait. Par exemple, que Pruneau puisse s'échapper en Algérie en 1963 et que Mario Bachand, qui était un pauvre garçon sans argent, ait tout à coup trouvé les moyens d'aller rebondir à

Saint-Pierre-et-Miquelon, histoire de mettre dans l'embarras le gouvernement français. En d'autres mots, dès 1963, tu te rends compte que derrière les felquistes, il y avait des gens qui manipulaient les choses et qui avaient un tout autre but que les felquistes. À mon avis, on les a maniés du commencement à la fin. En fait, ce mouvement-là était peut-être une expérimentation, une étude d'universitaires américains visant à savoir quels seraient les effets de la violence sur un peuple. J'aime bien Jacques Lanctôt, mais il était déjà fiché en 1963. Si j'avais eu à écrire le manuel du parfait terroriste, j'aurais écrit que lorsque son nom est connu, un terroriste est brûlé et devrait rester dans l'ombre. Or, Lanctôt a continué d'être actif jusqu'en 1970 ; il pouvait être suivi de près. Ça m'a paru truqué. Enfin, il reste qu'on peut avoir de l'amitié pour les jeunes gens qui ont été pris par ça, mais ils ont été roulés. C'est une date assez importante dans notre histoire, qui reste un peu vague, un peu floue.

Mais cette date n'a-t-elle pas été un point de non-retour ? N'êtes-vous pas devenu, à ce moment, plus radical par rapport à l'indépendance ?

Je ne sais pas.

*Dans l'*Appendice aux Confitures de coings, *où vous reprenez* La nuit, *et dans les textes qui suivent, vous écrivez : « Alors j'ai regretté que « La nuit » n'ait été qu'une fiction. Elle le restera mais j'en change le titre pour insister sur le poison. »*

Et à cette époque je m'en prends à ce pauvre McLennan. J'ai publié *Le salut de l'Irlande* au moment où les événements d'Octobre marquaient la fin d'une série de terrorisme plus ou moins artificiel. C'est un livre qui a quand même pour mérite d'être paru en 1970 et de se terminer sur les événements d'Octobre, quoiqu'il ait été commencé avant. Est-ce que, par après, ça m'a rendu plus nationaliste ? Franchement, je ne le sais pas. Il y a sûrement eu une modification, mais il se peut aussi que tout cela ait pu me refroidir. Pour moi, ça n'a pas été difficile de passer au travers de tous ces événements-là. Pour commencer, j'avais eu la chance d'être visité par la police le soir de l'enlèvement de Laporte. Ce qui m'exemptait d'être ensuite arrêté avec tous les pauvres misérables qui se sont ramassés à Parthenais. Je me trouvais dédouané de cette façon-là. Mais, quand même, cela a pu me faire réfléchir, me faire penser qu'il fallait continuer de pousser notre nationalisme sans tomber dans de terribles événements comme ceux d'Octobre. Il faut que le Québec continue de s'épanouir comme il l'a fait déjà, c'est-à-dire d'une façon pacifique et astucieuse. Il faut en vendre l'idée aux associés, pour que le Québec, finalement, soit avantageux pour le reste du Canada. Nous n'aimons pas l'armée. Nous sommes, nous serons toujours un peuple pacifique et nous ne pouvons pas nous permettre de nous faire taper sur le museau comme en 1970. Il y a quelque chose qui allait trop loin dans cette affaire-là. La monstruosité de la terrorisation a pu nous donner à réfléchir, mais a pu faire réfléchir aussi les gens de l'autre côté, puisque, en somme, le résultat n'a pas été fameux et n'a pas empêché le Parti québécois de prendre le pouvoir en 1976. C'est plutôt une partie nulle.

Si j'ai bonne mémoire d'ailleurs, le Parti québécois n'avait pas perdu de voix aux élections complémentaires qui ont donné un successeur à Pierre Laporte, mais se trouvait même en meilleure position qu'à l'élection précédente.

Ce n'est qu'aux élections à la mairie de Montréal qu'un petit parti municipal a été noyauté par les gens du FLQ.

Oui, c'était le FRAP, le Front d'action politique, et on a reproché au ministre Jean Marchand d'avoir voulu à dessein créer la confusion entre le FLQ et le FRAP.

Le FRAP, c'est ça ! Mon frère me rapportait qu'il avait été à une assemblée et qu'il y avait vraiment trop de gens qui portaient le petit brassard du FLQ, des gens qui ne parlaient même pas français ! Beaucoup d'Américains sont venus au Canada durant la guerre du Vietnam, par exemple. Ils y sont restés. Certains sont devenus d'excellents Canadiens et je pense, entre autres, à Raymond Chamberlain, mon traducteur, qui est en train de traduire des textes que j'ai écrits sur le chanvre pour faire une petite plaquette qui va paraître dans *Brick*, une revue de London qui va me consacrer un numéro. Mais il y en a d'autres qui étaient sans doute à la disposition de la police politique et qui, en portant le brassard, pouvaient aller participer à des réunions du FRAP. Enfin, à ce moment-là, le FRAP a éclaté ; il s'est volatilisé. C'est à peu près tout.

   Ensuite, d'une façon assez bizarre, au lieu de laisser Laporte tranquille, on s'est mis à l'accuser d'avoir eu des rapports avec la pègre. C'est un point sur lequel les idées peuvent être très partagées. Laporte avait été très dur pour le maire de Jacques-Cartier, Léo Rémillard, qui n'aimait pas du tout Laporte et avait dit : « Il ne l'emportera pas dans sa tombe ! » Il y a aussi l'hypothèse que, non seulement Laporte n'ait pas été un ami de la pègre, mais que la pègre ait pu aider à le faire disparaître après qu'il eut été enlevé par les frères Rose et Francis Simard. Moi, je n'ai jamais pensé qu'il fallait faire de la politique avec ce qu'on appelle la pègre. Cela a toujours été contre mes idées. Je crois que c'est une question de police et non une question politique. Les gens qui font de la politique avec ça se trompent. C'est induire la population en erreur. Il est certain qu'on peut avoir des régimes qui soient propres, mais enfin, qu'ils le soient tout simplement, sans faire la lutte contre une autre partie de la population en affirmant qu'il s'agit des gens de la pègre, etc.

L'erreur de Laporte aura plutôt été de faire une politique assez semblable à celle de Jean Drapeau finalement. Il se déclarait anti-pègre et il n'était pas question pour lui de monter sur la même estrade que le maire Rémillard. Or, Rémillard est un homme qui était monté en politique avec les moyens du bord, ceux que mon père, comme organisateur politique, utilisait peut-être. Au début, Rémillard s'était fait casser la gueule par l'Ordre de Jacques-Cartier. Il avait finalement réussi à se faire élire en simulant une violence, comme le maire Chamberland avant lui. La loi de l'émeute avait été proclamée une première fois à Jacques-Cartier le jour de la votation, mais ce n'était pas la pègre qui avait fait la violence, c'était l'Ordre de Jacques-Cartier qui avait tout organisé pour montrer que la pègre était dangereuse. Je me souviens que j'avais assisté à ça avec beaucoup d'attention. Un coup de feu avait été tiré chez le marchand de fer, de l'autre côté de la rue. Évidemment le coup de feu était tiré, non de l'extérieur vers l'intérieur, mais de l'intérieur vers l'extérieur, de sorte qu'on était allé voir ça et qu'on disait : « Ça a été tiré par en dedans ! » Et le type qui était du côté de Chamberland, du côté de l'Ordre de Jacques-Cartier, avait fait partir les éclats avec son petit marteau. C'est ainsi que la loi de l'émeute avait été proclamée et que Rémillard, associé à la pègre, avait finalement été battu. Mais il est revenu et il a gagné ses élections contre Chamberland. Il n'était pas plus dangereux qu'un autre et il pouvait gagner ou perdre ses élections sans qu'on fasse une politique spéciale contre lui. Pour lui faire perdre son poste de maire justement, Pierre Laporte a fait passer à Québec une loi faite sur mesure. Parce que Rémillard avait eu quelques ennuis avec la justice auparavant, la loi avait été faite de telle sorte qu'il perdait son poste à cause de son dossier criminel. Et il l'a perdu ! C'est là qu'il a dit que Laporte ne l'emporterait pas dans sa tombe. Il était tout fier d'être maire de Jacques-Cartier. J'étais allé le voir une fois à sa résidence. Il m'avait dit : « Vous n'avez pas vu ça avec mes tentures ! » — ses tentures étaient au nettoyage. Laporte n'était pas un homme de pègre, au contraire, et il a peut-être reçu de durs coups pour avoir fait une politique contre la pègre. Comme je vous l'ai dit, c'était de sa part une erreur politique. La question de la pègre, ce n'est pas une question politique, c'est une question de police, tout simplement !

Continuité, rupture et diversité

Revenons à ce que vous disiez il y a un instant. Les événements d'Octobre vous avaient amené à croire qu'il fallait, en quelque sorte, continuer l'affirmation du Québec d'une façon plus subtile... Vous êtes, si on peut vous donner une étiquette, un homme de gauche, mais en même temps, peut-être, surtout un homme de continuité ?

De continuité, oui. Je n'aime pas les ruptures. Par exemple, justement, ce qui me déplaisait dans le culte de Dollard des Ormeaux, c'est qu'il créait une rupture avec des éléments de patriotisme que nous nous étions spontanément préparés nous-mêmes au cours du siècle dernier. J'étais en admiration envers les Patriotes de 1837 pour avoir lu déjà, dans la salle de récréation chez les Sœurs françaises à Trois-Rivières, *La légende d'un peuple* de Fréchette, où le brave des braves était Chénier. C'était une tradition qu'on semblait vouloir oublier en mettant au sommet ce pauvre Dollard des Ormeaux qui avait fait sa gloire en luttant contre les Iroquois, c'est-à-dire contre une nation amérindienne beaucoup plus ravagée que la nôtre. En somme, ça n'avait aucun sens. Je voulais renouer avec Chénier, Papineau et les Patriotes. C'est la raison derrière cette pièce qui s'appelle *Les grands soleils*. Oui, je suis un homme de continuité et de cette façon-là, je ne vais pas chercher mon passé trop loin.

La notion de « pays incertain » vous démarque assez des natio-nalistes connus. Groulx évidemment, mais d'autres aussi qui fixent au Québec un rendez-vous avec l'Histoire, lui assignent un destin et le relient très fortement à la mission française. Votre terme « incertain » laisse entendre, au contraire, qu'il n'y a pas de point prédéterminé à atteindre. Et chez vous, la continuité, paradoxalement, s'accommode très bien d'une coupure radicale avec la France, coupure qui s'exprime entre autres dans l'expression « Déluge de l'Atlantique ».

Il faut savoir qu'en France, à cette époque, on parlait plusieurs langues et qu'il est possible que la Nouvelle-France ait été la première province française à ne parler que le français, parce que cette langue était devenue un moyen de communication entre les gens originaires de Normandie ou du Languedoc, et surtout du pays du Sud-Ouest. Il y a eu aussi cette impossibilité de retour et ce refus de la parenté française qui se manifeste, entre autres, dans les changements de noms, quand les Desrosiers, par exemple, deviennent Désilets. Les noms, d'ailleurs, étaient souvent des noms de guerre.

Un peu à la manière de Robert-Lionel Seguin[8], par exemple, vous faites assez rapidement une distinction dans l'histoire entre « Canadiens », « Français », « Métropolitains ». Vous faites la séparation assez tôt.

Il y a eu une littérature qui nous a appris que nous étions vraiment pris ici. Je pense en particulier au naufrage de Crespel. Alors que les vaisseaux conduits par les capitaines français réussissaient à passer, celui conduit par un capitaine canadien avait fait naufrage à Terre-Neuve. Une terrible misère, évidemment ! Et il n'y avait pas de retour pour nous. On ne pouvait pas être rapatriés comme les Pieds-Noirs, par exemple. D'autre part, on

---

8. Dans *La civilisation traditionnelle de l'«Habitant » aux XVIIIe et XIXe siècles*, Montréal, Fides, 1967, 701 p.

était assez utile aux conquérants nouvellement arrivés, parce que nous étions un peuple nourricier. Nous avions déjà la vache et le cheval canadiens. C'était probablement une des raisons pour lesquelles nous avons survécu comme peuple, parce que nous étions utiles aux conquérants. Et c'était également vrai dans le reste de l'Amérique. L'Amérique française a duré très longtemps. Ce n'était pas une Amérique de peuplement comme l'Amérique anglaise. C'était plutôt une sorte d'hégémonie avec postes de traite, une Amérique qui pouvait être utile aux nations amérindiennes en leur donnant un réseau qu'elles ne pouvaient pas se donner elles-mêmes, leur apportant ainsi des choses utiles, comme le fer qui a permis aux nations amérindiennes des Rocheuses de se bâtir de grands totems, alors qu'autrefois, avec leurs outils de pierre, ils faisaient des petits totems de deux ou trois pieds de haut.

Une partie importante de votre œuvre constitue ce que j'appellerais une entreprise de décapage d'un certain discours historique, d'un certain discours interprétatif de la réalité québécoise.

J'ai fait de l'histoire contre les historiens. Je vous ai parlé de Dollard des Ormeaux. À mon avis, c'était un petit bandit qui aimait voler les chasseurs qui redescendaient l'Outaouais en revenant de l'Ouest. En emberlificotant l'histoire, on a voulu faire de ce voleur un héros national tout simplement pour qu'il puisse remplacer Chénier, l'excommunié.

Ce travail de décapage vous semblait essentiel ?

Oui, parce qu'on ne pouvait pas se faire une gloire de s'être battu contre les Iroquois qui ont été beaucoup plus colonisés que nous et qui étaient pour ainsi dire disparus. Il n'y a aucune grandeur à s'être battu contre les principales victimes du grand déferlement chrétien en Amérique du Nord.

Vous avez été assez dur, assez intraitable pour les historiens.
Frégault, Groulx...

Groulx, c'était quand même un brave homme, mais il faisait son
métier de curé et voulait que le pays fût la création de l'Église.
C'était une question qu'il fallait démêler : « Est-ce que c'est
l'Église qui a fait le Québec ou est-ce que c'est le Québec qui a
donné force à l'Église ? » J'ai essayé de mettre de l'ordre dans
tout ça et il me semble bien, on l'a vu récemment avec la perte
du sentiment religieux, que ce ne soit pas l'Église qui soit l'âme
de notre pays. Il y a eu une sorte de mariage qui était quand
même assez important ; le catholicisme faisait alors figure
d'Église nationale. N'ayant pas en main les instances étatiques,
il fallait se rabattre, comme dans tout pays semi-colonisé, sur les
instances mineures, soit la religion, la famille, la parenté.
Frégault, c'est un brave garçon. Je constate simplement qu'il a
déploré la perte de l'appareil étatique à cause de la Conquête.
Seulement, cette idée-là lui est venue au moment où nous
voulions conquérir un appareil étatique à Québec, qui a été
conquis du mieux qu'on pouvait le faire, à une période où l'État-
nation était déjà passé de mode. Bolivar, c'est au XIXe siècle !

Cette question des rapports de l'Église et du Québec, vous essayez de
la démêler dans cet important article qu'est « La soumission des
clercs », notamment en distinguant entre « patriotisme » et « natio-
nalisme ».

Je disais que les clercs devaient se soumettre à nous et perdre leur
arrogance. J'ai pu paraître anticlérical, mais je crois que tout
l'élan de construction du Québec s'est fait, du moins en 1837,
en partie contre les clercs. Bien sûr, ils ont eu leur importance
par après, parce que ce que nous faisions de bon, c'était les
fondations de paroisses : système assez heureux où une petite
collectivité pouvait se donner en représentation à elle-même. À

Yamachiche, on était conscient de faire partie de Yamachiche ! Et moi, de Louiseville, je ne connaissais pas les gens de Yamachiche. Quand j'allais avec mon père à Trois-Rivières, tout ce que je voyais c'était Nérée Beauchemin sur son perron. Mon père le saluait et me disait : « C'est Nérée Beauchemin, le poète ! » Parce que cette paroisse, en plus de se donner les artisans et les notables dont elle avait besoin, pouvait aussi donner naissance à un poète reconnu et accepté à Yamachiche. Les vieilles paroisses correspondaient à tout un système. Quand j'ai entendu parler du colonialisme, la première fois, j'ai trouvé ça drôle parce que nous avions un ministère de la Colonisation. Seulement, c'était une colonisation tout à fait différente : on bâtissait des paroisses dans des terrains plus ou moins incultes. Ce n'était pas la même colonisation dont il est question dans Memmi ou Fanon !

Je ne suis pas croyant, mais j'ai toujours été curieux de savoir si c'était le Québec qui faisait la force de la religion ou si c'était la religion qui faisait la force du Québec. Je me suis rendu compte à la fin que c'était notre pays qui donnait force à cette religion qui a été quelque temps une religion nationale. C'est pour ça que je suis allé à Varsovie : pour voir le catholicisme, religion nationale. De fait, c'est vrai là ! C'est vrai, mais à cause du contexte. J'étais assez ahuri de voir dans un pays communiste les églises remplies. Alors j'avais envoyé un télégramme à mon évêque en lui disant : « Regrette de ne pas avoir gardé ma carte du Parti. Ça va très bien pour l'Église ! » Le catholicisme est aussi important en Pologne parce qu'il permet de lutter contre les Allemands, contre les Russes et même contre les Tchéco-slovaques. En Irlande aussi le catholicisme a été une religion nationale pendant un certain temps. Si je me suis désabusé de l'Irlande, c'est que ça ne leur avait donné absolument rien de lutter. Les Irlandais parlent anglais. Alors ils seraient aussi bien, me semble-t-il, de faire partie de la Grande-Bretagne, comme l'Écosse, comme le Pays de Galles, puisqu'ils forment une enclave. En plus de la religion, en Pologne, il y a la langue quand même. Grâce à la religion et grâce à la langue, c'est un pays qui a beaucoup de vitalité et on y fait de bons livres.

Vous n'êtes pas croyant, dites-vous. Vous avez pourtant écrit quelques-uns des plus beaux textes sur l'expérience religieuse au Québec. Cette religion, que vous appelez « nationale », loin de la réduire à une morale, vous en faites une force de complicité qui permet la projection d'un avenir. Je pense en particulier à l'ostensoir qui devient le soleil, figure d'un avenir possible pour ceux qui célèbrent la Fête-Dieu.

C'est la croix canadienne ! Quand je travaillais au Mont-Providence, madame Duhau, que j'aimais bien, y était psychologue. Elle était bretonne et m'a fait voir des croix celtiques. Je me suis dit : « Ici, nous en avons ! » À ce moment-là, comme j'avais mes dimanches libres et que mes enfants étaient jeunes, nous faisions des voyages dans les Cantons de l'Est. J'ai retrouvé la croix celtique : c'était la croix irlandaise — celle des celtes aussi. Après ça, j'ai découvert la croix canadienne qui est une croix celtique, mais avec des petits rayons. Elle ressemble alors à un ostensoir, qui n'est pas un signe de mort, mais un signe de vie. Non, je n'ai pas souffert de la religion. Je me souviens qu'avec mes jeunes amis de *Parti pris*, alors que nous refaisions le monde et que Gérald Godin demandait : « Qu'est-ce que nous allons faire des Anglais ? », je demandais toujours, moi : « Mais qu'est-ce que nous allons faire des curés ? » Je voulais leur trouver une place. Miron trouvait ça drôle.

Par cette façon que vous avez de saisir le Québec et son histoire au ras des choses, vous prenez constamment dans vos textes le contre-pied d'un certain nationalisme, particulièrement illustré par Groulx.

Je ne sais pas au juste à quoi Groulx voulait tendre. J'ai l'impression qu'il voulait plutôt protéger les institutions dont il émergeait.

Je pense surtout à cette grande « mission française en Amérique » qui revient constamment chez lui.

Il n'y avait pas de mission qui nous était propre, mais il est vrai que nous avions signé la grande paix de 1701 avec les Amérindiens et que nous étions les portageurs, les voyageurs de toute l'Amérique. Quand les Anglais voulaient y pénétrer — et je pense, par exemple, à Mackenzie quand il a voulu découvrir son fleuve —, ils avaient besoin de ces Canadiens qui étaient amis avec les Amérindiens. C'était une situation de fait et la pendaison de Riel a eu de telles répercussions ici parce que ça indiquait la fin de l'Amérique française, la fin de notre symbiose avec l'Amérique amérindienne qui subsistait parce qu'il y avait eu ce vaste peuplement. Je n'ai pas l'impression que nous avons pris la place des Amérindiens ; nous nous sommes installés sur des rives qui avaient été abandonnées. Certes, elles étaient peuplées lors du voyage de Cartier, mais lorsque Champlain est revenu il n'y avait plus personne. Nous nous sommes établis sur des terres libres ; nous ne les avons pas volées. Par après, nous irons à la quête des pelleteries, mais en commerçants et non en guerriers. Nous avons établi dans toute l'Amérique amérindienne une superstructure de comptoirs qui incarnait l'Amérique française. Le conquérant anglais, en 1760, avait non seulement besoin de nous dans la vallée du Saint-Laurent, mais également pour aller vers l'Ouest, pour aller partout dans le reste de l'Amérique. Après la Confédération — la première province à s'y adjoindre aura été le gouvernement libre qu'avait institué Louis Riel au Manitoba —, les Anglais n'avaient pas pu réduire la révolte des Métis parce qu'ils n'avaient pas de moyens pour acheminer des troupes. Quand Riel a voulu recommencer son exploit en

Saskatchewan, les locomotives fonctionnaient et les troupes sont venues les exterminer ; ce fut la fin de l'Amérique amérindienne et de l'Amérique française. Au même moment, était consacrée la disparition du troupeau de buffles qui permettaient à ces nations de vivre dans les terres de l'Ouest.

En somme, alors que Groulx dit : « Nous avons une mission à laquelle nous devons être fidèles », vous dites plutôt : « Oui, il y a eu une Amérique française, fondée notamment sur la structure des comptoirs, elle-même fondée sur le réseau amérindien, etc., mais cette Amérique n'existe plus qu'en rêve ! »

La mission française en Amérique est finie. Elle prend fin, à mon avis, à Regina, en 1885. Mais ce n'était pas une mission française : c'était une mission de contacts, qui n'étaient pas guerriers, entre Européens et Amérindiens. On peut imaginer une Amérique où les Amérindiens seraient demeurés importants en s'adaptant peu à peu à la civilisation européenne. Ils y sont un peu mieux parvenus en Amérique du Sud, particulièrement avec les Réductions du Paraguay. Ça faisait partie du rêve jésuite : c'était une mission catholique. Catholique, mais anti-européenne. La preuve en est qu'on s'est débarrassé des Jésuites dans les années 1850 parce qu'en les convertissant au catholicisme, ils armaient les non-Européens — qu'ils fussent Américains ou Asiatiques — contre la dictature européenne.

Et c'est par là que votre lecture de l'histoire se distingue de celle de Groulx ?

Oui, bien sûr ! D'autant plus que, pour augmenter le pouvoir clérical ici au Québec, il remplace Chénier excommunié par Dollard des Ormeaux qui n'est pas du tout propice aux Amérindiens. Enfin, un héros national c'est quand même un symbole important pour un peuple...

Et là-dessus votre riposte est cinglante. J'ai ici justement un passage des Historiettes, *où vous dénoncez ce remplacement de Chénier par Dollard. Vous écrivez ceci : « Comment cela est-il arrivé ? Allez le demander aux curés. Après avoir été les adversaires des Patriotes, ils ont tout simplement confisqué le patriotisme à leur profit et par un tour de passe-passe remplacé Chénier par Dollard. » Et vous ajoutez : « C'était en 1920, dans une sorte de trou qui puait la décomposition de tout un peuple. Nous n'en sommes pas encore sortis. » Un tel geste vous apparaît comme une façon d'arrêter le mouvement des choses, de « mettre le passé au temps mort », pour reprendre ce reproche que vous faites aux historiens.*

Je ne crois pas que les années vingt, années où je suis né, aient été les plus glorieuses du Québec. C'était au contraire des années de décomposition. Il n'y avait pas de grands projets d'avenir. Il y avait un discours national qui était faux et qui n'était pas nourricier du tout. La preuve ? Lorsqu'il y a eu reprise, lorsqu'on est redevenu Québécois, avec le RIN par exemple, il y a eu immédiatement une espèce de concours de beauté pour savoir qui était le héros principal, et Chénier l'a emporté de nouveau. Nous avions renoué avec la tradition dont Groulx nous avait, je pense, éloignés. C'était quand même un brave homme ! Mais, religieux, il voulait tout attirer à lui. Il aurait peut-être dû continuer de faire son métier de curé sans chercher à être le prophète national.

Dans la « Critique concertante » des Grands soleils *vous écrivez : « S'en prendre à la conscience collective qui préside à la conscience de chacun, essayer de la modifier, c'est en soi une grande entreprise. Elle nous donne satisfaction, qu'on réussisse ou pas. » Cette attitude me semble avoir été un des moteurs importants de votre action et de votre écriture.*

Oui. Il faut quand même retrouver la véritable conscience collective et non plaquer sur elle une conscience de remplacement qui est fausse.

Et vous avez l'impression d'avoir aidé à retrouver la véritable conscience collective, plutôt que d'avoir fait du plaquage à votre tour ?

Je ne sais pas. J'ai renoué avec Fréchette. Dans *Les grands soleils*, la description de la bataille de Saint-Eustache suit de très près le texte de Fréchette. C'était à une époque où le patriotisme n'était pas noir, mais chaleureux et libéral. Je ne suis pas né nationaliste. Je me suis trouvé, par exemple, à l'Assomption avec Pierre Laporte qui portait un béret basque. Il était nationaliste et il m'engueulait parce que je ne l'étais pas. Je ne connaissais pas ce nationalisme-là, dont ma femme hier[9] me parlait. Ici, à Montréal, on chantait des cantiques : « Jamais ! Nous mourrons français et catholiques ! » Je n'ai jamais été nationaliste ; je préférais être Patriote. Bref, c'était le patriotisme de nos hommes d'État, y compris jusqu'à Gabriel Marchand qui, lorsqu'il était premier ministre, a présidé à l'érection du monument de Chénier. C'était un homme assez intéressant, qui a écrit quelques pièces et qui a rapporté de France un récit de voyage assez intéressant de la prise du pouvoir par Napoléon[10]. Un Canadien non sectaire, chrétien, mais qui prenait la situation comme elle était, qui ne forçait pas la conscience collective, mais qui en vivait. Alors qu'avec Lionel Groulx, il y a un travail sur la conscience collective, mais un travail qui est arbitraire. Il ne rencontre pas la réalité.

---

9. Le 9 octobre 1982, veille du 2ᵉ entretien.
10. Félix-Gabriel Marchand est l'auteur d'un bref récit de voyage (« Un tour de France », paru dans *Mélanges poétiques et littéraires*, Montréal, C.O. Beauchemin et fils, 1899, p. 327-346) ; toutefois, le périple eut lieu en 1850, bien après l'époque napoléonienne.

Et sa vision est très différente de la vôtre. Groulx parle d'une race pure...

Ah non ! Ça c'est de la médecine vétérinaire ! C'est de la médecine vétérinaire ! Ce qui fait la force d'une nation, c'est sa diversité, au contraire des troupeaux. Il y a eu cette excentricité de prétendre qu'il n'y avait pas eu de mélange, de métissage, alors qu'on sait qu'il y en a eu, mais que, les gouverneurs anglais ayant défendu le mariage des Français et des Amérindiens, il n'en était jamais question dans les registres. Les Abénakis de Pierreville ont pratiqué un métissage systématique : les Gill, les Cartier et les Nolet sont des Métis ! Évidemment, c'est un idéal. J'aurais peut-être préféré que le métissage eût été plus fort, que les Sauvages nous apportent les enfants. Mais je vous ai raconté que ça vient simplement de la coutume de Montréal, où les sages-femmes étaient des Iroquoises. En Gaspésie, on retrouve la Mi-Carême qui, dans les mythes de naissance, est un mythe particulier au Bas-du-Fleuve et à l'Acadie. Dans l'une des premières nouvelles d'Antonine Maillet, la Mi-Carême et la petite maîtresse d'école se trouvent tout à coup en compagnie d'un véritable Micmac courant la Mi-Carême. Le métissage, il n'y en a peut-être pas eu autant que je l'aurais voulu, mais il y en a eu plus que Groulx et ses acolytes l'ont prétendu en se basant sur les registres paroissiaux. Il était impossible pour les curés de dire que tel enfant était né d'un père Français et d'une Abénakise, pour la bonne raison que ces mariages-là étaient interdits.

En Gaspésie, quand j'allais à Gros-Morne et que je trouvais les gens curieux, le curé Vaillancourt me disait : « Ce sont des Basques ! » En fait, il s'agissait de Montagnais, de Micmacs, et d'Irlandais naufragés, c'est-à-dire de Gendracs. Je me souviens d'une métisse esquimaude : quand sa petite fille était venue au monde les yeux bridés — à ce moment-là j'étais un peu novice en médecine — je lui ai dit : « Il faudra faire attention à cette fillette. » Je croyais que c'était une petite mongolienne. J'avais mal regardé, parce que l'œil des mongoliens n'est pas bridé de la même façon que l'œil de l'Asiatique. Il y avait là de ces petits villages amérindiens qui venaient s'accoler aux grands villages québécois. Certains ont subsisté par la suite. Ils ont eu une grande influence. Si les mariages mixtes étaient interdits par les gouverneurs anglais, c'est qu'il y avait une tendance qui pouvait être défavorable à la domination anglaise. Mais le métissage pouvait se faire de bien des manières. Les jeunes Amérindiens pouvaient être élevés dans des familles françaises. Est-ce qu'ils nous ont apporté quelque chose de particulier ? Sans doute, puisque nous nagions si facilement au travers des Amériques.

On a de l'amérindien, mais on a aussi les Turcot — ça veut dire Turc —, les Marcil — ça veut dire Maure —, et les Daoust, qui est un nom arabe. On n'a pas le sang aussi pur qu'on prétend l'avoir ! Quand ma fille Chaouac est revenue d'Éthiopie, où le Négus laisse entrer les Arméniens mais ne les laisse pas sortir, parce que ce sont de grands commerçants dont il a besoin, elle m'a dit : « Mon Dieu ! mon père, comme tu ressembles à un Arménien ! » La mère de ma première femme était une McCaffrey. J'ai rencontré à Nicolet un vieux Hart de Nashville qui avait épousé une Irlandaise. Il était de la lignée des Hart, cette grande famille dont plusieurs sont revenus au judaïsme, mais qui a eu sa lignée protestante, de même qu'une lignée catholique, via l'Irlandais… Nous avons même assimilé quelques Juifs — ils sont difficiles à assimiler ! Un de mes clients, monsieur Druzin, qui était un sémite, a laissé sa religion et est venu se marier à Jacques-Cartier où il a formé une famille canadienne-française. Je lui disais : « Monsieur Druzin, ce n'est pas une race, c'est une religion ! » Il me répondait : « Attention, Dr Ferron, c'est une religion qui ne fait pas de prosélytisme et qui à la longue devient quasiment une race. » Lui, il s'en excluait. Il se peut qu'il en soit passé ici et qu'ils se soient francisés. Personnellement, je crois que nos Jacob sont des Juifs qui, faute de synagogue, se sont assimilés.

C'est pour vous dire que je n'ai pas une vision vétérinaire d'un pays ; l'homme, à mon avis, vaut par sa diversité. Je rêvais un bout de temps, pour faire dame à la France, d'une confédération Nord-Sud avec les Antilles, étant donné qu'il semble que nous ayons besoin d'un Sud. Plutôt que d'aller nous perdre en Floride, nous pourrions avoir des échanges avec la Guadeloupe, la Jamaïque et vraisemblablement Haïti, une manière de confédération Nord-Sud qui entraînerait l'apparition de Noirs parmi nous. Ils apparaissent depuis quelque temps.

C'est un peu le Saint-Élias qui va à la conquête des mers et qui revient avec d'étranges statues.

Si vous passez à Yamachiche, vous regarderez la grosse Sainte-Anne qui ornait autrefois la façade de l'ancienne église. On l'a décrochée avant que l'église ne passe au feu. Elle est sous verre dans le cimetière. Elle est vraiment monstrueuse et fait penser à une idole africaine.

Elle vous a servi de modèle dans Le Saint-Élias *?*

Eh bien ! non. Les idoles africaines, c'est mon ami Galipeau, mon voisin de Bellerive, qui avait épousé une Vietnamienne — et les Asiatiques font toutes sortes de cadeaux. Au service de l'Unesco et de Norad, il est allé au Togo et au Sénégal, d'où il m'a rapporté quelques petites statues de l'Afrique, comme ma fille Chaouac m'en rapportera de l'Éthiopie.

Dans *Le Saint-Élias*, c'est le triangle à l'envers. Il y avait une navigation triangulaire qui partait de La Rochelle. On allait chercher le bois d'ébène en Afrique. Il fallait lever l'écrou, voyez-vous. Car l'écrou a vraiment été fermé en 1759, ne serait-ce que par une relation qu'on a répétée, que tout le monde connaissait, celle du père Crespel. On a plusieurs récits de naufrages, comme si on ne pouvait plus sortir. Alors un bateau de Batiscan... Parce qu'on a bâti des trois-mâts à Batiscan ! Cela apparaît dans *La géographie humaine*. Chaque ville avait sa petite marine. Qu'on ait poussé l'audace aussi loin que je le dis dans *Le Saint-Élias*, peut-être pas, mais enfin, c'était pour réagir contre cette notion que nous ne pouvions pas sortir par nous-mêmes de ce pays. Parce que pour y être bien, il faut quand même pouvoir en sortir, briser l'écrou du golfe. Mais c'était seulement possible dans les paroisses qui avaient leur marine. Il n'y avait pas de marins au lac Saint-Pierre qui est un pays de chaloupes. Tandis que Batiscan et Champlain étaient des paroisses qui avaient leur marine, où l'on a bâti des trois-mâts. Partir de là pour briser l'écrou du golfe, oui bien sûr. Le jaillissement d'un centre parois-sial... La paroisse est très fermée, mais elle a toujours ce surplus humain qui va former d'autres paroisses ou qui va se perdre dans les Amériques.

Naître de nous-mêmes

Quand vous suggérez que c'est un défaut de l'œuvre qu'elle soit utile, vous parlez de la nécessité où vous vous êtes trouvé d'écrire non de simples histoires, mais des histoires qui aident à corriger la réalité ?

J'aurais préféré écrire des œuvres qui n'aient pas de caractère politique. Toute œuvre qui a un caractère politique est récu-pérée. J'aurais aimé que cela ne soit pas présent à mon esprit, alors qu'il l'a toujours été un peu trop. J'en ai souffert et j'ai souhaité que mes cadets, plus tard, n'aient pas à avoir ces préoc-cupations. Je me suis senti obligé de faire ces luttes politiques en me disant : « Dans un pays normal, je n'aurais pas eu à faire ça et j'aurais pu faire une œuvre désintéressée, comme il s'en fait dans les pays qui ne sont pas menacés, alors que toute cette lutte, finalement, s'est emparée de mon œuvre et en a formé la substance. » C'est devenu finalement une œuvre de combat, alors que ce n'est pas du tout ce que j'envisageais comme œuvre littéraire. Je recherche toujours une beauté sereine qui n'aurait pas à se batailler pour être en paix dans son jardin.

Il fallait passer par là ?

Oui, ne serait-ce que pour faire, comme vous l'avez dit tout à l'heure, un peu de décapage et faire disparaître le discours officiel tout à fait ridicule et tout à fait odieux qui nous situait parmi les conquérants européens, chose que nous ne sommes pas. Et c'est là un point sur lequel j'insiste, étant donné que nous avons pris conscience de nous-mêmes vers 1830. Pour qu'un peuple prenne conscience de lui-même, il faut un certain nombre. En 1760, nous étions les débris d'une petite colonie appelée normalement à disparaître, qui a survécu quand même. Nous prenions conscience de nous-mêmes, c'est-à-dire du fait que nous étions Canadiens, comme on disait alors. À ce moment-là, nous sommes nés de nous-mêmes en terre d'Amérique.

C'est, et j'aime bien ce terme, le « complexe de l'enfant né bicentenaire » dont vous cherchez à nous libérer !

C'est ce que je raconte dans cette conférence : on ne peut pas assumer un passé qu'on n'a pas vécu.

Vous dites plutôt : « Nés de nous-mêmes. »

Oui, et nés ici. De sorte que nous ne pourrons jamais être des Français comme les Français de France.

Plusieurs de vos grandes images appuient cette vision. Celle du « déluge de l'Atlantique », par exemple, insiste sur l'impossibilité du retour. Mais c'est aussi la durée que vous reconsidérez : vous la raccourcissez.

Pour pouvoir l'assumer, oui.

C'est pourquoi vous ne mettez guère en scène, dans cette œuvre, des événements antérieurs au XIXe siècle.

Il y a un passé légendaire. C'est, par exemple, la légende des trois frères, qui est typique du Québec en ce qu'elle diffère de celle de l'Acadie : les Acadiens suivent toujours une femme, alors que dans la légende québécoise, il n'y a pas de mère devant les trois frères ! Ce sont les Ferran de Saint-Raphaël, sur l'Île de Shippagan, qui m'ont dit ça. C'est une veuve, probablement une Belge — parce que les Belges utilisent aussi l'expression « s'il vous plaît » —, qui, de la côte de Gaspé, serait venue s'installer à Lamèque avec ses trois petits garçons derrière elle. Ensuite, vous avez toutes ces bonnes femmes, comme Évangéline… Enfin, ça devient de la préhistoire, de la mythologie. Vous me disiez que j'étais un homme de continuité. Oui, mais pas avec la France. J'aime assez la cassure et cette totale indépendance que nous avons vis-à-vis de la France : nous en étions complètement séparés, sans aucun lien avec elle.

C'est précisément à la faveur de cette cassure que la prise de conscience se fait.

Oui, et elle se fait ici, avec nos propres combats. Non contre les sauvages, comme l'abbé Groulx le voulait, mais contre les Anglais.

Les « vrais ennemis », comme il vous arrive de les appeler.

Bah ! Les vrais ennemis… Remarquez que toute résistance profite aux deux. Il se peut que le Canada ait besoin du Québec pour se donner un caractère qui lui soit propre. Comme il se peut que les États-Unis aient besoin des Noirs ou des États du Sud pour se donner un caractère que n'a pas le Canada et être un pays un peu différent. En somme, les Canadiens anglais ont besoin de nous comme nous avons besoin d'eux, comme ennemis. Il y a toujours cette chanson dont je me rappelle, où on donne une fille à un Anglais et là on dit : « Maudit Anglais ! » Ça ne va pas plus loin. Ce ne sont pas des hécatombes et des massacres que nos luttes. Justement, une des caractéristiques du Québec est d'avoir toujours réussi à tirer son épingle du jeu sans amener de réactions trop vives. Et je vous disais qu'Octobre et la Loi des mesures de guerre furent une réaction un peu trop forte pour nous. Cela avait pu blesser. Nous ne tenons pas à avoir de telles réactions et si nous faisons un tumulte, comme en 1837, il ne faut pas qu'il y ait trop de sang.

On aime bien le bout du pouce que perd le beau Viger. Le bout du pouce, ça faisait d'ailleurs partie de la légende de mes parents : les trois frères. Dans cette légende, il y a toujours un des frères qui s'en va et qui revient. L'aventurier est justement reconnu parce qu'il cache son pouce dans sa main. Il a eu le bout du pouce coupé en allant se battre contre les Anglais, je pense, pour délivrer un de ses frères dans le fort de Maskinongé. Voyez-vous, un petit truc comme le bout du pouce, ça peut aller. Mais pas de massacres. Quelques pendus, oui. Mais enfin nous avons eu moins de pendus qu'en Haut-Canada. Mais, comme je l'ai dit, c'était de bons pendus. On les a glorifiés. Ils vivent encore. La rue De Lorimier descend jusqu'à la potence ; c'est là qu'il a été pendu. Tandis que dans le Haut-Canada, ils en ont eu plus que nous, mais ils les ont oubliés. En somme, il faut utiliser sa matière historique, et nous le faisons bien.

On peut établir un lien entre ce que vous venez de dire, la notion de peuple semi-colonisé, et cette ruse que vous mettez souvent de l'avant, qui donne lieu à un combat sournois, plutôt qu'à un combat ouvert et violent.

Nous n'avons pas les moyens de faire la guerre. Et mon Dieu ! apportons-nous au monde quelque chose d'une telle valeur qu'il faille se battre à coups de hache ? Je n'en suis pas sûr du tout. Je ne sais pas ce que le Québec peut apporter au monde. Je suis certain que ce n'est pas assez important pour qu'on sorte les haches. Par chance, parce qu'il faut dire que nous avons eu beaucoup de chance — la Nouvelle-Hollande et la Nouvelle-Suède n'ont pas eu cette chance —, les Anglais ont pris la Nouvelle-France et l'ont gardée pour eux contre les Américains. Ce qui a été une des raisons de la révolte américaine et de la lutte de l'Angleterre contre les États-Unis. Nous avons profité de ce conflit pour nous insinuer entre les deux, pour trouver notre place, pour prospérer, pour prendre conscience de nous-mêmes et nous affirmer sans bruit. Sans bruit, du fait que nous étions déjà là.

Ce serait cela le semi-colonialisme dont vous parlez. Il y avait pour les Canadiens, les Québécois, la chance du possible.

Voyez-vous, il faut considérer que la navigation était longue à ce moment-là et que nous étions utiles au conquérant. Les vaches anglaises sont arrivées tardivement, en 1824, je pense. Auparavant, c'était le petit cheptel. Nous avions la vache canadienne, une petite vache solide qui se nourrit de paille l'hiver et qu'on tire par la queue au printemps pour la remettre debout. Nous étions un peuple nourricier pour ceux qui arrivaient. Ils nous ont laissés vivre parce que nous leur étions utiles. C'est ça ! Il ne faut pas se faire d'illusion. Ils ont été assez corrects avec nous.

Les traités se sont faits en dehors de notre connaissance. Que je sache, nous n'étions pas à Versailles en 1763, mais nous n'avons pas été déportés des bonnes terres que nous occupions. Et, justement, nous occupions, dans la vallée du Saint-Laurent, les meilleures terres. Pourtant, il n'y a pas eu de déportation comme celle des Acadiens. Leur déportation a d'ailleurs eu une cause dont on ne parle pas beaucoup, c'est la présence de Louisbourg qui était un nid de guerre sur leur flanc. Les Acadiens étaient pacifiques : ils étaient des Français neutres. Mais il y avait un danger français à cause de Louisbourg et ils en ont pâti. Au Québec, il n'y avait pas de Louisbourg qui pouvait énerver les conquérants. Alors, ils nous ont traités gentiment, comme ils avaient traité gentiment les Acadiens de 1715 à 1755, c'est-à-dire avant la déportation. Par la suite, une partie des Acadiens est venue au Québec, une petite partie a été un peu dispersée dans les colonies anglaises et une bonne partie est allée en France où ils étaient des fauteurs de discorde, parce qu'ils avaient le droit de chasse au Canada, alors qu'en France les paysans n'avaient pas ce droit. Finalement, on n'était pas très heureux dans cette monarchie où le paysan était beaucoup plus serf qu'ici en Amérique. Alors, on a voulu se débarrasser d'eux : on les a donnés finalement. Quelques-uns sont partis avec Bougainville ; il les a amenés coloniser les Malouines. Quant à l'Amiral Kerguelen, un fou qui voyageait avec sa maîtresse et qui a probablement servi de modèle à Claudel dans *Le soulier de satin*, il voulait découvrir un nouveau continent dans l'Antarctique. Il croyait que derrière la moraine, il était pour trouver un continent de lait et de miel. Il avait demandé des Acadiens pour le coloniser. Ce fut un désastre. Finalement, on les a refilés aux Espagnols qui les ont envoyés en Louisiane. Ils ont peut-être été ceux qui ont le mieux résisté à l'assimilation pendant un certain temps, contrairement au vieux carré francophone qui est rapidement devenu anglophone. En général, la déportation des

Acadiens a beaucoup servi les Québécois, parce qu'ils furent nombreux à s'établir au Québec et qu'ils nous ont enrichis. Il fallait se reproduire et nous n'avions pas d'immigration ; nous avons quand même eu les Acadiens. Il y a des rangs un peu partout qui s'appellent l'Acadie, comme il y a des noms acadiens au Québec : les Bergeron, les Trahan… L'Hérault, je ne sais pas.

Les L'Hérault seraient venus tôt, directement de France. Mais, dans l'histoire de ma paroisse natale, dans le comté de Lotbinière, on mentionne l'arrivée d'Acadiens, dont les Hébert et les Gaudet.

Hébert, c'est devenu une peste ! Il y a même un bateau qui a remonté le golfe, paraît-il. Mais les Acadiens allaient s'établir en arrière : ils étaient quand même prudents, un peu craintifs. Ils ne s'établissaient pas au fronteau, mais dans le profond des terres. Peut-être qu'ils nous ont apporté une espèce de crainte salutaire, de méfiance. Nous avons toujours été sur nos gardes. Nous avons assez bien passé au travers des deux invasions américaines, assez fins pour ne pas donner prise ni d'un côté ni de l'autre, restant neutres.

Une résistance passive ?

Des deux côtés. Français neutres. Le terme est apparu en Acadie d'abord. Nous aussi nous sommes devenus des Français neutres. Moi, j'ai commencé à aller en Acadie parce que, quand je travaillais au Mont-Providence, j'avais une préposée aux malades qui s'appelait Ferron. Elle venait de Shippagan. Je suis allé à Saint-Raphaël, autrefois dans la paroisse de Lamèque, retrouver les Ferron — les Ferran acadiens. Lamèque, nom bizarre, est situé près de Tracadie, dans le Nord-Est du Nouveau-Brunswick, dans la zone lépreuse. Ces Ferron ont été tout surpris de me voir et d'apprendre qu'il y avait aussi des Ferron canadiens. Ils ne voyaient pas de parenté avec nous. Mais il est possible, par une déformation acadienne — le « on » devenant assez facilement « an » —, qu'une partie de ces Ferron-là soient devenus des Ferran…

Qui est aussi un nom français…

Oui. Et c'est pour ça qu'il ne faut pas chercher des ancêtres trop loin. Il y a des maniaques qui tiennent beaucoup à retracer leur lignage jusqu'en France. On ne sait pas trop. Il n'y a pas à savoir ! Chose certaine, les gens qui quittaient la France ne la quittaient pas par plaisir : ils se sauvaient. On quitte un pays parce qu'on y est mal pris ; on n'a pas à être reconnaissant au pays qu'on a quitté. Voilà ! Il vaut mieux l'oublier ! D'ailleurs, chose assez caractéristique, on changeait assez souvent de nom en arrivant au Canada. À Yamachiche, les Bellemare, Lacourse et Gélinas proviennent des trois fils d'un nommé Gélineau. Ils ont transformé leur nom.

En partie, peut-être, pour des raisons pratiques : pour se différencier. D'où l'utilité aussi des sobriquets.

Peut-être. Je ne sais pas. La société permettait ces changements-là.

Alors que l'abbé Groulx magnifie le passé de la Nouvelle-France, l'impose, si on veut, comme un âge d'or, vous privilégiez plutôt le XIXᵉ siècle, caractérisé par la résistance active, la liberté, celle d'un pays qui se construit à la barbe des Anglais, sous leur nez, sous leur protection.

C'est ça. Les colons français étaient entraînés souvent de force. Il y a eu la grande recrue de 1658-1659 que Maisonneuve était allé chercher. Il embarque les gens et le bateau prend l'eau. On se rend compte qu'on ne pourra pas traverser l'Atlantique. Alors, pour ne pas perdre les gens qu'on a recrutés, on les met sur une île pour les empêcher de fuir. Autrement, on les aurait tous perdus. On les amène un peu de force. Et il y a aussi la possibilité que beaucoup de gens qui étaient allés chez les Turcs, les Turcot en particulier, aient été envoyés en Nouvelle-France après avoir été remis en bons termes avec la religion. Nous avons toujours été catholiques ici ; à notre désavantage d'ailleurs, parce que les Huguenots n'ont pas pu y venir. Ils sont allés en Nouvelle-Angleterre et ont aidé beaucoup à sa force. Je pense, par exemple, à cette grande famille commerçante de Nouvelle-Angleterre qui était d'origine française. Louis XIV les avait chassés après la révocation de l'Édit de Nantes. Ils sont allés en Hollande, puis en Angleterre, avant de traverser en Nouvelle-Angleterre et en Afrique du Sud, ici et là. Ils se sont dispersés, mais ils étaient des éléments extrêmement importants, des gens instruits et courageux, malheureusement protestants. C'est une des caractéristiques du Québec de ne pas être protestant. Quand le pays se sera conçu et sera devenu agissant, on aura alors le renouveau de la Contre-Réforme, avec la fondation des ordres religieux. Ces fondations furent d'ailleurs un des traits de la Contre-Réforme française qui avait un catalyseur en la personne du Huguenot. Ici, le catalyseur a été le protestant anglais. C'est ainsi que nous aurons nos fondations d'ordres, fondations canadiennes qui ont été assez extraordinaires. Je pense en particulier aux Adoratrices du Précieux-Sang qui ont publié une revue pendant quatre ans, dont Laure Conan était la secrétaire. C'est un ordre contemplatif que je situe dans la basse-ville de Québec[11], alors qu'il n'y est pas. Anne Hébert aussi a repris et utilisé cet ordre. Évidemment, il y a eu d'autres ordres qui ont été fondés, c'était très important. Mgr Bourget était allé chercher les

Frères des Écoles chrétiennes et les avait ramenés ici à la condition qu'ils parlent anglais, c'est-à-dire qu'ils portent des noms anglais. C'est dire qu'il allait quand même chercher quelques frères qui nous enseigneraient le français. Je suis passé, quant à moi, par l'école des Frères de l'Instruction chrétienne, ce qui n'est pas la même chose. Ces enseignants-là étaient des gens assez extraordinaires, des frères qui n'avaient pas l'importance du sacerdoce et qui se sentaient un peu humiliés. Ces frères-là disaient que, pour traverser un fleuve, les laïcs traversaient à la nage, le clergé en chaloupe et qu'eux le passaient sur un pont. Ils avaient besoin de se revaloriser. Je suis allé une fois soigner un vieux frère des Écoles chrétiennes ici à Longueuil. Il m'a parlé du frère Marie-Victorin, une des gloires des enseignants, et il m'a dit qu'on aurait voulu lui faire apprendre la théologie et en faire un prêtre, mais qu'il avait signé de son sang un engagement pour rester un simple frère enseignant. Ces religieux ont fait beaucoup pour nous, même s'ils étaient plutôt méconnus. Leur place était assez humble, tout en étant assez importante. Je vous dis que nous apprenions le français rapidement avec eux ! Il ne fallait pas faire de fautes et nous n'en faisions pas ! Ils étaient exigeants.

Ce vieux frère que l'on retrouve dans Le salut de l'Irlande *?*

Ah ! oui, le Frère Thadéus.

Le Frère Thadéus qui parle aussi du frère Marie-Victorin.

En somme, moi, je n'ai pas tellement d'imagination. Je transforme un peu ce que je vois et le Frère Thadéus, oui, je l'ai vu à l'infirmerie du Collège de Longueuil.

---

11. Voir *Le ciel de Québec*.

Vous lui faites dire de bien belles choses au jeune Irlandais Connie.

Il fallait le convertir. Nous avons toujours eu une certaine force d'assimilation. Pouvoir assimiler, c'est un grand talent et son résultat est un grand honneur. Quand je me suis énervé un peu pour *Le salut de l'Irlande*, c'est-à-dire le salut du Québec, c'est qu'il me semblait que nous avions perdu notre force d'assimilation. À ce moment-là, notre forme d'assimilation était assez complexe. On prenait un Écossais et on en faisait une sorte d'Irlandais. Alors le Mac devenait Mc. Après ça, on francisait l'Irlandais. Et oui ! De sorte que parmi les noms québécois, il y a pas mal de noms anglais et c'est tout à fait normal. C'est bon qu'ils y restent. Qu'il y ait des Armstrong québécois, c'est bien.

Vous accordez à Durham beaucoup d'importance, parce qu'il a provoqué, selon vous, une prise de conscience collective en écrivant : « Il y a deux peuples ici. » Votre réaction est à l'inverse de celle des historiens qui lui ont plutôt rétorqué : « T'as menti Durham ! »

Ça, « T'as menti Durham ! », c'est un conte, je pense, de Marie-Victorin[12].

Oui...

On voit le Lord qui somnole avec son rapport et la petite fille qui rentre par la fenêtre et qui écrit : « T'as menti Durham ! » Oui, on l'a fait mentir, mais par la suite. Sur le moment, il disait vrai. Et je pense que son rapport, c'est une analyse magistrale, un rapport de très haute politique, dans le genre Tocqueville. Ça nous a donné une base extrêmement intelligente d'où nous nous

---

13. Ce récit intitulé « Peuple sans histoire » figure dans le recueil *Récits laurentiens* (Montréal, [s.é.], 1919, p. 187-207).

sommes élevés, quitte à montrer, par après, qu'il avait menti. Et c'est là que l'histoire a été une espèce de démence historique. On fourrait tout dans l'histoire. Garneau travaillait, travaillait… On empilait tous les documents et on compilait pour se faire une histoire. Le théâtre aussi a commencé à ce moment-là. En particulier avec le *Félix Poutré* de Fréchette. En ce sens, je ne vois pas pourquoi on se plaindrait de Durham ! Il a dit : « Ces pauvres gens, le meilleur service que nous puissions leur rendre, c'est de les anglaiser », comme disait Victor Hugo au lieu d'« angliciser » — c'est un mot qui peut se dire. Bon ! ils n'y sont pas parvenus. Au contraire, ils ont déclenché une réaction qui a permis la refrancisation d'une petite province, d'une petite peuplade. Moi, je ne me plains pas de Durham. Des deux côtés, je pense que la solution qu'il présentait était une solution tout à fait acceptable pour un peuple qui ne savait pas lire. Seulement, il s'est trouvé qu'il y avait des gens qui savaient lire et il a déclenché une réaction. Quand on veut assimiler quelqu'un, il ne faut pas le lui dire. Il ne faut pas l'y forcer. Il faut qu'il le fasse d'une façon toute naturelle sans en prendre conscience, parce qu'alors il bloque. C'est ça qui est arrivé. Il nous a été utile parce qu'il a exprimé une solution qui aurait été tout à fait naturelle et acceptable si elle n'avait pas été exprimée. En l'exprimant, il a déclenché une réaction : « T'as menti Durham ! » Nous nous sommes élevés avec cette petite maîtresse d'école qui passait en avant de nous et disait : « T'as menti Durham ! » Finalement, il nous a été propice.

Comme un tremplin ?

Comme un tremplin ! Et plus qu'un tremplin : il nous a très bien décrits. Il a montré, par exemple, l'influence extraordinaire qu'avaient les notables. Il disait : « Il y a peu de places dans tout l'univers où des gens ont autant d'influence parce qu'ils sont instruits et qu'ils vivent tout bonnement avec des gens qui ne le sont pas, mais qui sont de leur famille, de sorte que leur influence est vraiment extraordinaire. » Ce qui est exact. Je ne crois pas que la révolte de 1837 ait été autre chose qu'une manifestation de l'influence des notables. Car justement, avant la révolte de 1837, on ne leur donnait pas d'emploi à ces notables. Alors, ils étaient obligés de comploter avec le peuple qui voulait bien les aider. Durham a dit : « Donnons-leur de l'emploi ; on va les détacher du peuple. » Mais le mauvais pli était déjà pris et on n'a pas pu les détacher complètement. Les notables vivaient parmi le peuple et ce sont eux qui ont fait la révolte. Le peuple n'y avait pas tellement d'avantages. Il était plutôt en expectative. Il regardait, participait le moins possible. Mais après, quand il n'y avait plus de danger, il a montré qu'il était pour les Patriotes. Il y a une espèce d'équivoque dans cette ambiguïté, comme il y en a souvent dans l'histoire. Ça nous prenait un autre succès théâtral, *Aurore l'enfant martyre*. Ça répondait à une de nos préoccupations. Nous avions une immigration de l'intérieur. Nous avions de nombreux enfants : beaucoup d'entre eux étaient probablement malheureux et chassés de nos foyers. C'est une culpabilité envers l'enfant qui se manifeste là.

Votre œuvre met en valeur la complicité entre les notables et le peuple, saisie par Durham, complicité qui donne à la famille une place prééminente. Mais vous parlez aussi d'un pays « compartimenté ».

Évidemment « compartimenté ». C'est la structure paroissiale. C'est toujours assez étrange quand on relit les annales paroissiales. Lorsqu'à la suite d'un incendie, on fait une quête pour rebâtir l'église ou qu'on fait une quête pour acheter la cloche, on mentionne les donateurs de la paroisse et ensuite, c'est très important, les dons « recueillis à l'étranger ». Seulement, l'étranger, c'est les paroisses voisines ! Robert Cliche et ma sœur Merluche étaient revenus tout étonnés de Saint-Léon-de-Maskinongé où l'oncle Rodolphe était devenu sacristain. On y avait conjuré les sauterelles. Il n'y avait sans doute pas plus de sauterelles que par les années passées, mais il y avait peut-être le sentiment d'une menace qui était dans l'air, ou peut-être était-ce simplement la menace atomique. Toujours est-il qu'on a décidé de conjurer les sauterelles. Or, qu'est-ce qu'on fait quand on conjure les sauterelles ? On les chasse de la paroisse. Et où les envoie-t-on, ces sauterelles-là ? On les envoie à Sainte-Ursule, à Saint-Paulin et à Louiseville. On n'a de pouvoir sur les sauterelles que dans un enclos bien précis. Et il y avait toujours la fameuse question des mariages aussi. On avait son capital de jeunes femmes et on ne tenait pas à ce que les gens de l'étranger viennent les prendre.

Par rapport à l'organisation sociale décrite par Durham et sur laquelle vous revenez quand vous parlez du XIXᵉ siècle, du comté de Maskinongé, par exemple, de Batiscan, on a parfois l'impression que vous éprouvez une certaine nostalgie. Vous écrivez, dites-vous, « au creux d'une mutation de l'espèce ». Cherchez-vous à retrouver pour aujourd'hui une structure équivalente ?

On profitait beaucoup du système religieux. La fête grandiose dont je parle, par exemple, dans *La tête du roi*, c'est la Fête-Dieu, qui était une sorte de grande fête nationale, si je puis dire, infiniment supérieure à la fête de la Saint-Jean-Baptiste qui nous a toujours paru une fête un peu sectaire de gens mécontents. Il n'y a plus de Fête-Dieu ! Mais enfin, moi, je fais partie d'une génération intermédiaire et ce n'est pas moi qui ferai l'avenir. Non, après tout, je suis plutôt calme. Je connais mieux le passé que je ne prévois l'avenir. Tout simplement ! Je n'ai pas de nostalgie particulière du passé, mais — et c'est une comparaison que je voyais dans Henri Bordeaux entre la mère et la jeune fille :

la mère est le présent et le passé, la jeune fille est le présent et l'avenir — j'ai passé l'âge des jeunes filles. Je ne sais pas très bien ce que sera l'avenir. Je ne sais pas.

IV

Écrire au creux d'une mutation

Un principe vital : la tradition populaire

PIERRE L'HÉRAULT — *Vous avez toujours manifesté un grand intérêt, voire même une fascination, pour la tradition orale. C'est à l'évidence une question importante pour vous.*

JACQUES FERRON — La tradition orale est l'expression de la mémoire collective. Elle se situe dans le présent et rejette dans les temps immémoriaux les événements qui suivent de trop loin. En ce sens, cette tradition suit d'assez près le présent. Je me souviens du cas des Maoris en Nouvelle-Zélande : ils croient que le maïs leur a été apporté par les dieux. Or, dans les faits, le maïs, d'origine américaine, est arrivé au XVIII⁰ siècle. Mais ils se l'approprient de cette façon-là. J'ai toujours préféré la tradition orale à l'histoire, parce qu'il se peut que, du point de vue national, notre prise de conscience, l'historicité, si je puis dire, s'inscrive à peu près dans les limites de la tradition orale. Mon père — parce que la première tradition orale, tu la reçois de ton père — soutenait, par exemple, que nous étions issus de trois frères. Ce qui rappelle un peu l'idée du déluge. Évidemment, cette histoire n'est pas du tout exacte, puisque d'après notre généalogie familiale, c'est un nommé Jean-Baptiste Ferron qui serait arrivé seul. Mais ça me semble plus intéressant d'accepter la tradition de mon père : elle me permet de rendre compte de notre rupture avec l'Europe.

Autrement dit, la tradition orale invente pour dire quelque chose de précis. L'histoire des trois frères, par exemple, aurait été inventée pour marquer la rupture ?

Oui. L'origine n'est jamais très loin derrière le moment du discours. Ça correspond à peu près à ce que peut être notre histoire : elle a commencé lorsque nous avons eu une mémoire collective.

La tradition orale situe dans le présent ?

Il faut que l'histoire reste vivante. La mémoire est à la fois la faculté d'oublier et de retenir. La tradition orale retient ce qui est vivant et laisse dans l'oubli ce qui est mort. Dans cet esprit-là, on peut dire que nos origines sont mortes. Quand on se met à regarder le pays, on se rend compte que les Irlandais, entre autres, ont eu beaucoup d'influence sur nous : la croix celtique, par exemple, dont on a fait la croix canadienne, est devenue particulière au Québec. Cette croix, comme on pourrait le penser, ne peut pas nous venir des Bretons, parce qu'ils ne sont pas venus ici : ils étaient pêcheurs et restaient sur le ban. D'ailleurs, ils n'étaient pas tellement aimés. Une histoire raconte que l'enfant perdu et retrouvé a été enlevé par des Bretons et qu'il a oublié son nom à Saint-Malo. On lui avait dit qu'il se nommait Marin et c'est pour ça que, lorsqu'il veut retrouver ses parents, il a tellement de difficultés : ce n'est pas son vrai nom. C'est une histoire qui explique un peu pourquoi nous n'avons pas tellement de goût pour les Bretons. En ce sens, la croix celtique ne nous vient pas des Bretons, mais bien des Irlandais qui, parce qu'ils étaient plus près du Conquérant, nous ont permis de nous adapter au mode de vie qui a suivi la Conquête. Tout ça pour dire que celui qui raconte n'a plus de rôle dans le présent. C'est pour ça qu'un fou, lorsqu'il parle, ne témoigne que de ce qui a été ; ce qui ne facilite pas sa réintégration dans la société. Il y a aussi, par exemple, *L'espace de Louis Goulet*[1], un très beau livre qui décrit les plaines dans le temps de Riel. C'est le récit d'un homme aveugle et il montre bien ce qui s'est passé à cette grande époque tragique où les bisons disparaissent et où les Amérindiens sont disséminés.

La tradition orale, ce n'est pas le folklore ?

Non, non ! C'est quelque chose de beaucoup plus intéressant que le folklore : c'est un moyen d'investigation qui permet à un peuple de se comprendre. Le folklore donne plutôt lieu à des danses, à des représentations dont il n'est pas question dans la tradition orale. Pour moi, c'était assez important. Après avoir quitté le Brébeuf, après avoir aimé Giraudoux et Valéry, je voulais écrire, mais je ne savais pas quoi dire. Je n'avais pas de sujet ; je l'ai finalement trouvé dans le milieu où j'ai vécu, c'est-à-dire dans un milieu toujours populaire, parce que je n'ai pas fréquenté les intellectuels, les professeurs.

L'importance que vous accordez à la tradition orale, vous l'indiquez en situant votre écriture par rapport à elle. « Je suis le dernier d'une tradition orale, le premier de la transposition écrite. » Vous vous définissez comme un « faiseur de contes » et, dans le « Mythe d'Antée », vous faites de la tradition orale un « principe vital ».

---

1. Guillaume Charette, *L'espace de Louis Goulet*, Winnipeg, Éditions Bois-Brûlé, 1976, 204 p.

« Je suis le dernier d'une tradition orale », c'est assez vite dit ! Je pense que la tradition orale, la mémoire collective, nourrira toujours l'écrivain. Cette affirmation fut peut-être une erreur de ma part. Quant à me prétendre « faiseur de contes »... Le conte pour moi est quelque chose de sérieux, de très significatif et de plus vrai que la réalité. Il fait partie du mode de l'aveu, comme au théâtre. Je me suis trouvé en Gaspésie avec un groupe qui venait des vieilles paroisses. C'est en fréquentant le peuple que j'ai appris : je ne crois pas beaucoup aux élites. Un personnage devient intéressant pour autant qu'il est accepté par le peuple, qui le raconte alors à sa façon. Le beau Viger m'est accepté parce que mon père prend une de ses caractéristiques, le pouce coupé. Évidemment, Viger, c'est un brave, un super-brave ! Dans la réalité, on sait qu'à son procès il s'est traîné dans le fond de la boîte, comme un malheureux, pour être disculpé. Mais ce sont des choses oubliées. L'histoire est plus vivifiante : elle ne garde que le bon et oublie ce qui peut ternir.

C'est pourquoi vous parlez d'un « principe vital » ?

Oui. Et justement, de quoi parler, sinon de soi, surtout dans les petites communautés assez fermées ? On connaît alors sa généalogie et tous les événements sont relatés, de préférence, avec un caractère joyeux. La langue prend sa place et le livre, qui vient après, se situe à un autre niveau : ce n'est plus l'oral, c'est l'écrit, et celui qui écrit n'a plus personne pour le relancer. Il écrit dans un temps mort qui n'est pas le temps vivant de la vie quotidienne.

N'y a-t-il pas là une contradiction ? Votre œuvre parle du présent. Vous dites pourtant que l'écrivain écrit dans un temps mort, en dehors de la vie, d'une certaine façon.

Il y a quand même un laps de temps derrière l'écrivain. Mais dans le présent même, il ne vit pas. Il ressemble à ces fous, qui, dans l'asile, relatent leur histoire. C'est la fin de la vie réelle : leur histoire est vraie, mais elle n'est plus qu'un témoignage.

Je vais poser la question d'une façon différente. N'y a-t-il pas une contradiction à vous relier à la tradition orale, au conte, alors que vous écrivez, comme vous le dites, dans une sorte de « mutation de l'espèce », à un moment où la société passe d'un état plus ou moins archaïque à un état moderne ? N'y a-t-il pas contradiction à vous réclamer finalement d'une forme, sinon archaïque, du moins se rattachant au passé ?

Mais enfin le passé, c'est l'enfant ! On écrit toujours pour les anciens enfants qui ne savent pas lire et qui écoutent. En Gaspésie, il n'y avait pas d'électricité : ça favorisait la veillée. La veillée favorise la parole et le conte, parce qu'on ne peut pas faire autre chose, surtout qu'il n'y a pas de télévision ou de radio. Cela a été ma façon de procéder, tout en donnant beaucoup d'importance à la langue véhiculaire, au point de perdre voix lorsque le Parti québécois a pris le pouvoir.

Dans le rapport que vous entretenez avec la tradition orale, n'y a-t-il pas l'idée de la transmission de ce que vous appelez ailleurs le fonds commun ? Plusieurs de vos personnages privilégiés sont des « sages », d'une espèce, il est vrai, assez originale, de l'espèce des marginaux qui, ayant rompu avec le système, ou l'ayant dépassé, ne semblent exister que pour assurer le passage des générations. Je pense au robineux, au conteur, à Mithridate, au Frère Thadéus, à Madame Gertrude, à Marguerite Cossette...

Les gens intéressants dont on parle dans une petite communauté sont toujours les « originaux » et les « détraqués ». Fréchette l'a dit avant moi : il a été mon premier maître, alors que je n'étais qu'un élève au Jardin de l'Enfance à Trois-Rivières. Fréchette faisait partie du trésor populaire. C'est un ami de petit milieu qui m'avait apporté ce beau livre qu'est *La légende d'un peuple*. Oui, la tradition orale s'enrichit nécessairement de l'écrit. Il y a toujours un va-et-vient entre l'écrit et la tradition orale. En écoutant un bon conteur, un certain Plante de Saint-Alexis, je me souviens d'avoir reconnu un conte de Courteline. Il ne l'avait pas pris dans Courteline, il était illettré, mais les deux contes venaient d'une même source que des beaux conteurs avaient sans doute gardée vivante. La prouesse, ce n'est pas *Les mille et une nuits* ; la prouesse, c'est de relancer le conte jusqu'au matin. J'ai assisté à cette prouesse-là.

En Gaspésie ?

En Gaspésie et dans ma famille : je me suis servi de mes observations familiales comme je me suis servi d'observations que j'ai pu faire ailleurs. Robert Cliche et René Hamelin arrivaient à Saint-Alexis à notre maison de campagne. Il y avait des gens du rang qui venaient et là, tout en prenant un coup, ils commençaient à raconter des histoires. Ça pouvait durer une partie de la nuit !

Ils perpétuaient à leur façon cette veillée de contes dont parle, par exemple, Fréchette, au XIX siècle.*

Quant à moi, j'ai tenté de renouer avec la littérature québécoise la plus simple, celle de Fréchette par exemple, quitte à me battre contre les cléricaux qui voulaient refaire notre patriotisme sous un mode différent, catholique. Parce que les prêtres se sont rendu compte qu'il s'agissait d'une valeur très forte. Ils se souvenaient d'avoir jeté l'anathème aux Patriotes et ils ont voulu être conséquents. Évidemment, nous étions catholiques. Le catholicisme était religion d'État. Mais ça n'allait pas plus loin que ça. Par contre, le catholicisme s'est servi de nous pour bien s'établir et quand il a été fort, il n'avait plus besoin de nous. Actuellement, je ne crois pas qu'il soit une religion d'État comme il le restera en Pologne.

La tradition orale vous est donc apparue comme une voie de contestation de la vision « officielle » du monde québécois ?

Oui. Le nationalisme de l'abbé Groulx était un nationalisme enseigné dans les collèges. Il n'était pas tellement vivant dans le peuple, semble-t-il.

Le conte, les légendes, tout le fonds commun véhiculé par la tradition orale transmettent des valeurs que le discours officiel occulte ou repousse. Je pense au « plaisir » dont la prédication limitait considérablement la place...

Il faut d'abord rendre compte de la réalité. Les gens au pouvoir font toujours des comptes rendus qui sont des propagandes. Il faut un compte rendu honnête d'une situation donnée. C'est le point de départ des contes. Et si le conte est agréable — c'est une de ses conditions —, c'est qu'il n'est pas partial, qu'il ne fait pas partie d'une apologie quelconque. Je ne connais pas de contes apologétiques. C'est un genre assez détendu.

La prédication était une école de langue. Dans *Le ciel de Québec*, j'ai repris cette extraordinaire prédication de Mgr Forbin-Janson qui est tout à fait abracadabrante, mais qui a beaucoup d'allure et qui devait être plaisante à écouter. La prédication mobilisait d'ailleurs toutes les paroisses qui assistaient à ces exercices verbaux. Il en était de même des orateurs. On les aimait parce qu'ils parlaient bien. On parle plutôt de Chiniquy, mais c'est Mgr Forbin-Janson qui a été le premier des grands prédicateurs au Québec. Intégriste français, il avait refusé la révolution de 1830 à l'époque où il était duc-archevêque de Metz. Comme il n'avait pas accepté Louis-Philippe, il avait fui au Québec. Une partie du texte que je reprends dans *Le ciel de Québec* a été prise dans *Les mélanges religieux* de 1840. Évidemment, j'ai été obligé de ne pas en mettre trop long, mais toute cette série d'images faisait partie de la prédication tout à fait romantique, hugolâtre, si je puis dire, de Mgr Forbin-Janson.

Ces débordements romantiques, c'est inouï ! C'est du vrai théâtre. Ces grandes prédications étaient bien suivies par les nôtres, non pas qu'ils fussent entièrement religieux, mais parce que les grands prédicateurs, comme les grands orateurs politiques étaient des professeurs de langue. On aimait bien entendre parler le français de cette manière-là. J'ai eu le bonheur d'entendre Henri Bourassa une fois. Il commençait une période et tu te demandais comment il arriverait au point final. Et hop ! il retombait sur ses pattes et sa phrase était bien faite, bien articulée. C'était une joie pour nous ! Mon père, qui était un organisateur politique regretté, parce que c'était lui qui achetait les gens à meilleur compte, assistait aux assemblées, et quand les gens applaudissaient trop fort, disait : « Attention ! il y a quelque chose qui ne va pas ; on paie le candidat en applaudissements, on ne votera pas pour lui. » Oui, on aimait bien le côté théâtral, on applaudissait, mais ça ne voulait pas dire qu'on allait suivre cette rhétorique. On applaudissait aux sermons sur la tempérance, mais on allait prendre un coup dans l'étable !

Je ne sais pas si cela leur venait de Forbin-Janson, mais les Rédemptoristes, paraît-il, s'étaient spécialisés dans une prédication qui faisait appel à une véritable mise en scène : feu de l'enfer fabriqué avec de l'étoupe, etc.

Dans *Les mélanges religieux*, on sonne la cloche pour appeler les pécheurs. Évidemment, dans *Le ciel de Québec*, elle ne sonne plus. Ces retraites-là étaient très courues, comme les pèlerinages à la croix. À Saint-Tite, près de Sherbrooke, on entraînait toute la population dans une espèce de marche vers la croix sur la montagne. On a eu la même chose, je pense, à la croix du mont Saint-Hilaire. Mais à Saint-Tite, dans le temps de Mgr Forbin-Janson, ces espèces de fêtes religieuses, qui ont quelque chose de païen, pouvaient entraîner des naissances illégitimes ! C'est le sens que j'accorde à un « peuple théâtralisé », un peuple qui se met en scène sans passer par le théâtre.

Ce serait comme une première prise de conscience, par le jeu des miroirs ?

Oui, une prise de conscience ! Il faut passer par le théâtre pour se voir. En dépit des hommes politiques, en dépit des religieux qui ont leur idéologie, le peuple, lui, se recherche lui-même. Il cherche à se perpétuer.

Est-ce pour cette raison que vos personnages sont surtout des gens qui parlent et non pas des gens qui lisent ou des gens qui écrivent.

On ne peut pas mettre un écrivain en scène dans un livre.

Cela existe pourtant. Et il se trouve des écrivains qui font de nombreuses références plus ou moins explicites à leurs lectures, à leur bibliothèque... Mais ce que je veux dire, c'est que ce qui semble caractériser d'abord vos personnages, c'est qu'ils parlent, qu'ils racontent...

Je m'adresse à un public simple. Dans *La charrette*, on voit que notre pays pourrait quand même avoir une culture. On y viendra sans doute très vite. Pour ma part, j'ai vécu parmi des gens qui n'étaient pas cultivés et c'est ça qui ressort de mon œuvre.

Toujours la volonté de dire les choses comme elles sont !

Au début, je voulais faire des livres, sans savoir comment m'y prendre et sans savoir ce que j'allais dire. Je pense que j'ai découvert ma vérité en écrivant tout simplement. Et il y a une chose qui est très importante : j'ai fréquenté des milieux politiques où il était question de colonisés et de colonisateurs, c'est pourquoi j'ai toujours essayé de me faire reconnaître au Québec sans passer par l'extérieur. C'est quelque chose que nous avons gagné depuis plusieurs années : faire des livres qui n'ont pas besoin de passer par Paris. En somme, quand je dis que je suis un des premiers de la transposition écrite, il y a là une certaine vérité si on veut bien comprendre que cette transposition se fait au pays même, et non par cette France qui est plus forte que nous. Je n'ai jamais pensé être lu en France. Je n'ai jamais voulu l'être. Je vous le dis sincèrement ! Peut-être par une sorte de timidité. Pour commencer, à ce moment-là, j'aurais été gêné. Il aurait fallu que j'aille en France comme les autres pour voir ce que sont ces Français. Il y a sans doute une certaine attirance que la France exerce sur nous, mais également une certaine domination contre laquelle il fallait lutter, parce que j'avais l'impression que nous n'étions pas des Français de même formation que les autres. Nous étions des Français d'avant les bibliothèques. Le phénomène du joual, qui est ambivalent, ne m'a pas tellement bouleversé. Il a un bon côté. C'est une façon d'aller vers la découverte du français, en partant de ses sources populaires. Quant à moi, je n'ai pas transcrit la verve populaire : j'ai écrit en français honnête.

Mais vous partiez de la langue de la Gaspésie, que vous opposez au joual.

En Gaspésie, on parlait une langue qui me semble très correcte. Une des caractéristiques du Québec est d'avoir été la première province de France où le français est devenu obligatoire, à cause des origines diverses des arrivants qui, venant de Normandie, d'Angoulème, devaient parler une langue de réunion, tandis qu'en France subsistaient les dialectes qu'on retrouve, par exemple, dans Proust et qui n'existent plus ici.

Vous dites quelque part que les Gaspésiens parlaient avec facilité, peut-être parce qu'ils n'étaient pas conscients de la grammaire.

Quand ils ont une belle langue, les analphabètes parlent admirablement bien parce qu'ils sont rapides. Ils ne font pas référence aux règles de grammaire. Le bon parler français, d'une certaine façon, ça gèle un peu l'expression.

Enrichir la mémoire collective

C'est ce mouvement-là que vous avez voulu transposer dans l'écriture ? Ce mouvement d'une parole aisée ?

La transposition n'est pas la même parce que dans le langage oral, il y a une gestuelle, une mimique ; ce que vous n'avez pas dans la transposition écrite.

Est-ce pour combler ce manque de l'écriture que vous cherchez à la rendre visuelle ? « J'ai toujours eu un faible pour les grands mots et les belles images, même de seconde main. C'est pour cela sans doute que j'écris », soufflez-vous au personnage-narrateur du conte « Le Pont », à propos d'un film qu'il aurait voulu faire sur une certaine charrette, mais qui avait déjà été fait.

C'était *La charrette fantôme*, un film scandinave que j'avais vu autrefois, où Jouvet faisait un gueux demandant la charité à des dames riches. C'était un ancien médecin devenu un gueux. Ça m'avait bien impressionné. J'ai été influencé sans doute par un tas de choses. Est-ce que j'ai fait de belles images ? J'ai le goût des belles images, mais est-ce que j'en ai fait de belles ? Enfin, oui, j'ai laissé supposer des lieux un peu surréalistes, mais qui n'étaient pas des portraits. Le pont a toujours eu beaucoup d'importance dans ma vie. Il était, pour moi, plus beau autrefois d'ailleurs. Quand je m'émancipais, je traversais le pont. Mon confrère Marcil, un ami médecin, avait un patient qui vivait près du pont et qui, jusqu'à sa mort, s'occupait à river des rivets, parce que le pont risquait de tomber. Il n'arrêtait pas. Il était en sueur. Il empêchait le pont de tomber ! Ça m'avait frappé ça aussi.

Vous en avez fait un personnage dans La charrette.

Je ne sais pas beaucoup inventer. Ayant une certaine expérience, je n'ai pas besoin d'inventer. Je prends dans la réalité ce qui correspond à ma fiction. Je ne vois pas les choses qui n'y correspondent pas. J'ai l'impression que tout le monde fait ça, que les mouches ont une façon de voir qui leur est propre !

J'ai noté, dans votre œuvre, cette préoccupation du geste, de l'attitude. Vous construisez souvent un personnage à partir d'un geste, à la manière du caricaturiste. De Georges-Émile Lapalme, par exemple, qui, lors d'une élection, s'était associé aux « Bérêts blancs » de Gilberte Côté-Mercier, vous écrivez : « Il avait coiffé son œuf d'un bérêt blanc. »

Mais c'est arrivé ! Pauvre homme ! Au dire de Robert Cliche, mon informateur à ce moment-là, le créditisme était un mouvement plutôt populaire qui n'attirait pas les notables. Alors, lui, le notable, se faire coiffer du bérêt blanc, c'était un peu ridicule !

Ce sont des procédés. Je pense, par exemple, à ce conte où je décris le Seigneur de Grand-Étang qui parle par-dessus ses quatre grands chiens — et il se fait avoir par un commis qui a un petit chien jaune !

Des procédés qui suppléent à ce qui manque à l'écriture par rapport à la parole ?

Nous parlions tantôt du bout de pouce coupé qui rappelle la prouesse de Viger. D'un autre côté, j'ai un conte où Monsieur Pas-d'pouce n'est pas drôle du tout. Le notable québécois peut être un homme tyrannique pour les siens. Il faut dire les choses comme elles sont. Quand on fait une littérature d'édification, tout le monde est bon, mais quand on fait une vraie littérature, il faut un ciel et un enfer au pays, des bons et des méchants. Le notable qui a le bout du pouce coupé peut être, non pas un sujet de gloire comme Viger, mais un homme qui est dur et oppresseur. On est encore un peuple pauvre et, avant l'apparition des Caisses populaires, il est certain que nous avions des usuriers. De même, ça n'empêchait pas le chanoine Élisée Panneton, qui a composé la messe des morts qu'on a jouée lors des funérailles de ma mère — c'était une messe composée par un homme du pays : mon père avait quand même du goût, un goût que j'ai hérité de lui —, d'être un des fils des banquiers Panneton de Trois-Rivières. Ces Panneton, comme dans *Un homme et son péché*, étaient des usuriers parce qu'il n'y avait, à cette époque, ni caisses d'épargne ni redistribution de l'argent. On pouvait être fils d'usurier et homme de Dieu, parce qu'il était thaumaturge en plus.

Dans Les grands soleils, *il y a le motif du sauvage qui apporte les bébés ; dans* La charrette, *c'est la charrette du diable qui s'abîme au lever du soleil ; quant à* La chaise du maréchal ferrant, *c'est tout le récit qui est construit sur le motif du diable roulé. Ces trois exemples montrent assez bien comment vous travaillez avec la tradition orale. Plutôt que de transcrire, vous empruntez des motifs que vous transposez.*

Tout le monde a déjà fait ça. Je pense à Faust, par exemple. Ça faisait partie d'un folklore. C'est que lorsqu'on fabrique un livre, on serait bien bête de ne pas se servir de schémas et de motifs populaires, quitte à les modifier nécessairement. Il ne faut pas simplement les répéter. Oui, ça va bien. *La chaise du maréchal ferrant*, je ne sais pas où j'ai pu prendre ça : c'est tout un véhicule que cette chaise. Les Canadiens ont toujours aimé à se jouer du diable. Ce fameux diable noir à qui on fait transporter les pierres d'une église. J'aime autant le diable roulé que le diable qui emporte les gens ou les enfants en enfer.

La tradition orale et populaire vous apparaissait comme un véhicule intéressant ?

Oui, à ce moment-là, un illettré peut devenir sénateur. C'est un monde baroque et cocasse que j'aime bien. Mais j'ai écrit *La chaise du maréchal ferrant* un peu trop vite : il y aurait lieu d'y faire des corrections. Mais c'est quelque chose qui a été très facile à écrire.

Il y a en tout cas dans ce livre une verve assez incroyable !

Tant mieux ! Je n'ai jamais vraiment eu de préoccupation que pour le matériau, que pour la langue. Le pays lui-même, je l'ai pris tel qu'il est et je n'ai pas voulu le transformer, le folkloriser.

Tout en recourant à la tradition orale, vous refusez la nostalgie du passé. Vous n'avez jamais voulu donner du Québec une image idyllique.

Il faut tout accepter : le passé comme le présent. On ne peut pas refuser l'évolution de la société. Tout ce qu'on peut souhaiter c'est qu'elle soit française. C'est tout. Je pense à *Papa Boss* : c'est une description, si je puis dire, de la société de consommation dans laquelle nous nous trouvons, société qui a quelque chose d'un peu tragique.

Vous établissez un rapport réversible entre la tradition orale et l'écrit, quand vous proposez que « la tradition orale enrichit nécessairement l'écrit et vice versa ». S'il me semble clair que l'oral enrichit l'écrit, l'auteur puisant dans ce qui est autour de lui, l'inverse l'est moins.

Il faut voir les diseurs d'histoires et d'anecdotes avec leur petit calepin. Beaucoup ont puisé dans l'écrit. Oui, je pense qu'il y a un lien entre les deux.

Même si le diseur d'anecdotes, le conteur, est un analphabète ?

Sans les avoir lues lui-même, il les a apprises à les entendre. Je vous parlais de ce Plante qui avait raconté une histoire qui ressemblait à du Courteline. Courteline avait sans doute pigé à la même source que monsieur Plante, ou alors il avait été copié par un autre conteur, raconté et repris oralement. Oui, je pense qu'il y a un va-et-vient de l'oral à l'écrit. La tradition orale, mon Dieu, reste vivante comme elle le peut.

Vous dites également : « Je m'adresse à un public simple. » N'y a-t-il pas quelque chose d'un peu curieux dans une affirmation comme celle-là ? Vos livres, est-ce que c'est un public simple qui les lit ou plutôt un public cultivé, déjà habitué à la lecture ?

J'ai pu écrire des choses assez simples, mais pas nécessairement en pensant au lecteur. J'ai pensé, disons, au directeur d'une revue, comme Andrée Maillet, pour voir si ça pouvait lui plaire ou non. J'ai écrit beaucoup d'historiettes dans *L'Information médicale et paramédicale* et il fallait que ça convienne au Dr Boucher. Quand on écrit, il faut quand même avoir des protecteurs. J'ai eu, comme protecteurs, Roméo Boucher et Daniel Longpré, qui était pédiatre, lui, communiste — il s'était fait attraper dans le communisme —, et à qui j'ai dédié mes contes. J'ai toujours dédié mes livres à des personnes qui me sont chères privément et à des gens qui me sont utiles. Il y a un côté carrière là. Pour être publié quelque part, quand vous ne le faites pas à compte d'auteur, il faut aussi jeter un petit coup d'œil au public. De là à dire que j'écris pour un public simple, en vue d'avoir des succès de librairie… Je n'ai jamais pensé à ça.

Si je comprends bien le rôle de l'écrivain tel que vous le décrivez, vous puisez dans la tradition populaire que vous transposez pour ensuite la remettre en circulation. Est-ce que je décris bien le fonctionnement ?

Pour autant que je suis lu, c'est possible.

Et ce serait votre façon de contribuer à faire avancer les choses ?

Je n'ai jamais pensé à faire avancer les choses. J'ai simplement cherché à être un écrivain. Je n'en ai pas prévu les conséquences. Un écrivain extraordinaire, c'est Dickens qui prend tout en note, qui écrit et qui, plus tard, va faire des récitations de ses livres. Ça, c'est une sorte de grand écrivain complet. Moi, je ne suis pas capable de faire la lecture de mes livres.

Mais, sans qu'il y ait lecture, le processus n'est-il pas un peu le même ? Vous puisez dans ce qui vous entoure, vous en faites un livre qui retourne ensuite au fonds commun.

Je puise dans ce qui m'entoure, dans le pays qui m'entoure. Il le faut pour que cet écrit soit plausible. Je ne suis pas un menteur !

De l'influence d'une œuvre mineure

En d'autres mots, la tradition orale est la mémoire collective, le fonds commun à partir duquel vous travaillez. « La signature, quelle farce ! », faites-vous dire au Frère Thadéus dans Le salut de l'Irlande.

Au fond, oui. Dès qu'on devient porte-parole de la mémoire collective, ce n'est pas le porte-parole qui est important, c'est la collectivité. Ça suppose une continuité, une pérennité, tandis que l'écrivain, le type qui signe est un passant, une étape.

Vous vous voyez comme un porte-parole de la collectivité ?

Quand je réussis à faire quelque chose de bien, qui porte, oui. J'ai passé par une période où notre littérature était très mineure. Nous avons maintenant des écrivains majeurs qui apparaissent, des gens qui ont bien réfléchi au métier et qui font des livres assez intéressants. Même des polars, comme on dit ; les livres d'Yves Beauchemin, par exemple, ou de Louis Caron, m'apparaissent comme quelque chose de nouveau. Voilà des écrivains professionnels, alors que moi je n'aurai jamais été qu'un amateur. Lévy Beaulieu aussi est assurément un professionnel. J'ai eu quand même assez de goût, je pense. J'ai salué l'*Emmanuel* de Marie-Claire Blais dont tout le monde était offensé. Et ce sera de même pour Lévy Beaulieu. J'avais été étonné par la mauvaise critique qu'il recevait : il offensait les gens ! En le relisant, j'avais aimé, j'avais reconnu… Pour offenser, il faut quand même avoir quelque chose et je l'avais trouvé. Ce fameux Lévy Beaulieu est devenu comme trop puissant pour moi-même. Après la grande *Nuitte de Malcomm Hudd*, j'ai laissé tomber le livre que je voulais faire sur la vie, la mort et la passion de Rédempteur Fauché[2].

C'est lié ?

Enfin, on se donne peut-être des raisons. C'est un livre que j'aurais voulu faire et que je n'ai pas fait. Je n'ai pas eu tous les renseignements que j'aurais voulu avoir sur lui. Je n'ai pas fait ce livre, à cause de Lévy Beaulieu, peut-être. Comme son dernier livre[3], il l'a fait à même le petit livre que je lui avais passé, que j'aurais voulu présenter. Il me l'a chipé proprement. Nous avons des rapports difficiles ! Évidemment, il attache beaucoup d'importance à ce qu'il écrit. Il a raison. J'ai été le premier à le saluer et je suis devenu une manière de figure paternelle. C'est très dangereux de servir de figure paternelle. La preuve : après avoir été ami de Gérard Bessette, j'ai été lui servir de père à Kingston ; évidemment ce fut la rupture. Je savais que ça tournerait mal parce que nécessairement le fils doit tuer le père. Il n'y a pas eu de pire moment que celui où j'ai été voir sa pièce, *La tête de Monsieur Ferron ou les Chians*. J'aurais voulu disparaître sous terre. C'était peut-être sa façon de se déclarer quitte envers moi. J'ai assez souvent parlé avec Lévy Beaulieu. Je lui ai signalé la

---

2. Référence au *Ciel de Québec* qui s'achève par ces mots : « […] on ne saurait écrire une chronique sans en annoncer la suite en même temps qu'on l'achève. Elle s'intitulera : *La vie, la passion et la mort de Rédempteur Fauché* » (Jacques Ferron, *Le ciel de Québec*, p. 396). (Note reprise de *L'Autre Ferron*, p. 411).

3. *Moi, Pierre Leroy, prophète, martyr et un peu fêlé du chaudron*, Montréal, VLB éditeur, 1982, 306 p.

Mattawinie[4]. J'aurais aimé aussi étudier la Nouvelle-Angleterre. J'avais l'impression qu'ici le Québec ne se perçoit pas très bien, parce qu'il est vivant, remuant ; pour voir mieux il fallait être dans un lieu de perdition comme Lowell où l'on voit les tics reparaître avant d'être absorbés dans la masse d'une population moribonde.

Ce rôle de père que vous avez exercé, ou qu'on vous a fait exercer, auprès de Victor-Lévy Beaulieu, ne l'avez-vous pas également exercé auprès des amis de Parti pris *? Vous étiez l'aîné dans le groupe !*

C'était un tout petit groupe de la Faculté des lettres qui comprenait Pierre Maheu, que je respectais beaucoup, Paul Chamberland et André Major. Ils m'avaient demandé un texte que je leur avais donné, *La tête du roi*, qu'ils avaient publié, parce qu'ils avaient l'idée d'œuvrer dans ce sens. C'était les Cahiers de l'AGEUM. Par après, ils fonderont *Parti pris*, qui est arrivé comme une bombe parce que personne ne l'avait prévu. On m'a demandé des textes ! C'est comme ça que je me suis retrouvé parmi des jeunes gens de beaucoup de talent. Je ne me sentais pas du tout le père de Maheu, qui était un esprit supérieur, qui avait décidé d'œuvrer ici au pays après avoir remarqué que le Québécois qui s'en va ailleurs ne tourne jamais bien. Il ne fait pas grand-chose. Il faut rester sur place et résoudre nos problèmes. C'est notre façon d'être les meilleurs. Maheu était un personnage très impressionnant et si j'ai appelé le capitaine du *Saint-Élias* Maheu, c'est par considération pour lui. C'est par Major que je suis allé à *Parti pris*. Je ne m'y sentais pas une autorité. Au contraire, j'étais honoré. Je me sentais dominé par

---

4. Qui devient « Mattavinie sous la plume de Victor-Lévy Beaulieu, toujours désigné par Ferron comme Lévy Beaulieu ou même Lévy-Beaulieu. Celui-ci en fait un usage abondant dans les trois tomes de son *Monsieur Melville* (Montréal, VLB éditeur, 1978). (Note reprise de *L'autre Ferron*, p. 412.)

ces jeunes gens, comme je me sentirai dominé par Lévy Beaulieu. C'est normal et c'est bien qu'il en soit ainsi ! Je ne crois pas
avoir eu de l'influence sur eux. Ce ne sont pas les influences les
plus conscientes qui sont les plus fortes. Le génie est de prendre,
d'oublier et de reprendre à son compte. Précisément, l'auteur
mineur est celui qu'on oublie. C'est pour ça que mon œuvre
littéraire se défendra d'elle-même. Je n'aime pas tellement en
parler.

*Une génération plus jeune a trouvé quand même quelque chose chez
vous.*

Peut-être. Je n'ai pas été perçu comme un esprit autoritaire,
castrateur. Malheureusement, des jeunes gens sont aussi venus
me voir avant de se suicider. Vous êtes assez dépourvu devant un
tel aveu et vous faites des boniments.

*Il est rare, au Québec, que s'établisse ce type de rapports entre géné-
rations. Ce fut votre cas en plusieurs occasions. Est-ce parce qu'on
vous voyait comme un marginal par rapport à votre génération ?*

C'est assez bizarre. On m'a demandé un texte, par exemple, pour
le premier numéro des *Herbes rouges*, une revue qui était lancée,
je pense, par de fiers jeunes gens de Ville Jacques-Cartier. Je vous
ai déjà expliqué que dans cette banlieue improvisée, il s'est formé
des jeunes gens très brillants. J'ai été appelé aux *Herbes rouges*,
comme un simple concitoyen, si je puis dire.

*Vous avez sans doute été davantage lu et reçu par une génération
plus jeune que la vôtre ? En avez-vous conscience ?*

Je ne me fais pas tellement d'illusions. J'ai écrit des livres et,
même si je suis amateur, j'ai tout de même eu une certaine mise

en marché. J'ai recherché la rareté, ce qui est une façon de mettre un livre en valeur. Je me souviens, par exemple, de *La barbe de François Hertel* que j'avais publié à compte d'auteur chez Orphée. C'était si mal imprimé que le livre n'avait pas été mis en librairie : j'en avais des piles. Or, à un encan du livre que présidait monsieur Amtmann, un exemplaire de *La barbe de François Hertel*, qui s'était trouvé sur le marché je ne sais pas trop comment, s'était vendu cinquante-deux dollars. Alors je l'ai troqué immédiatement avec des libraires contre quelques livres rares. C'est dire que j'ai quand même réussi à faire parler de moi, juste assez pour m'attirer quelques lecteurs. Quant à savoir ce qu'on a trouvé dans mon œuvre ? Je ne sais pas. J'ai l'impression d'avoir eu une double influence. En ce sens, je n'ai pas simplement été un bonhomme qui suscite la vie : il y a un côté morbide aussi dans cette influence, à cause, justement, de quelques jeunes gens qui se sont suicidés après être venus me voir. Très souvent, ils ne me disaient pas qu'ils allaient se suicider ; c'était comme s'ils venaient me saluer.

Si bien que vous êtes réservé sur l'influence de votre œuvre ?

Dans mon œuvre, il n'y a que quelques livres qui, en étant tenus sur le marché, atteignent un certain tirage, comme mes *Contes* qui sont sans doute une exception.

Vous disiez : « Je ne sais pas ce qu'on aime, ce qu'on apprécie dans mon œuvre. » Certains, comme Jean-Marcel Paquette[5], en apprécient le style.

Je m'applique, c'est-à-dire qu'au début j'étais très appliqué. Je me suis peut-être un peu laissé aller quand je me suis mis à écrire

5. Jean Marcel. *Jacques Ferron malgré lui* [1970], Montréal, Parti pris, 1978, 288 p.

plus vite, pressé par une sorte d'urgence. Je pense au *Ciel de Québec* que j'ai écrit assez vite. J'aurais pu l'écrire mieux, mais je voulais faire un gros livre et ça demande beaucoup de temps écrire : quand vous êtes dans une œuvre, il est très difficile d'en sortir et d'y revenir. J'ai l'impression que je n'étais pas toujours assez présent aux clients qui venaient me voir pour maladie. Je ne voulais pas sortir de tel ou tel livre que je faisais, de sorte que je ne prétends pas que la médecine et l'écriture aillent tellement ensemble. Si vous faites un livre, il faut de préférence rester dedans, du commencement à la fin.

Si la médecine vous a permis de vivre, elle vous a aussi imposé certaines contraintes quant à l'écriture ? A-t-elle interféré ?

Quand les gens ont appris que j'étais écrivain, ils se sont évidemment méfiés un peu. Je pratique avec mon frère qui a une meilleure clientèle que moi parce qu'il est, lui, véritablement médecin, alors que l'autre est écrivain.

On semble souhaiter actuellement au Québec que le métier d'écrivain soit un métier exclusif. Louis Caron, par exemple, dont vous parliez, en est venu là.

Remarquez qu'ils en viennent là après un certain temps. On ne se décerne pas un diplôme d'écrivain à dix-huit ans. Il faut quand même réussir quelques œuvres avant de se déclarer professionnel de l'écriture. Cela a été le cas, je pense, de ces trois jeunes gens dont je vous parlais : Beaulieu, Beauchemin et Caron. Peut-être que le marché est plus grand maintenant. De ma génération, il y a Thériault qui a vécu de sa plume, mais il a été obligé d'employer une sorte de ruse pour vendre ses textes : il a joué des maladies. Je me souviens : d'abord le cancer, puis ci et ça...

Il a eu une grave intervention à un moment donné.

Finalement, il a eu un petit ictus cérébral. Mais enfin, c'est, d'une certaine façon, le premier professionnel.

Il y a Anne Hébert aussi.

Oui, mais enfin, les femmes sont assez nombreuses dans notre écriture : elles peuvent avoir plus de loisirs. Anne Hébert a commencé par de la très belle poésie. J'avais admiré *Le tombeau des rois*. Par contre, il me semble qu'elle se soit épanouie très tard. Elle a pris un coup de vieux dernièrement, mais jusqu'à la cinquantaine avancée, elle était radieuse, elle avait l'air d'une jeune fille. Son œuvre romanesque, je pense au *Torrent*, a pris de l'importance assez tardivement. Enfin, elle n'est pas de ces écrivains professionnels qui doivent vivre de leur plume comme Thériault. Une femme est plus ou moins entretenue. J'ai toujours pensé qu'il aurait été assez bizarre d'être une femme pour être entretenu, disposant à la fois d'un informateur, qui serait mon mari, et de beaucoup de loisirs pour pouvoir écrire. C'est d'ailleurs ce que j'ai exprimé, en biaisant, dans *Cotnoir*. Madame Cotnoir est censée être l'écrivain qui raconte tout ce qui arrive à Cotnoir. Un mécénat ! Pour ma part, j'ai été mon mécène et j'ai été l'écrivain.

Quand vous considérez la façon dont votre œuvre a été reçue — vous avez le Prix David —, êtes-vous conscient de son rôle, de son importance ?

Je trouve ça bien exagéré. Je me suis toujours considéré comme un auteur mineur, un auteur utile, mais mineur. Et nécessairement les mineurs disparaissent et ce ne sont que les auteurs majeurs qui restent. Les auteurs mineurs, et c'est pour ça que j'ai une certaine satisfaction à me considérer comme tel, ont beaucoup d'influence et, l'air de rien, nourrissent par en-dessous ce qui subsiste. Remarquez que j'ai réussi en ayant l'air de ne pas le vouloir. Je réussis toujours à me faire faire une assez bonne publicité : on a dit du bien de ce que j'ai écrit, à partir de la première critique que j'ai eue de monsieur Roger Duhamel à propos de *L'ogre*[6]. Le talent était éclatant ! Moi, je ne sais pas trop ce qu'il y a dans mon œuvre. Je n'aime pas tellement me retourner sur ce que j'ai fait.

C'est quelque chose de terminé que vous laissez en arrière ?

C'est comme une prouesse réussie. Lorsque j'ai fait *La nuit*, je me servais de la copiste de Robert Cliche. J'écrivais un chapitre, je l'envoyais à la copiste et ainsi de suite jusqu'à la fin. Ce qui a donné une certaine prouesse dont j'étais assez heureux. Mais pour dire que j'ai fait des livres concertés, avec plan, sachant ce que j'allais dire, je n'ai rien fait de cela ; j'ai l'impression que tout ce que j'ai fait est improvisé et n'est pas très sérieux ! À moins d'être un faiseur de thèse, il faut se surprendre quand on écrit. Si on sait d'avance tout ce qu'on va dire... Il y a plusieurs sortes d'écrivains : des écrivains qui ont un plan, qui ont en vue un genre de lecteur, qui veulent que leurs livres se vendent. Ça n'a pas été mon désir. C'était tout simplement de faire des livres pour le plaisir d'abord, de les faire sans me soucier beaucoup de la réaction. Au début, je ne savais pas comment m'y prendre et je ne savais pas ce que j'allais dire. Je pense que j'ai découvert ma vérité en écrivant tout simplement. Quelques-uns de mes livres se sont vendus. Ils sont, si je peux dire, de bons courriers. Les *Contes* me rapportent toujours. C'est bizarre ! C'est à peu près le seul livre qui me rapporte, les *Contes*... et *La charrette*. Peut-être est-ce parce que chez HMH on garde les livres et qu'on ne les met pas

---

6. Roger Duhamel, « L'Ogre », *Montréal-Matin*, 14 février 1950, p. 4.

au pilon après six mois. Les *Contes* sont rendus dans les 30 000 exemplaires vendus. Ce n'est pas un très grand tirage comparé à ceux qu'obtiennent les écrivains professionnels, mais pour un amateur, c'est beaucoup. Ça fait des années que je reçois un chèque. HMH est le seul éditeur que j'ai eu qui me sert bien. Je suis assez heureux de savoir que la fille d'Yves Thériault y travaille. C'est une fille très intelligente, mais redoutée par ceux qui font les traductions, parce qu'elle n'est pas âpre au gain, mais défend très bien les droits d'auteur et tient à ce qu'ils soient payés. J'ai l'impression que ce n'est pas tellement pour HMH qu'elle le fait, mais plutôt pour moi, parce que, en somme, dans les traductions, j'ai à peu près tous les droits. J'ai un contrat assez spécial. Ce n'est pas l'éditeur qui a le gros morceau, c'est moi ! Ces contes, je ne les ai pas d'abord écrits en pensant à faire des livres, mais pour les publier dans la revue *Amérique française*. Ensuite, pour les voir d'une autre façon, je les ai réunis.

« Improvisée », disiez-vous à propos de votre œuvre. On y retrouve pourtant une série de fils qui se croisent, des thèmes, des personnages qui reviennent, ce qui donne l'impression d'une œuvre globalement concertée...

Oui, mais enfin ! J'ai cru par exemple aux symboles. J'ai commencé à m'intéresser à l'histoire parce que le héros national que nous avait donné Groulx n'était pas du tout compatible avec notre histoire. Je suis revenu à celui qu'on avait déclaré le brave des braves, le Dr Jean-Olivier Chénier. C'est comme ça que j'ai commencé à m'intéresser à l'histoire, simplement pour une question d'efficacité. Il faut qu'un symbole soit efficace. Nos ennemis, qu'est-ce que vous voulez, ce sont les Anglais.

Vous vous êtes trouvé à attaquer certaines positions de l'abbé Groulx ?

Le père Bernier, qui n'était pas nationaliste, déjà l'attaquait ; il disait : « C'est un honnête homme ! » Il n'en rajoutait pas davantage. Ce que je préfère peut-être de l'abbé Groulx, c'est *Une croisade d'adolescents*, une œuvre purement religieuse, écrite lorsqu'il était à Valleyfied, alors qu'il voulait obtenir le droit d'enseigner l'histoire. C'était un petit homme impérieux que j'affrontais à la Société historique de Montréal où j'avais réussi à me faire admettre. Comme je vous ai dit, il s'agissait pour moi de savoir quel avait été notre passé. C'est bien beau d'avoir une représentation dans l'espace, mais il faut aussi savoir ce qu'on peut déclarer sien dans le temps. Une petite phrase m'avait beaucoup frappé dans *Les enfants sauvages*, elle est de Lucien Malsan : « C'est désormais une idée acquise que l'homme n'a point de nature mais qu'il a, ou plutôt qu'il est une histoire. » Une histoire, le passé. Or, on ne s'entend pas pour le mesurer. Dans un but de mystification, on l'allonge, on nous en donne trop, on nous égare dans un passé qui n'est pas le nôtre.

J'aurai eu, peut-être, une petite influence, tout en ayant parfois le plaisir d'avoir l'impression de réussir quelque chose qui approche la beauté.

Le fait d'avoir écrit des contes ne vous a-t-il pas desservi auprès de la critique, les œuvres subséquentes n'ayant pas toujours été prises au sérieux ? Vous semblez le reconnaître quand vous soumettez qu'on vous a d'abord considéré comme quelqu'un qui faisait rire, comme un amuseur.

Je me suis fait connaître surtout par mes petites lettres aux journaux. En y mettant du saugrenu, je pouvais faire passer plus que je ne l'aurais pu d'une façon didactique. Mais je ne peux pas écrire autrement. Oui, on a pu dire : « Vous nous avez fait bien rire, Dr Ferron ! » Quoique, le plus souvent, je suis sérieux.

Vous avez souffert d'être pris pour cet amuseur que vous ne vouliez pas être ?

Non, c'était comme ça ! Je me souviens des débats que je faisais au Palais Montcalm, à Québec. Quand je commençais mon discours, les gens riaient, riaient, riaient…, et après ils s'ennuyaient. Il y a peut-être quelque chose qui, chez-moi, inquiète et fait rire à la fois. Faire rire ? Ça ne dure pas longtemps et ce n'est rien de fondamental.

On ne peut quand même pas nier votre qualité d'humoriste ?

De ces temps-ci, je ne me sens pas tellement humoriste. Mais il se peut !

Vous avez l'art de saisir dans une situation le côté…

…baroque. C'est comme dans les contes. Il faut une façon neuve de présenter les choses.

Avez-vous d'abord voulu faire rire ?

J'ai d'abord fait *La gorge de Minerve* et ensuite *Les rats*. Oui, je voulais faire rire. J'aimais bien mettre les gens dans des situations incongrues.

Ce qui me frappe dans un livre comme La charrette, *qui est un livre très grave concernant la mort, c'est que le burlesque et le comique y côtoient le tragique. Et ce n'est pas un cas isolé dans votre œuvre.*

Il faut faire image. Si je veux faire une charrette avec des gens qui s'en vont à la dompe, il faut que je mette sur la marmite toutes sortes d'individus plus ou moins drôles.

L'humour conduit à autre chose ?

J'ai fait *La charrette* dans des circonstances particulières, après la mort de ma sœur Thérèse, mort à laquelle je n'avais pas assisté, parce que j'avais fait un infarctus. Je croyais pouvoir disposer de ma mort et j'ai failli mourir bêtement de mort naturelle. Ce qui m'a paru absurde, et c'est dans ces circonstances que j'ai fait ce livre. Ça devait aller avec les *Contes*. HMH avait demandé à éditer mes contes. J'en avais ajouté un ou deux et j'avais pensé en mettre un autre qui aurait été *La charrette,* mais qui a paru trop long et dont ils ont fait un livre à part. J'avais des personnages que je connaissais : Dufeutreuille, un drôle de petit médecin ; Monsieur Labbay, un Français qui ne voulait pas mourir ; Morsiani, dont j'avais assisté à la mort. Puis, je reprends le décor de *La nuit* : c'est un beau décor dont on pouvait faire un deuxième usage.

Mais, dans ce cas, l'humour, ou le burlesque — je ne sais comment l'appeler — vise à quoi ? À désarmorcer l'angoisse ? Traduirait-il un refus du tragique ? Parce que le propos du livre est très grave !

Disons que ces situations me paraissent normales et font partie de la vie. J'ai eu un moment de surprise, étant donné que j'avais été assez bête pour dire : « Je n'ai pas demandé à naître sous tel et tel nom, mais au moins je dispose de ma mort ! » Je n'en dispose pas non plus ! Alors, c'est un peu drôle, je trouve. Je ne vois pas ce qu'il y a de tragique à cela. Je ne vois pas pourquoi je serais fâché : c'est vraiment drôle !

Vous arrivez à saisir le cocasse d'une situation comme celle-là ?

Je peux rire de moi. Je n'ai pas été plus dur pour les autres que pour moi-même. Comme je m'ai sous la main, que voulez-vous, ça devient une sorte de narcissisme désagréable.

L'humour serait une façon d'éviter le narcissisme ?

Voilà ! Je ne me suis jamais tout à fait pris au sérieux... J'ai toujours été content d'avoir un certain succès, mais il ne m'était pas dû. Non, je ne suis pas un être exceptionnel. Je suis un bonhomme bien ordinaire. Je me suis donné un rôle assez diffi-cile parce que je disposais du préjugé favorable dont je vous ai parlé. J'étais le fils de ma mère ! J'avais tout lu, je savais tout ! Alors, j'ai couru après ma réputation. J'étais plutôt ennuyé d'avoir une telle réputation.

Quel livre estimez-vous avoir réussi particulièrement ?

Je ne déteste pas *Le salut de l'Irlande* et *La chaise du maréchal ferrant*. Ce sont des livres emportés. Évidemment, *L'amélanchier* a eu plus de succès !

N'est-ce pas, comme les Contes, *ce que vous appelleriez une « œuvre sereine » ?*

Il se peut que *L'amélanchier* le soit, oui. Là, j'étais confronté à un problème, le problème de l'enfance. Il est difficile de mêler les enfants à des batailles d'hommes. Mais indirectement, *L'amélan-chier*, qui privilégie la mémoire extérieure de l'enfant, c'est-à-dire ces lieux qui lui permettent de préserver son identité malgré l'amnésie de la première enfance, est quand même un plaidoyer pour que demeure ce pays de la première enfance. J'avais remarqué que certains enfants devenaient fous parce qu'on les arrachait brusquement à leur milieu et qu'ils se retrouvaient soudainement dans des endroits aseptiques auxquels ils ne comprenaient absolument rien. J'avais noté une sorte de débilité mentale orthopédique : les jeunes enfants qui sont obligés d'avoir des opérations pour un pied-bot, par exemple, et qui restent longtemps à l'hôpital. Il y avait une brisure, une perte d'identité et finalement une débilité mentale. De même, s'il y a une erreur à la naissance, si, par exemple, on ne reconnaît pas la surdité d'une petite fille, il se peut qu'elle soit considérée comme une imbécile. Dans le cas de Coco, dont il est question dans *L'amélanchier*, il s'agissait d'un enfant aveugle dont on n'avait pas reconnu la cécité. Enfin, là, j'ai été confronté à un problème médical. Je crois que la mémoire extérieure est primordiale. C'est elle qui permet à l'enfant de se reconnaître d'un jour à l'autre. Que je plains les enfants qui sont nés en haute mer !

Mais, malgré son succès, L'amélanchier *ne serait pas celui de vos livres que vous préférez ?*

Je suis porté à penser qu'il puisse y en avoir d'autres qui soient bons. J'aime beaucoup *La charrette* ; je pense que c'est un bon livre. C'est un livre de mort, dont je vous ai décrit les circonstances : quelque chose de familial et de personnel. On passe du « Je » au « Il ». Je pense qu'il est meilleur en anglais qu'en français : dans la traduction, nous avons changé la typographie, selon que la narration est assumée par le « Je » ou le « Il ».

Je vous disais que mon œuvre était très personnelle. Évidemment, à ce moment-là, je vois un peu l'écrivain comme le fou qui dirait : « Je suis à part des autres ! » Il y a une contradiction à dire que la signature est une farce et que mon œuvre est personnelle. En somme, je souhaite peut-être un dépassement de mon œuvre. Sur le moment, c'est personnel, mais après, il faut que la terre continue de tourner.

Est-ce l'idée de la pérennité de l'œuvre ?

Pas vraiment. Je vous ai dit que je la crois mineure. Mais j'aimerais qu'elle ait une influence, que les choses, une fois dites par moi, puissent être reprises par d'autres collègues plus jeunes et plus importants.

J'ai l'impression que si votre œuvre a eu beaucoup d'influence, beaucoup d'impact, c'est qu'elle n'est pas seulement, comme un certain nombre d'œuvres québécoises, une œuvre de réaction et de rupture, mais qu'elle nous relie, en nous révélant, à notre imaginaire et à notre réel. Elle nous réconcilie avec ce que nous avons été et avec ce que nous sommes.

Il faut enrichir. Je pense en particulier à mes *Historiettes* où je rappelle le passage des mercenaires allemands qui avaient été logés dans les vieilles paroisses — Rivière-du-Loup-en-haut, Louiseville, Yamachiche, Maskinongé, Trois-Rivières — et qui iront en débandade l'année suivante à Saratoga. Les Ursulines, à cette époque, tenaient hôpital. Un de ces Allemands, hospitalisé, était devenu un peu cinglé. Et c'est là que je triche un peu : il s'appelait Faustus. Or, comme il sera adopté par un paysan de Pointe-du-Lac, il deviendra Fauteux. C'est un désir d'appropriation. Créer un enfer au pays, comme je disais, est une chose très difficile...

C'est pourquoi je trouve que cette œuvre, que vous considérez « mineure », a une importance essentielle. Elle nous permet de visiter beaucoup de lieux et d'espaces québécois inconnus.

Je me suis appliqué à en voir le plus possible. Quand je traite avec les gens, je peux savoir d'où ils viennent par leur nom ; ça me donne un peu l'idée de ce qu'ils sont. Oui, il faut aller chercher ces petits trésors, cette matière toute ténue de la vie qui nous permet plus ou moins de nous épanouir.

Là se trouvent sans doute le plaisir et la satisfaction de votre œuvre : cette vie dans les petites choses ; cette attention aux détails négligés par les historiens qui nous fait aller de découverte en découverte.

Mais ça, c'est l'historiette telle que la faisait Tallemant des Réaux. Ce qu'il a dit est exact. On a commencé par en faire une espèce de fantaisiste, sans trop croire à ce qu'il disait, mais les historiens conviennent aujourd'hui que ce qu'il rapporte est exact. Et bien oui ! je me suis servi également de Tallemant des Réaux. J'ai parlé de Jeanne Mance, par exemple, qui a tapé pas mal le Surintendant des finances de Louis XIII. J'ai aussi parlé de La Dauversière dont on a voulu faire un saint et qui m'apparaissait comme le prototype du Tartuffe. C'était peut-être une certaine découverte, parce qu'à l'exception de La Dauversière qui a fait fortune dans les œuvres de piété, il n'existait pas beaucoup de modèles du Tartuffe en France. Il s'était fait donner l'Île de Montréal, une possession quand même assez importante.

Avez-vous trouvé confirmation de votre hypothèse ?

Non, mais il n'y a pas d'autres modèles dans l'histoire de France. On en a cité quelques-uns, mais la comparaison ne tenait pas. La Dauversière était laïc, père de famille et fondateur de communautés religieuses. Ce qui montrait qu'il avait une certaine ampleur. Et il aurait eu des apparitions, disait-il. C'est en travaillant sur Dollard des Ormeaux que j'ai commencé à bien étudier La Dauversière et que j'ai voulu l'attaquer. Madame de Bullion, dont l'époux était Surintendant des finances en France, a été une grande donatrice. La Dauversière a obtenu divers avantages de cette dame. Et il jouait les communautés. Il a commencé par les Récollets et s'est fait nommer administrateur du Bien des pauvres à Laflèche. Ensuite, il a joué les Jésuites : il les a eus en leur disant que Dieu l'avait instruit de sa mission de fonder un hôpital à Ville-Marie. Or, les Jésuites avaient besoin d'un relais à Montréal, à cause des Hurons : ils avaient leur idée d'une république indigène chez les Hurons et il leur fallait un relais. Après s'être débarrassé des Jésuites, La Dauversière a joué les Sulpiciens. Enfin, j'ai déjà abondamment parlé de lui, et d'une façon sensée, me semble-t-il. La Dauversière ne sera pas canonisé. Les religieuses de l'Hôtel-Dieu avaient entrepris un procès de canonisation dont on n'entend plus parler. À ce point de vue-là, j'ai pu déplaire à de braves personnes. De même, j'ai pu parler en mal des historiens, mais ce sont des chercheurs et je me suis quand même beaucoup servi d'eux, quitte à les interpréter d'une autre façon.

D'où vous vient cette passion d'aller derrière les choses, derrière les faits, cet intérêt pour les mots, la petite histoire ?...

Il se peut que ce soit par goût familial, que ça provienne des échanges que nous avions, ma sœur Madeleine, Robert Cliche et moi, sur des anecdotes qui n'étaient pas dans les livres ou sur tout ce qui pouvait tenir lieu de sujet de conversation. Il faut écrire des livres en y mettant ce qui n'est pas déjà dans les livres. Voilà ! c'est ça la grande affaire ! En même temps, il y a aussi le fait que c'est assez ennuyant d'écrire : ça ne va pas très vite ; on ne vit pas quand on écrit. La lenteur de l'écriture en vient à ralentir le débit ; c'est peut-être parce qu'on épelle ce qu'on écrit.

C'est vous dire que j'ai un peu l'impression d'être un intrus : je n'ai jamais pensé à jouer dans les règles. Je fais partie de la Société des écrivains, parce que Bruchési me l'avait demandé quand il m'avait acheté les invendus de mon premier livre, un ouvrage que je n'ai pas mis en circulation. Je me suis rendu compte très rapidement que le grand intérêt d'être membre de la Société des écrivains était de faire partie du conseil, parce qu'à ce moment-là on pouvait se payer des gueuletons aux frais des autres membres. Après, je m'en suis désintéressé. Ça m'a tout de même permis d'assister à des engueulades tout à fait baroques, entre Pierre Baillargeon et Yves Thériault, par exemple. Baillargeon disait : « Monsieur, vous ne savez pas écrire ! » Et Thériault, qui avait évidemment beaucoup d'appuis, répondait quelque chose comme : « Mais vous, vous n'avez rien à dire ! » Des tournois intéressants... Il y avait aussi Robert Charbonneau, qui a toujours régné par la terreur ; il s'est fait un nom de cette façon. J'ai connu quelques gens de la faune. Quand est arrivée l'Union des écrivains, j'ai payé ma cotisation assez vite, sans trop savoir pourquoi, et quand on m'a offert d'être membre d'honneur, j'ai immédiatement accepté pour le plaisir de l'être avant Bessette.

Vous vous êtes payé quelques petits plaisirs !

Oui, oui ! Il y a assez qu'on s'empêche de vivre quand on écrit, dans les parages, il faut quand même garder plaisir à la vie. Mais vous disiez que ce que j'ai fait peut avoir une certaine importance : j'espère que ça peut être profitable.

Que votre œuvre ait de l'importance n'exclut pas que vous l'ayez faite par plaisir.

Même si je cherchais à faire des choses utiles, c'était quand même pour mon plaisir. Je n'ai pas écrit par devoir, mais par plaisir, même si j'aurais préféré écrire des œuvre apolitiques.

À côté de la préoccupation politique, il y a toujours dans votre œuvre la fantaisie de l'imaginaire. Et cela depuis longtemps, puisque vous écriviez à Pierre Baillargeon en 1948 : « J'ai fait une découverte : Les mille et une nuits ou le salut par la fantaisie, voilà une bible qui vaut bien l'autre. »

J'ai un certain respect pour la Bible. Mais il y a beaucoup de massacres dans ce livre : Dieu a la main pesante. Il y a probablement une Bible de l'humanité : des livres anciens qui ont été véhiculés. Et *Les mille et une nuits* que je ne connaissais pas beaucoup à l'époque. Je ne sais pas pourquoi je disais ça…

La fantaisie, ça fait partie du plaisir d'écrire. Il faut vraiment que vous vous surpreniez un peu. Vous n'écrivez pas dans votre tête pour retranscrire par la suite. Il faut inventer au fur et à mesure et, à ce moment-là, il est bon de se faire des petites surprises, de rechercher une certaine originalité. Je pense, par exemple, à la robine : faire boire de la robine au Dʳ Chénier, ça m'avait paru drôle. Alors, je me suis dit : « Essayons ! » Ce qui a amené un développement. Dans sa façon d'écrire, il faut trouver des formules neuves, mais dans ce que vous avez à dire, il faut que vous vous en teniez à ce que vous savez, à ce qu'on vous a appris. J'ai peut-être fait entrer des petits détails qui ne sont pas dans l'histoire officielle. Je cherche à faire une œuvre qui ne soit pas une redite, qui ait une certaine originalité, enfin qui me plaise à moi qui suis mon premier lecteur. J'aime assez les cocasseries. La seule chose que j'ai prise au sérieux, ç'est la littérature, par l'écriture, et, par l'écriture, la pérennité de la langue. Ce qui m'a mis dans des situations où il y avait du sérieux.

Je me méfierais d'un écrivain qui n'écrit pas par plaisir !

Mais enfin, il y avait plusieurs motivations. N'étant qu'un petit médecin de province, puis un petit médecin de quartier, il fallait que je me revalorise, d'une certaine manière, en écrivant. Et quand tu t'embarques dans le moulin, il faut que tu continues, que tu continues… Tu vas chercher matière à gauche et à droite. La pratique de la médecine aide beaucoup à comprendre, mais aussi l'entourage, la parenté, les informateurs. Et après ne pas avoir su quoi écrire, j'avais enfin un tas de petites choses à raconter. Je m'étais taillé la province entre ma sœur Merluche et moi. Elle voulait écrire un livre qui se passait à Louiseville. Je lui ai dit : « Tu n'as pas le droit, c'est mon territoire ! » Et elle a été obligée de situer son livre à Montmagny. D'ailleurs, ça convenait beaucoup mieux : la Beauce lui était réservée. Ce qui ne m'a pas empêché…

…d'y faire un petit tour, oui, dans La chaise du maréchal ferrant.

C'est assez bizarre cette façon de se diviser le pays, chacun ayant ses droits. Ce sont des manières de notable.

Une bibliothèque de base

On pourrait dire qu'il s'agit aussi de manières de cartographe, qui essaie de saisir le pays à ras de terre, de le décrire jusque dans ses moindres recoins, de le mesurer et non de l'inventer à partir d'idées préconçues ?

J'ai collectionné les livres pendant un certain temps. Certains de mes livres ont de la valeur, comme le Lafiteau. Mon premier livre a été le Champlain que je vous ai montré, publié ici à Québec. J'ai Charlevoix. J'ai la grande Encyclopédie. J'ai traversé une période pendant laquelle, me sentant riche, j'ai acheté des livres à l'encan. Comme l'abbé de Reynald. C'est ma femme qui y allait pour moi, parce que je n'avais pas le temps. J'aime les livres. J'ai ramassé… Mais là, comme à la fin de *La charrette*, je reste avec beaucoup de livres que je n'ai pas parcourus, que je voudrais relire. J'en ai trop. Je n'ai plus de place où les mettre.

Je me souviens, pour comprendre le pays, d'avoir voulu bâtir une bibliothèque de base dans laquelle je voyais des livres assez fondamentaux, comme *La géographie humaine* de Raoul Blanchard, qui avait été ministre de la Justice dans le cabinet que voulait former Péguy. J'y voyais aussi *L'homme et l'hiver*, œuvre fondamentale de Deffontaines, de même que *Le rêve de Kamalmouk* de Marius Barbeau, fils d'un maquignon de Sainte-Marie-de-Beauce, qui dépeint le conflit des civilisations entre Amérindiens et Européens, lutte complètement escamotée durant trois siècles, mais que lui voit d'une façon désintéressée : il avait le regard neutre, et non pas le regard un peu faux de tous ces gens qui écrivaient surtout pour la France. C'est un livre très fondamental par lequel il faudrait commencer l'histoire du Canada, au lieu de se fier aux récits des conquérants cupides. Une phrase de Cartier me revient toujours à l'esprit. Il voulait capturer quelques Amérindiens dans la région de Québec, mais on ne sait pas trop lesquels. Ils parlaient cependant la même langue que les Iroquois de Montréal : ce n'était probablement pas des Algonquins, peut-être une manière de Hurons. Ils ne voulaient pas se laisser capturer et avaient une conduite fuyante : « Lors, dit Cartier, vismes leur mauvaiseté. » Parce qu'ils ne voulaient pas se laisser prier ?

Dans cette bibliothèque, il y avait aussi *L'échange* de Paul Claudel et, évidemment, la première pièce qui a fait fureur au Québec, le *Félix Poutré* de Fréchette, qui parle justement des événements de 1837. Je me suis également intéressé à Louis Hémon dont le père mettait Corneille très haut. Cependant, il faut considérer que Corneille n'a pas eu une vie très cornélienne : c'était un avocat qui a vécu sans grands malheurs. Rotrou, par contre, qui était son rival, a eu, lui, une existence cornélienne. C'est assez bizarre que le père de Louis Hémon, Félix, lui ait donné les œuvres choisies et préfacées de Rotrou. C'est dans ce livre-là que j'ai lu, par exemple, son *Saint Genest*, pièce considérable que je préfère à *Polyeucte*. Il y a dans cette pièce la question du jeu qui se rattache à la question de l'identité, de la prise de possession de soi-même :

Ce jeu n'est plus un jeu mais une vérité
Où par mon action je suis représenté
Où moi-même est l'objet et l'acteur de moi-même.

Ça me paraît assez juste et ça nous donne, je ne sais pas, un exemple de ce saisissement de soi-même, de cette nouvelle personnalité que nous acquérons. D'ailleurs, c'est un peu cela que je recherchais dans ce fameux conte qui s'appelle « Les provinces ». Le Québec n'osait pas se dire pays : on l'appelait la Province avec un grand « P ». L'idée était très simple : mettre des provinces à l'intérieur du Québec pour montrer qu'il n'était pas une province, mais un pays. C'était tout simplement cette lutte qui m'avait intéressé et que je crois d'autant plus nécessaire que nous ne pouvions pas réellement nous rattacher à la Nouvelle-France et, par celle-ci, à la France, peut-être parce que la France n'avait pas un destin universel, mais européen. On en voit la preuve après la perte de la Nouvelle-France : elle acquerra la Lorraine. Il lui convenait beaucoup plus de s'arrondir de ce côté-là que d'avoir ce pays excentrique en Amérique.

Tout cela pour en arriver à Hémon et aux ouvrages qu'on a publiés sur lui. Vous avez *Maria Chapdelaine* et *Colette Baudoche*[7]. *Maria Chapdelaine* est un ouvrage très intéressant à mon avis, comme Hémon d'ailleurs. Il y a un mystère chez Hémon. Il avait, je vous en ai déjà parlé, toute la formation voulue pour devenir un grand fonctionnaire en Indochine, mais il a rompu. Il a plus ou moins fait carrière, un peu anticolonialiste, et surtout, il a écrit ce livre, *Maria Chapdelaine*. Maria elle-même a peu de rôle en somme. Elle est une figure passive qui perçoit ce qui se passe et qui devient, à ce moment-là, une représentation du pays. Il y a dans ce livre un thème très important pour Hémon, celui des voix, un thème qui va au-delà de Hémon et qui remonte à Jeanne d'Arc où les voix ont le même sens. Elles incitent à une sorte de combat. Eh oui ! C'est pour vous dire qu'un des mystères chez Hémon, c'est qu'il avait un frère aîné qui a d'ailleurs écrit des carnets de ses voyages, laissé des notes sur ses pérégrinations. Je pense qu'il est revenu de Chine pour mourir assez tôt. Il faisait partie justement de cette Europe conquérante, du grand déferlement chrétien, si je puis dire. Il est

---

7. *Colette Baudoche* est un roman de Maurice Barrès paru en 1909.

revenu mourir prématurément en France, laissant les notes de ses expéditions — je pense que c'était contre les Boxers en Chine. Il se peut que la mort de ce frère aîné ait eu beaucoup d'influence dans la carrière de Louis Hémon. Peut-être que, ayant vu ça comme une impasse tragique, il n'a pas voulu faire la carrière pour laquelle on l'avait préparé, laissant de côté son diplôme de l'École coloniale française pour aller végéter en Angleterre, où il écrira quand même un livre assez important, *Monsieur Ripois et la Némésis*. Il quittera ensuite l'Angleterre pour le Canada, non sans y laisser une petite fille qui s'appelait Lydia. D'une certaine façon, j'ai parfois pensé que *Maria Chapdelaine* était une supplique qu'il adressait à sa famille pour que sa fille laissée en Angleterre, qui aurait normalement dû être élevée en anglais, soit reconnue par les siens, par sa sœur Marie en particulier. — Il faut avoir aimé les enfants pour comprendre cela, parce qu'enfin, moi, les grandes amours de ma vie auront été les amours pour mes enfants. — Et de fait, c'est ce qui est arrivé lorsque, après avoir écrit *Maria Chapdelaine*, il est mort d'une façon tragique et assez bizarre.

On ne comprend pas trop ce qui est arrivé lors de cet accident à Chapleau. Je m'y suis rendu pour voir. À l'endroit où il est mort, la locomotive ne pouvait pas aller très vite. On a dit qu'il était sourd, mais il conversait pourtant avec l'Australien qui s'est fait tuer en même temps que lui. Il y a une drôle de chose dans un livre de Dalbis : il décrit Chapleau et la tombe de Louis Hémon. La Société Saint-Jean-Baptiste y a d'ailleurs envoyé un monument qu'on a placé à peu près, ne sachant pas trop où il était enterré, parce qu'on croyait qu'il n'était qu'un hobo. On a donc mis le nom français du côté catholique et on a mis Jackson du côté protestant, mais on ne sait pas si Hémon est dessous. Dans son livre, Dalbis écrit : « Une paix profonde enveloppe cette tombe. Seuls, aux beaux jours, des cris joyeux d'enfants troublent le silence et aussi le va-et-vient des convois de la station prochaine, où de leurs cloches avertisseuses les locomotives

sonnent inlassablement le glas des écrasés[8] ! » Comme si on en
écrasait assez souvent ! En fait, à cette époque, les hobos étaient
vraiment un ennui pour les gens de Chapleau. Quant aux conducteurs de locomotives, ils craignaient surtout les orignaux qui,
eux, peuvent faire dérailler le train, mais les hobos, mon Dieu !
il se pouvait qu'on fonce dessus, surtout quand ils voulaient
jumper le tender. C'est ce que Hémon a voulu faire en quittant
Montréal. Il s'était organisé pour « *jumper le tender* », pour
voyager sans payer. Peut-être qu'ils ont voulu, son ami Jackson
et lui, ralentir la locomotive et qu'ils ont été écrasés à ce
moment-là, bousculés. La question du suicide n'en est pas une,
parce qu'il avait, semble-t-il, pas mal d'argent dans ses chaussures : deux cents ou trois cents piastres, ce qui était beaucoup !
Il comptait continuer sa carrière. Mais quoi ! il est arrêté là. Et
mon Dieu ! l'œuvre et la vie se réunissent ; c'est un destin qui se
marie bien à l'œuvre dans la mesure où on la considère sur toute
sa durée. À ce titre, ce n'est pas simplement *Maria Chapdelaine*
qui est intéressant pour nous, c'est toute la vie de Hémon : son
refus de ce que j'appelle le déferlement chrétien, de la conquête
du monde par l'Europe. Il y a une espèce de moralité chez
Hémon, et surtout quelque chose de cornélien qu'il a sans doute
appris de son père Félix, mais qu'il a peut-être également
retrouvé dans ce Rotrou dont je vous parlais tantôt.

Louis Hémon m'a été très utile. Il a été une de mes
toquades, comme le chanvre. J'ai eu quelques petites toquades
dans ma vie qui m'ont permis d'étudier. C'est un peu de cette
façon-là qu'on s'instruit, par des toquades. Autrement… Moi, je
me suis toqué sur le chanvre qui, bien sûr, est aussi important. Quant à Rotrou, il y a d'autres beaux vers. J'en ai cité
quelques-uns, je pense, dans *Le Saint-Élias* où le petit curé cite
Rotrou dans la chaire. Il y a ceux-ci :

---

8. L.J. Dalbis, *Le bouclier canadien-français*, suivi de Louis Hémon, *Au pays de
Québec*, Paris, Spes, 1928, p. 117.

Fuis sans regret le monde et ses fausses délices
Dont le plus ferme état est toujours inconstant
Dont l'être et le non-être ont presque un même instant

Ce sont de beaux vers !

César m'abandonnant, Christ est mon assurance
C'est l'espoir des mortels dépouillés d'espérance

Ce n'est pas mal, ce n'est pas mal ! Ce sont des vers tirés du *Saint Genest* de Rotrou, comme je vous disais, que j'ai lu un peu émerveillé quand je me suis intéressé à Louis Hémon.

C'est donc en vous intéressant à Louis Hémon que vous êtes allé à Rotrou ?

Oui, oui !

Parce qu'on ne l'enseignait pas, Rotrou ! C'est Corneille qui était étudié surtout.

C'est l'inconvénient... Vous savez, les petits auteurs mineurs — et c'est pour ça que j'ai une certaine satisfaction à me considérer comme un auteur mineur — ont évidemment tendance à disparaître et ce ne sont que les auteurs majeurs qui restent par après. Mais les auteurs mineurs ont beaucoup d'influence et, l'air de rien, nourrissent par en-dessous ce qui subsiste.

C'est comme ça que vous voyez votre œuvre ? Comme une œuvre qui nourrit ?

J'espère. Comme une œuvre très utile, d'autant plus qu'elle n'est pas glorieuse. Pas du tout ! Je n'ai pas de prétentions. Évidemment, quand Antonine Maillet dit que j'ai eu de l'influence sur elle, ça me fait plaisir, d'autant plus que je me souviens que j'avais tenu à ce que son livre *Les crasseux* se déroule en Acadie. À cette époque, Antonine Maillet ne voulait pas du tout faire acadien, ce qui est un retournement total, mais qui lui convient.

Vous avez influencé Antonine Maillet ?

Mais c'est elle qui le dit ! Quoiqu'il serait préférable de ne pas le dire dans le livre. Elle n'aimerait pas ça ! Mais tout le monde subit des influences. Je me souviens d'avoir rencontré Hubert Aquin et je lui disais : « Savez-vous, Hubert, je viens de me rendre compte que Flaubert m'a pastiché ! » « Ah ! il a dit, vous aussi ? » L'air de rien, vous savez, on ramasse. Ce ne sont pas les influences les plus conscientes qui sont les plus fortes. Je feuilletais votre livre dans lequel vous parlez de Madame Cotnoir qui est en retrait. C'est un peu le même thème. Maria Chapdelaine aussi est en retrait, mais c'est elle qui fait vivre le livre. Évidemment, je n'ai pas écrit *Cotnoir* en pensant à *Maria Chapdelaine*. Mais c'est à cette époque-là que j'avais travaillé Louis Hémon. Or, il mentionne dans ses lettres un livre qui, me semble-t-il, a reçu le prix Goncourt en 1911, *Les filles de la pluie* de Savignon. On prétend que c'est un des Goncourt les moins bons, mais on se rend compte que c'est parce qu'il dépeint la troupe française qui, revenant de Madagascar, maltraite les filles de l'Île d'Ouessant, qui est dans le Finistère breton, la patrie de Hémon, comme des Tonkinoises et des Malgaches. C'est très dangereux d'aller coloniser le reste du monde, parce qu'ensuite on revient et on colonise son propre pays. Il se peut, par exemple, qu'aux États-Unis soient revenus des gens féroces qui ne l'auraient pas été s'ils n'avaient pas été au Vietnam. C'est une autre qualité de Hémon : il a toujours été anticolonialiste d'une façon viscérale.

Cela voudrait dire qu'on lui a joué un tour en interprétant son œuvre, Maria Chapdelaine, *dans la ligne de l'impérialisme français.*

Hémon ?

Le succès de l'œuvre en France s'expliquerait par le fait qu'on l'a interprétée comme un hommage à l'impérialisme français.

Comme un rayonnement, oui. Mais il faut prendre garde. Bien sûr, le français a été pendant quelque temps une langue internationale, mais il ne l'est plus. Et notre action se situe à ce moment-là. Du côté anglais, je me souviens, on refusait de nous considérer comme des Français, parce que l'Angleterre, avant d'établir la suprématie de sa langue grâce aux États-Unis, avait quand même du respect pour le français de France. C'est pourquoi on nous a dit tant et plus que nous n'étions pas de véritables Français. Le français était, au moins aux yeux de l'Angleterre, comme une langue souveraine, une langue internationale, comme l'italien l'avait été auparavant. Il est assez intéressant de voir ce que deviennent les langues internationales quand elles retombent dans leur creuset originel, comme c'est le cas de l'italien où, paraît-il, dans ce pays pourtant en banqueroute, l'écriture est très vivante. Quand j'ai été à Varsovie, au Congrès Médecine et Paix, j'ai rencontré des collègues médecins-écrivains d'Italie où s'étaient décernés, en 1972, dix-sept prix littéraires. Ce qui veut dire qu'ils écrivaient beaucoup. Il y a un bouillonnement qui apparaît peut-être par le cinéma. C'est un pays encore très vivant, même si l'italien a cessé d'être une langue internationale. Peut-être que le français reprendra beaucoup de son éclat. Le Québec, vis-à-vis de la France, est comme un satellite éclairé par la même lumière, mais qui a ses lois propres et qui ne peut plus recevoir celles de la France.

Évidemment, il y a eu des Français qui nous ont été utiles, mais la plupart de ceux qui arrivent ici ont de la difficulté à se fondre avec nous — ils sont dominateurs ! — et beaucoup continuent de par les Amériques. Comme me disait l'un d'eux : « Puisque nous sommes mouillés, autant nous jeter dans le bain ! » Par contre, certains nous ont apporté beaucoup. J'ai parlé de Raoul Blanchard qui nous a donné cette *Géographie humaine* du Canada. Il y a aussi le livre de Deffontaines, *L'homme et l'hiver*, qui porte sur le pays et qui montre que le grand ennemi que nous avons réussi à vaincre a d'abord été l'hiver.

Il y avait aussi un Claudel que vous vouliez intégrer à cette bibliothèque ?

Oui, *L'échange*. C'est assez intéressant, Claudel. Une de ses héroïnes, de type français, a pour mari un jeune homme qui a des caractéristiques amérindiennes : il n'a jamais levé la vue sur une femme durant le jour. Claudel n'a pas pu trouver ça ailleurs qu'en lisant *Les relations des Jésuites*, une œuvre infiniment précieuse et fondamentale. *L'échange* se déroule bien avant l'Amérique. Claudel y dépeint un type américain qui veut posséder la femme de cette sorte d'Amérindien : il souhaite un échange. C'est un livre qui est intéressant parce que tu le sens bien situé en Amérique. Ce n'est pas un livre qui a lieu en France.

Oui, il faut s'approprier tout ce qu'on peut de la bibliothèque française. Il faut savoir, comme disait Claude Roy, je crois, que la Bastille a été prise par une armée d'Iroquois ou de Hurons. Comme le soulignent *Les mémoires* de La Hontan, il y avait en Amérique une société différente du monde européen, et c'est l'influence de l'Amérique française, de la Nouvelle-France sur la France, qui est surtout intéressante. Par contre, on a longtemps prétendu que nous étions des jansénistes. Or, il n'y a pas de traces de jansénisme dans notre religion. Il y a eu un rigorisme religieux, un rigorisme moral, qui s'expliquait par l'exiguïté des maisons, mais ce n'était pas une fronde. Le jansénisme lui-même était une espèce de quasi-protestantisme, de fronde contre l'institution de l'Église. Nous avons eu un rigorisme religieux, comme les Américains ont eu leurs puritains. C'était des gens qui, étant donné le climat et la promiscuité des maisons, devaient pratiquer un rigorisme moral pour respecter les enfants. Il faut avoir des choses à respecter dans la vie ! Ce n'était absolument pas du jansénisme. Et évidemment, un livre que j'aime beaucoup, c'est *L'histoire littéraire du sentiment religieux en France* d'Henri Bremond. Il est intéressant parce qu'on assiste à cette Contre-Réforme qui était une résistance à la Réforme et aux Huguenots, et qui, en plus de ce catholicisme nouveau, a produit des fondations religieuses. C'est par la fondation de ces ordres que nous avons eu, ici, une espèce de mouvement de Contre-Réforme. Par définition, le protestant était Anglais, alors qu'en France c'était le Huguenot. Il y a quand même une nuance, mais il reste que cette Contre-Réforme a donné lieu à la fondation de ces ordres dont le plus remarquable, à mon avis, est celui des Adoratrices du Précieux-Sang.

Vous avez préfacé Faucher de Saint-Maurice.

Faucher de Saint-Maurice, qui a tout dit sur le golfe, c'était plutôt une idée de Lévy Beaulieu. Nous nous échangions des idées. Lévy m'a probablement influencé. Enfin, influencé… Faucher de Saint-Maurice, je le connaissais un peu. Il écrit avec brio. On l'oppose toujours à Arthur Buies. Buies est un des nôtres, d'autant plus que nous l'avons enlevé à un père anglais, comme Nelligan. Et d'autant plus nôtre qu'il a fait beaucoup de chroniques décrivant le pays, et le pays devait être décrit ! C'est une prise de possession, en somme : il nous le fait connaître. C'est un cadastre, un peu comme Raoul Blanchard et

Deffontaines nous aident à prendre possession du pays. C'est la première démarche de la littérature. La connaissance du pays, c'est une façon de se l'approprier. Ce n'est pas en l'habitant, sans le connaître, qu'un pays vous appartient. La Nouvelle-France n'était pas du tout une « nouvelle » France, c'était un pied-à-terre où l'on voulait fonder des républiques indigènes, comme la république des Hurons. On ne tenait pas à développer une nouvelle France. On a fait payer la fondation de Ville-Marie par la clientèle de l'Oratoire qui était hostile aux Jésuites, mais ils avaient besoin d'un pied-à-terre à Montréal pour continuer vers les pays d'En-Haut, afin de fonder cette Huronie qui a tourné au désastre à cause de la guerre contre les Iroquois. Cette Nouvelle-France s'administrait elle-même avant une certaine période de désarroi : il a alors fallu que le roi en prenne possession et en fasse sa chose. Ce qui surviendra plus tard, en 1665. Lors du grand tremblement de terre, il n'y a pas eu grand-chose. C'est textuel dans les récits : on a vu branler un peu les cheminées des maisons, mais il n'y a eu aucun dégât dans les villes. Par contre, comme on écrit pour la France, on en rajoute : les forêts sautent en l'air, les Sauvages tirent pour empêcher le retour des ancêtres. On en a fait un très grand tremblement de terre.

Parmi les livres publiés dans la collection que j'avais suggérée à Jacques Hébert, le premier a été *Colin-Maillard* de Hémon, que j'ai préfacé ; le deuxième était de Gobineau, que mon beau-frère Cliche m'a passé. Gobineau est venu à Terre-Neuve parce que la France y avait gardé des droits sur la Côte. Ce fut, je pense, une des raisons pour lesquelles Terre-Neuve n'est pas entrée dans la Confédération. Vous voyez, on n'a pas favorisé nos relations naturelles avec la France ; au contraire, on les a empêchées et c'était quand même heureux, parce que nous nous sommes prouvé que nous pouvions vivre par nous-mêmes. Mais, devenus un peuple conscient de lui-même, il est normal que nous entretenions facilement des relations avec le reste du monde sans que le Canada anglais ne nous tienne la main.

Connaître pour s'approprier

Vous avez parlé du Rêve de Kamalmouk *comme d'un « livre fondamental ». Doit-on y relier cette idée, qui traverse votre œuvre, d'une civilisation nouvelle, où les Amérindiens joueraient un rôle très grand, du moins dans l'imaginaire ?*

Dans l'imaginaire, mais aussi dans le sang, comme nous l'avons déjà vu. Dans le *Dictionnaire des cas de conscience* de Pontas, il est dit qu'on ne doit pas permettre aux paysans de chasser de peur qu'ils deviennent des sauvages, comme les Canadiens. C'est un livre que Bernard Amtmann m'a vendu pour sept dollars après l'avoir acheté à l'encan. Je lui ai dit : « Ce n'est pas assez ! » Et il m'a répondu : « Il faut bien que vous aussi vous profitiez de la bêtise de vos compatriotes. » Il avait acheté ça quand le Cardinal est arrivé[9]. Il était un peu yéyé, le Cardinal, et il a voulu faire maison nette dans son palais épiscopal. Le premier camion de vieux livres est allé à la dompe et le deuxième, on a pensé à Amtmann qui l'a acheté à l'œil. Il y avait dans ça de très belles choses : des livres d'Arnaud, par exemple, annotés par Mgr Lartigue qui était un homme très intelligent. Je n'ai pas pu les acheter : ils se vendaient à l'encan. Mais le *Dictionnaire des cas de conscience*, oui. C'est le même Amtmann à qui je disais : « Mon Dieu que c'est difficile de creuser un enfer en Amérique ! » Parce que, dans *Le ciel de Québec*, il fallait que je me creuse un enfer assez spécial, avec une espèce de petite cabane : ma cabane au Canada. Au milieu du hall d'entrée, il y a des âmes en attente. Ça, c'est un bon truc que j'ai trouvé : le sort de nos grands hommes, si je puis dire, sera déterminé par la survie du pays. Si ça ne marche pas, ce sera la culbute : ils disparaîtront eux aussi. J'ai aussi, dans *Le ciel de Québec*, le retour des âmes : il se fait vers l'Ouest en quarante-neuf journées basées sur des

---

9. Paul-Émile Léger, archevêque de Montréal de 1950 à 1967.

étoiles. Mais ce n'est pas pris au bouddhisme, c'est pris aux traditions amérindiennes qui avaient probablement été influencées par la pensée asiatique. Lorsque sont arrivées les histoires de bouddhistes, je connaissais déjà ce récit du père Lafiteau qui raconte le retour des âmes. Ce qui montre un peu que l'Amérique a été colonisée d'ouest en est par les Amérindiens.

La connaissance détaillée du pays apparaît comme un des fils conducteurs de vos lectures qui se font moins selon un programme précis que selon les imprévus de l'exploration. Et vous avez un faible pour les textes « non officiels » !

J'ai lu des choses qui n'étaient peut-être pas toujours intéressantes. J'ai trouvé des monographies de paroisses. Autrement dit, je ne me suis pas tellement intéressé à la grande histoire, c'est-à-dire aux historiens dits nationaux, mais bien aux petites histoires locales. Je suis même allé un peu du côté de l'Acadie et la présence du lazaret à Tracadie me semble être une chose extraordinaire.

L'Acadie a eu beaucoup plus tard que le Québec une structure paroissiale bien établie.

Justement, dans *La Mariecomo*[10], c'est un petit village qui n'a pas d'église, mais où on vit bien, pour le plaisir, et où il y a une espèce de vieux Français voltairien.

---

10. Régis Brun, *La Mariecomo*, Montréal, Éditions du Jour, 1974, 129 p. Ferron avait pris un intérêt et un plaisir évidents à la lecture de ce livre, comme en témoigne le compte rendu qu'il en fit (« Régis Brun ou le grand jeu ») à ma demande pour *La revue de l'Université de Moncton* et qui est repris dans *Le contentieux de l'Acadie* (p. 192-199).

Vous parliez des monographies paroissiales. Vous privilégiez ce type de lecture plutôt que celle des grands historiens pour être plus près du terrain, si je puis dire ?

Pour connaître le pays, n'ayant pas le loisir de le parcourir à pied comme Blanchard.

Vous avez été voyageur par les livres ?

Ça fait partie d'une démarche littéraire fondamentale, la prise de possession du pays. J'ai aussi appris à le connaître en pratiquant la médecine, simplement en demandant le nom des gens ! Les Massicotte, par exemple, sont de l'est du Saint-Maurice ; les Bellemare sont de l'ouest. Comme il n'y avait pas de relations entre ces paroisses, c'est là que j'ai eu l'idée de l'archipel. Je ne crois pas, par exemple, qu'il y ait eu beaucoup de relations entre les gens de la Beauce et les gens de Maskinongé. C'était trop loin ! Ce n'était pas sur les chemins, mais on recherchait quand même la parenté. L'hiver, on pouvait voyager plus facilement, grâce à la glace et à la neige. La parenté s'éloigne toujours. Mon grand-père, qui aimait bien chanter des chansons, allait jusqu'au sud pendant les Fêtes, traversant le lac Saint-Pierre sur la glace pour aller chez ses parents, parce que les Fêtes duraient long-temps, jusqu'au Mardi gras. C'est ainsi que l'hiver, qui a d'abord été une saison de misère, est devenue une saison de réjouissances lorsque nous avons fini de la conquérir, de grandes réjouissances, parce qu'il n'y avait pas grand-chose à faire, à part fendre du bois. Et on avait des provisions ! Le mois le plus difficile de l'année était le mois d'avril ; on l'appelait le mois jaune, parce qu'on était rendu au bout des provisions. C'était un mois de famine. Finalement, le printemps n'apportait pas tellement de joie, mais au contraire, bien des difficultés. Je m'en suis rendu compte en Gaspésie. J'avais de la viande de bois. Arrive le prin-temps, je ne sais plus comment la conserver.

Vous savez toujours, en bon détective, débusquer le détail révélateur.

Il faut aller chercher les détails qui sont caractéristiques : dans la nature, ils abondent. La cloche du village, par exemple, était utile parce qu'elle donnait l'heure. Même si elle ne la donnait que d'une façon assez grossière, c'était quand même important d'avoir un clocher. Pour le reste du temps, une horloge était une chose précieuse. Quand on raconte l'histoire de Saint-Léon, il est toujours question des éboulis et de l'habitant qui rentre malgré tout dans sa maison pour sauver son cadran, parce qu'avoir l'heure, c'est important. Évidemment, il faut savoir que Saint-Léon-de-Maskinongé a été bâti autour du lac Saint-Pierre, où il y a deux niveaux de plaines : un à fleur d'eau et l'autre sur une terrasse. C'est une très bonne terre, mais glaiseuse, où il y a des éboulis.

Vous allez, entraîné d'une œuvre à l'autre ?

Mes lectures sont toujours fortuites. Je cherche des choses assez curieuses. J'ai lu, par exemple, un récit de naufrage à Terre-Neuve. Je ne me souviens pas de qui, mais ce n'est pas du père Crespel. Il y a un Irlandais à bord qui se meurt et qui supplie son entourage de ne pas oublier de l'enterrer la tête au nord. Alors, quand est arrivé le conflit entre le prêt hypothécaire et l'assurance dans la région de Québec, au moment où on a eu cette floraison de torches à Darabaner, c'est là qu'est apparu mon personnage, Rédempteur Fauché. Il faisait partie de ces pauvres misérables qu'on employait comme hommes de main, mais on s'était rendu compte qu'il n'était pas serviable : il s'était trompé d'hôtel au lac Frontière. Comme il pouvait être compromettant, il avait été exécuté par Doudou Boulet qui enterrait toujours ses victimes la tête au nord. Quand je suis allé à Ottawa chercher mon Prix du Gouverneur général, j'avais demandé à Peter Dwyer — les Dwyer sont des Irlandais du Québec — ce que ça pouvait signifier d'être enterré la tête au nord. Je n'ai pas eu de réponse, mais je pense que ça veut dire qu'on meurt dans la bonne direction, en pensant à Dieu. L'orientation des églises, ça ne sert à rien : elles sont orientées de tous côtés, d'après le chemin. Painchaud, par contre, un missionnaire qui a fondé le Collège de Sainte-Anne-de-la-Pocatière, s'est fait enterrer dans la sacristie, la tête au nord. C'est lui qui rapporte qu'à l'Île de Saint-Jean, pendant les offices religieux, on entendait des plaintes qui s'exhalaient. Personne ne doutait de leur présence, mais seuls les Acadiens pouvaient les saisir. J'ai lu Painchaud, de même que Ferland. J'ai bien aimé ces récits. L'abbé Ferland m'apparaît un homme relativement simple : il a laissé des récits de voyages et une assez bonne histoire. C'est son journal intime qu'on a surtout perdu. Par l'intermédiaire de ma sœur Madeleine, j'avais demandé au Séminaire de Québec où il pouvait bien être. Il est introuvable. Seuls quelques extraits ont été publiés dans le *Foyer canadien*. Gérin-Lajoie a écrit un papier sur Ferland et il cite des passages de son journal. Un autre livre fondamental, c'est *L'habitant de Saint-Justin* de Léon Gérin[11]. C'est un livre sérieux.

Est-ce que vous vous en êtes servi dans un conte comme « La vache morte du canyon » ?

---

11. D'abord publiée en 1898, sous le titre *L'habitant de Saint-Justin. Contribution à la géographie sociale du Canada*, dans les *Mémoires de la Société royale du Canada* (2ᵉ série, IV, 1898, p. 139-216), la monographie de Léon Gérin a été « reproduite » dans *Léon Gérin et l'habitant de Saint-Justin* (Les Presses de l'Université de Montréal, 1968), ouvrage préparé sous la direction de Jean-Charles Falardeau et de Philippe Garigue. Falardeau y écrit : « C'est, historiquement, la première étude scientifique d'un groupement rural par un sociologue canadien » (p. 157). Les nombreuses références explicites et implicites que l'on peut repérer dans son œuvre, à l'ouvrage de Gérin, montrent que, pour Ferron, il s'agit bien en effet d'un « livre fondamental » et « sérieux ».

Non. Évidemment, je me suis servi d'un nom, Trompe-Souris. C'est un rang de Saint-Justin, oui. « La vache morte du canyon », c'était tout simplement vouloir perpétuer la paroisse, étendre l'agriculture, mais il n'y avait plus de place dans le pays. Aller refaire Saint-Justin dans les montagnes Rocheuses, ça n'a aucun sens !

Alors que Gérin, lui, se contente de décrire Saint-Justin ?

Il montre qu'on avait besoin d'une terre principale, d'un lot à bois dans les montagnes de Saint-Didace et d'une prairie de gros foin à Maskinongé. Le gros foin, c'est le long du lac Saint-Pierre. À Louiseville, on appelait ça la commune. C'est que le lac Saint-Pierre déborde au printemps et ça ne peut pas être clôturé. Alors pousse là un foin qui est assez riche. Mais je ne connais pas tout. Je ne connais pas l'Abitibi.

Vous l'avez peu explorée ?

J'ai lu des choses, mais je n'y suis pas allé. La Mattawinie, c'est peut-être moi qui ai donné cette idée-là à Lévy Beaulieu, comme *Pierre Le Roy*. La Mattawinie était le rêve d'un curé de Joliette, une nouvelle Vallée du Jourdain parallèle au lac Saint-Pierre. Il y avait déjà Saint-Michel-des-Saints, Saint-Ignace-du-Lac. Malheureusement, on a fait un barrage artificiel pour régulariser le Saint-Maurice et Saint-Ignace-du-Lac a été inondé. Mon père était notaire de la Shawinigan. C'est lui qui a passé le contrat. J'ai vu brûler l'église de Saint-Ignace-du-Lac. C'était quand même un peu triste à voir après tous ces efforts pour fonder une nouvelle Vallée du Jourdain : c'était une Terre promise perdue. Il reste que Lévy a attaché de l'importance à la Mattawinie, mais il la loge à Sainte-Émélie-de-l'Énergie qui n'en fait pas du tout partie. J'ai peut-être donné de bons conseils à Lévy, et je l'ai peut-être orienté vers la Nouvelle-Angleterre que j'aurais voulu explorer parce qu'une partie de ma parenté est allée à Lowell. J'ai essayé d'une façon indirecte de le pousser de ce côté où il a bien travaillé ! Son *Melville*, par exemple, est une appropriation. C'est une œuvre politique que je trouve plus forte que *Pour la suite du monde*. Dans le film de Perrault, on prend le béluga, certes, mais qu'est-ce que les gens de l'Île aux Coudres en font ? Ils partent joyeusement en avion pour le vendre aux Américains. Tandis que Lévy Beaulieu prend sa baleine et l'importe dans la Mattawinie qui n'existe plus. C'était un autre rêve québécois. Ça continue d'exister dans la tête de Lévy : il y a mis la baleine blanche. C'est une façon de s'approprier l'Amérique. On se défend de cette façon-là. Il faut prendre aux Américains, mais en assimilant.

C'est ce que vous avez voulu faire, ou auriez voulu faire ?

J'ai toujours cherché à prendre le plus possible. Évidemment, je n'ai jamais oublié la Contre-Réforme qui nous a marqués.

Vous arrive-t-il de chercher à situer votre œuvre par rapport à ce qui s'écrivait ou s'écrit au Québec ?

Par rapport aux autres écrivains ? Je ne sais pas s'il y a beaucoup d'écrivains qui m'ont influencé. Il y a des écrivains québécois que j'ai admirés par contre. J'ai lu *Bonheur d'occasion* avec beaucoup d'admiration. *Alexandre Chenevert* aussi. J'ai beaucoup d'admiration pour Gabrielle Roy, mais je ne suis pas aussi fla-mand qu'elle peut l'être, si je puis dire, parce que ses tableaux sont très complets, très vivants. C'est de la belle peinture. Je ne crois pas cependant qu'elle m'ait influencé. Je n'ai pas voulu faire du Gabrielle Roy. Ringuet m'a influencé lui… *Trente arpents*, c'est un livre intéressant.

Ringuet, c'est presque votre territoire ?

Oui. Quoiqu'il s'agissait de la famille des Panneton-les-amygdales, et non de la lignée de Mgr Panneton. Ringuet était un homme agréable. J'avais assisté une fois à ses causeries. Il a été enterré en terre sainte, à Trois-Rivières. C'est bien ! Il avait publié ses *Trente arpents* chez Flammarion en France. Pour ma part, j'ai toujours voulu publier ici, sans aller chercher ma dignité ailleurs, un peu comme on dit dans l'Évangile : « Un homme partit au loin pour aller chercher la royauté. » J'ai cru qu'on pouvait réussir sur place. Il y a eu une période flamboyante pendant la guerre et l'après-guerre, avec ces éditeurs qui publiaient tout : Valiquette publiait Hugo sur papier bible. Le retour de la France a signé la disparition de tous les éditeurs, à l'exception de Tisseyre. Avant cette éclipse, les grands noms sont sortis : Roy, Thériault, Lemelin, Guèvremont ! N'ayant pas à faire face à la concurrence française, les tirages allaient chercher assez facilement les vingt mille exemplaires. J'ai commencé ma carrière par la suite, à compte d'auteur, lorsqu'il n'y avait plus d'éditeurs. Ce qui m'a quand même gâté, parce que je n'ai jamais reçu de conseils d'un éditeur. Je présentais une œuvre qu'on acceptait ou qu'on me refusait, mais il n'était jamais question de me dire : « Vous auriez avantage à refaire telle et telle partie. » Non, j'ai commencé à écrire mes livres en m'informant auprès de ma sœur et en les faisant d'abord publier à compte d'auteur, puis en étant invité par les éditeurs. Il y a eu reprise avec Hurtubise qui est un très bon éditeur. HMH est la seule maison d'édition vraiment sérieuse avec qui j'ai fait affaire. Il y a eu les Éditions du Jour, aussi ! On peut dire que Jacques Hébert était un très bon animateur et il a pu profiter des capitaux de Jacques Brillant, mais ça lui a coûté cher. Jacques Hébert a été, à mon avis, un homme utile à la littérature : il publiait beaucoup et le faisait avec sentiment. Il a donné un regain à l'édition. Et il n'était pas sage : il acceptait volontiers que je passe mes théories, que je publie *Colin-Maillard* que je n'avais peut-être pas le droit de publier. Il avait sa forme de nationalisme. Lévy Beaulieu était là aussi, qui prendra sa succession et qui a voulu m'attribuer une certaine influence sur lui.

Quant à Thériault, il ne m'a pas influencé du tout : je ne l'ai pas lu ces derniers temps. Pierre Baillargeon m'a peut-être influencé un peu : une façon d'écrire serré, une prose plus près du XVIIIe siècle que de la prose moderne. Mais il ne m'a pas appris grand-chose ; il n'était pas doué. C'était surtout un professeur de rhétorique. D'ailleurs, il donnait des cours de grammaire. Je me souviens que, étant parti de Gaspésie pour aller le voir, j'avais croisé chez lui Jacques Hébert qui venait de recevoir une leçon de français. Un précepteur ! À part ça, on peut dire que Fréchette m'a influencé. Quand j'étais jeune, je me souviens d'avoir lu *La légende d'un peuple* de Fréchette. J'avais dix ou onze ans, un âge où on s'émerveille assez facilement. Les belles formules font plaisir. J'ai lu aussi des auteurs français. Giraudoux par exemple. J'avais d'ailleurs fait passer mon goût de Giraudoux à mes sœurs, et Thérèse, la cadette, a nommé son fils Simon en l'honneur de *Simon le pathétique*. Ça se faisait dans n'importe quelle famille. C'est ainsi qu'Ivanhoé, par exemple, est devenu un prénom canadien-français qu'on ne retrouve nulle part ailleurs au monde. Ça vient de Walter Scott. Ce que j'ai peut-être aimé le plus, c'est en traduction, les romans anglais. J'ai beaucoup aimé *Silas Marner* et *Le moulin sur la Floss* de George Eliot. En américain, j'ai apprécié Caldwell et, évidemment, Hawthorne. Melville, je ne le connais pas. Finalement, je suis assez ignorant. Je connais des petites choses, mais je pourrais être beaucoup plus érudit, beaucoup plus instruit.

Dans la bibliothèque québécoise, quels sont les auteurs qui comptent pour vous, que vous relisez peut-être, que vous ne mettez pas simplement dans votre bibliothèque ?

Il est arrivé ceci que je me suis mis à aimer les livres et j'en ai accumulé beaucoup. Je pense que je ne les lirai pas tous. J'en ai d'assez beaux. Enfin, le premier roman de Godbout, *L'aquarium*, est celui que je préfère. Ensuite, évidemment, il y a Ducharme.

Qui est un des auteurs québécois que vous aimez beaucoup ?

J'ai beaucoup d'admiration pour lui. Je ne suis pas envieux : je ne cherche pas à faire premier. Mais quand je peux aimer le livre d'un autre, je l'aime beaucoup. À un moment donné, on s'est mis à prétendre que Ducharme était le prête-nom d'un autre. Mais en lisant *L'avalée des avalés*, il est question des poissons qui remontent dans les fossés à la fonte des neiges dans les îles de Berthier. C'est tout à fait typique de la région. C'est un signe ! C'est sans doute un type du comté de Berthier. Ducharme est un nom qu'on rencontre un peu partout, mais Lavallée par contre est un nom du comté de Berthier : *L'avalée des avalés*, ça vient des demoiselles Lavallée. C'est un garçon de génie !

Il y a un tas de jeunes auteurs qui font peut-être de très bonnes choses actuellement et que je ne connais pas. Je ne suis plus capable de suivre. J'ai plutôt le goût de relire, disons, Flaubert que je ne connais pas beaucoup. Après un certain nombre d'années, on a presque oublié. La lecture devient alors d'autant plus plaisante que c'est une relecture. Il m'est arrivé de lire récemment une œuvre comme *Le matou*, que j'ai trouvé drôle, succulente et agréable. C'est du roman sérieux. Beauchemin écrit pour aller chercher beaucoup de lecteurs, c'est du best-seller, et moi, je n'ai jamais eu de prétention à cela pour la bonne raison que je gagne ma vie avec la médecine. L'argent que je peux toucher de mes livres je le prends avec un certain plaisir, mais ça a toujours été minime.

Le matou semble vouloir être un énorme succès. J'entendais ces jours derniers quelqu'un parler d'une possibilité de trois millions d'exemplaires, avec les traductions... C'est assez extraordinaire !

Il y a ceci de bon que *Le matou* a d'abord eu un succès québécois. J'aime assez cette montée : commencer par ici et ensuite aller ailleurs. Moi, j'en aurais été affolé. Ducharme vient de Gallimard, mais il avait quand même commencé par présenter son livre à Tisseyre. C'est un de ses grands remords de l'avoir refusé, d'autant plus que madame Tisseyre ne cesse de le lui reprocher. Vous me parlez de la littérature d'ici. Il faut peut-être s'en reporter aux critiques que j'ai faites, que j'ai signées.

Oui, vous avez été critique, au Maclean *notamment, pendant quelques années. C'est une façon particulière d'être lecteur.*

Ce fut une de mes erreurs. Vous savez, je n'aime pas tellement parler de mes œuvres et je ne me crois pas apte à le faire. Mais à un moment donné, ça marchait assez bien. Surtout après ma sortie du Mont-Providence, je me suis mis à écrire beaucoup. J'ai rencontré Thériault qui m'a dit : « C'est une bonne chose d'afficher son nom dans une revue. » Alors je me suis pris pour un écrivain : j'ai affiché mon nom dans *Maclean*, oui.

C'est vous qui choisissiez les livres ?

Oui. C'est curieux : les éditeurs français étaient fâchés parce que je ne parlais pas des livres français.

Vous ne parliez que des livres québécois ?

Uniquement. Je n'avais absolument pas le goût de parler d'auteurs français. Je me souviens qu'ils m'avaient envoyé de très beaux livres de reproductions en me disant que c'était la dernière fois si je n'en parlais pas.

Et qu'est-ce qui vous décidait à choisir tel livre plutôt que tel autre ?

Je ne sais pas. Je ne peux pas dire. J'essayais d'être le plus honnête possible. Il s'agissait évidemment d'articles vite faits. Je n'avais pas de préjugés : je connaissais les auteurs pour avoir fait partie de la Société des écrivains. Vis-à-vis de mes confrères du Québec, il n'y a pas de gens qui me soient antipathiques. J'ai aimé certains livres de Godbout, par exemple. J'avais beaucoup aimé Gabrielle Roy. Mais je n'ai pas une vue d'ensemble de la littérature québécoise.

Il y a deux poètes qui sont célèbres ici au Québec : Nelligan et Miron. Nelligan, le pauvre, il était fou. C'en est un autre qui n'a pas voulu parler la langue de son père qui ne parlait pas français. Il ne faut jamais oublier que son père était anglophone. On l'a culbuté d'abord à l'Asile Saint-Benoît, dans un monde d'hommes, lui qui aurait eu besoin de la chaleur des femmes. Et c'est là qu'il est devenu fou. À Saint-Jean-de-Dieu, il est devenu une espèce de grand personnage. Miron, lui, qu'on voit comme un combattant, me fait surtout penser à ces poètes qui, en Irlande, sont un peu considérés comme des grands personnages dont on a peur, qui se promènent et qui chantent. Évidemment, c'est une amélioration sur le sort de Nelligan. Je les vois un peu dans la même foulée. Oui, nous avons capturé comme ça plusieurs de nos grands écrivains. Arthur Buies était le fils d'un anglophone qui d'ailleurs est allé mourir en Guyane. Lui, il est revenu ici et il a été bien accepté. Un cartographe remarquable, décrivant les diverses plages du Sud et du Saint-Laurent avec beaucoup de verve ! Vous savez, il y a toujours eu des cartographes ; je ne suis pas une nouveauté ! C'est assez naturel : un des rôles de l'écrivain, c'est de dire.

J'ai été ami et j'ai correspondu longtemps avec Bessette pour qui j'ai beaucoup de respect, parce qu'il écrit toujours un ouvrage achevé : c'est un homme de bon métier. Je n'ai pas lu son livre sur les singes, mais il ne m'a pas tout dit. Je ne sais pas s'il avait lu *La guerre du feu* de Rosny, que j'ai relu par hasard et qui m'a fait penser à un Thériault extraordinaire, parce qu'il y a des grosses bêtes, des éléphants, et tout. Il se peut que Bessette ait tiré son livre de ces deux auteurs. Refaire la guerre du feu par l'intérieur. Il a toujours suivi avec une certaine attention la carrière de Thériault qui, disait-il, lui paraissait bizarre, écrivant parfois bien, parfois mal. Il ne comprenait pas, mais il était assez médusé par sa carrière. Bessette s'est farci de psychanalyse et de trucs du genre. À Saint-Jean-de-Dieu, je lui avais donné une patiente à analyser. C'était une pauvre fille qui aurait peut-être pu faire une bonne putain, mais qui est arrivée à l'âge où il y a eu fermeture des bordels. C'était une patiente un petit peu dangereuse. Elle avait fait chasser un aumônier de Saint-Jean-de-Dieu parce qu'il levait la main. Quand Bessette arrivait à Saint-Jean-de-Dieu, nous allions la chercher en nous demandant toujours ce qui allait se passer. Bessette a un air sérieux et il a su, semble-t-il, la tenir à sa place. C'était un peu un piège !

Vous répétiez plus tôt : « Je prends mon bien là où il se trouve. » Est-ce un peu la même chose pour la lecture ?

Je ne vous cacherai pas que je me suis servi de certains auteurs pour écrire. Dans *L'amélanchier* d'ailleurs, je donne mes sources : il s'agissait des *Bois-francs*, de Mailhot[12]. Pour d'autres livres, je pense au *Salut de l'Irlande*, il n'y a rien que j'ai pris ailleurs.

---

12. Charles-Édouard Mailhot, *Les bois-francs*, Arthabasca, Imprimerie d'Arthabaska, 1914, 4 volumes.

Dans Le ciel de Québec, *vous avez également parlé de vos sources.*
Je pense aux sermons de Mgr Forbin-Janson publiés dans les
Mélanges religieux *de 1840. Il y a aussi les* Chroniques des
Ursulines *que vous citez dans l'*Appendice aux Confitures de
coings.

Les *Annales des Ursulines*. Évidemment, oui. Ma mère était une
ursulinette et les Ursulines étaient de très grandes dames. Je vous
disais d'ailleurs que la famille de ma mère a tenu un rôle assez
important dans plusieurs congrégations religieuses. Chez les
Sœurs de la Providence, par exemple, où la supérieure, entre
autres, était une Caron. Le premier livre des *Annales des Ursulines* a été publié lorsque Mgr Charles-Olivier Caron était chapelain. C'était le frère de mon grand-père. Le deuxième volume
a été publié lorsque Mère Marie-de-Jésus, qui était sa nièce, a été
supérieure. Il y avait un certain népotisme. Dans ces chroniques-
là, on s'arrange pour faire dire à monsieur de Calonne, frère du
ministre de feu le roi, qu'il avait approuvé la représentation du
Mariage de Figaro faite par un monsieur qui avait aussi un
« Caron » dans son nom : quand on pouvait glisser son nom, on
le glissait. On était très fier de faire partie d'une famille sacerdotale. Enfin, je n'ai pas pris grand-chose dans les *Annales des
Ursulines*.

Quelques poèmes ?

Ah oui ! Il y a un poème retouché qui vient d'un petit poète de
la fin du XVIIIe siècle dont j'ai oublié le nom.

*Oui, c'est ça ! Et il me semble que vous citez aussi les Ursulines à
propos de la mort... Il serait également intéressant de parler des
sources de* Papa Boss *qui semble s'alimenter à la mythologie vaudou.*

Pendant un certain temps, j'aurais aimé aller en Haïti. J'étais assez fasciné par cette mythologie : c'est quand même extraordinaire pour un peuple de se former une mythologie. *Papa Boss* montre que j'ai beaucoup d'admiration pour les Haïtiens.

On n'y trouve pas d'éléments empruntés ?

Non, je ne crois pas.

Vous êtes assez discret sur les textes qui ont été particulièrement importants pour vous. Vous citez peu d'auteurs. Mais il y a Valéry, bien sûr, ce maître contraignant.

Valéry, à quoi ça pouvait me servir ? L'oncle Émile, lui, savait du Rostand, du Coppée : il pouvait déclamer et être compris des gens. Mais Valéry, c'est une nuisance ! Ça ne m'a pas aidé ! À Brébeuf bien sûr, j'étais avec des gens intelligents, des gens qui accordaient beaucoup d'importance à Valéry et à Mallarmé. Alors je me suis appliqué à comprendre *La jeune Parque* et *Le cimetière marin*. Mais il a fallu que je le traduise, parce que ce n'est quand même pas facile. Ça m'a peut-être habitué à une prose sévère, assez rigoureuse, mais ça m'a aussi causé une sorte de blocage. Il a fallu que je me ressource, ce que j'ai fait en écoutant, non des gens savants comme Valéry, mais des gens comme les conteurs de Gaspésie qui me racontaient des histoires parce que l'accouchement n'était pas prêt. Et quand un médecin est à trente milles de chez lui, il faut bien faire des frais pour le garder. C'est là que je me suis découvert un autre verbe. Il reste que l'auteur que je préférais au collège, c'était Giraudoux. C'est un auteur plein de trouvailles et d'imprévus : ce n'est pas un conteur plat, comme Anatole France. Qui, dans mon temps, ne lisait pas un livre d'Anatole France ? C'est bien fait, c'est gentil. Alphonse Daudet aussi a écrit très gentiment. Il y a beaucoup d'écrivains dans la maison de Dieu.

Mais Giraudoux vous aurait inspiré davantage qu'Anatole France ?

Oui, quoique Giraudoux est inimitable, je pense.

Vous y trouviez davantage de connivence avec ce que vous étiez ? Les trouvailles, les imprévus ?

Mais d'autre part, il y a trop de gratuité. Ça ne convenait peut-être pas au lecteur canadien. D'ailleurs, ça ne s'imite pas du Giraudoux. Quand on se met à l'imiter, c'est plat.

Est-ce que vos premières œuvres se situeraient, non pas dans l'imitation, mais un peu sous l'influence de Giraudoux ? Votre premier théâtre, par exemple.

Ah ! Le théâtre de Giraudoux, c'est un peu différent de ses romans.

Vos premières pièces de théâtre ?

C'était des drôleries. J'ai écrit *Les rats*…

Et Don Juan *?*

Oui. À ce moment-là, je ne faisais pas tellement québécois.

En tout cas, c'est très différent de ce que vous avez fait par après !

Et mon théâtre n'a pas marché !

Sauf Les grands soleils *!*

Oui, et encore !

Il a été monté au moins à deux reprises.

Oui, mais *Les grands soleils*, c'était évidemment une pièce patriotique, si on peut dire.

Vous citez Céline aussi, en le déformant, dans La nuit.

Céline ?

Oui. Vous écrivez : « L'amour est à la portée des chiens. » Céline, lui, écrit : « L'amour est à la portée des caniches. »

Je ne savais pas. Est-ce que je précise que c'est de Céline ?

Non. C'est peut-être le hasard ?

C'est le hasard. Céline m'a posé un problème moral. Évidemment, c'est un auteur que j'ai lu sur le tard, dont j'appréciais la verve, mais que je ne pouvais pas aimer. Pour commencer, c'était un menteur : il se présente comme un blessé de guerre avec une plaque de métal au cerveau, alors qu'il n'était blessé qu'à l'épaule. Et surtout, il y a son antisémitisme petit-bourgeois qui ne pouvait me plaire. Il reste que c'est assez impressionnant. C'est un auteur dont j'ai apprécié la façon, mais dont la mentalité me déplaisait. Il était probablement mauvais médecin. Il parle d'une pauvre fille qui est en train de mourir d'une fausse-couche, comme s'il ne connaissait pas le curage digital. C'est une façon de libérer la matrice qui est très dure pour le poignet et pour le ventre de la femme, mais qui réussit toujours parfaitement. Il n'y a pas de danger pour la matrice. J'ai eu à le pratiquer souvent. Enfin, j'aurais voulu l'aimer ; sa verve me plaisait, mais je n'aimais pas le personnage. Est-ce qu'il m'a influencé ? Je ne crois pas. Mais il fallait que je le connaisse.

C'est important pour vous que l'œuvre et le personnage vous plaisent ?

D'autant plus qu'il était médecin de banlieue comme moi. Il y avait certaines similitudes, mais j'ai toujours essayé d'avoir une pensée honnête. Je n'ai pas écrit avec haine. C'est peut-être parce que j'étais tout à fait contre l'antisémitisme de Céline que j'ai pu écrire *La charrette* où il y a quand même un antisionisme. Mais il s'agit de quelque chose de différent à mon avis, parce que j'ai toujours été porté à prendre le parti du plus faible : l'Algérien contre le Français, les Palestiniens contre les Israéliens. Durant la guerre du Sinaï, j'avais lu que les Égyptiens faits prisonniers se déchaussaient pour se sauver plus rapidement dans le désert. C'était une phrase méprisante, inconvenante, parce que les pieds vous brûlent dans le désert du Sinaï. Dans les faits, on les déchaussait pour les empêcher de fuir. Cette arrogance israélienne m'a déplu. J'ai été pour ainsi dire écœuré par ce qu'on appelle les Lieux Saints : ils ont toujours été des nids de chicane. Avant Israël, c'était des batailles entre les Arméniens, les Mennonites, les Orthodoxes qui se chamaillaient pour de vieilles affaires. Finalement, j'ai fait de Jérusalem une vespasienne. Je ne suis pas très chrétien. Nous avions été écœurés trop longtemps par l'Histoire Sainte.

Pour revenir à vos lectures, vous vous êtes référé à quelques reprises au cours des entretiens à La chartreuse de Parme.

Ah oui ! Stendhal, à mon avis, est un très grand écrivain. Je l'ai lu avec plaisir. *Le rouge et le noir* de même que *La chartreuse de Parme* sont sans doute les livres que j'ai le plus aimés, des romans que j'ai relus. C'est en pensant à *La chartreuse de Parme*, en particulier, que je me suis rendu compte qu'il est très difficile d'écrire sur les lieux d'enfermement.

Quand on s'intéresse au conte et à la tradition populaire, on s'intéresse habituellement au Moyen Âge. Est-ce votre cas ?

Rabelais m'a quand même intéressé. Il y a eu à la Renaissance cette chose primordiale : la découverte de la perspective linéaire. Or, dans Rabelais, il y a les deux perspectives. Tu as d'une part des géants et d'autre part ce Pantagruel qui est de taille normale. Il revient d'ailleurs de chez les Turcs comme une espèce de Canadien ! Mais quant à aller plus loin dans le Moyen Âge ? Je refusais de m'y laisser prendre, même si je connais bien Jean-Marcel Paquette, qui est un médiéviste. De même, je me suis refusé à étudier la Méditerranée, parce que c'est vraiment trop complexe et trop mêlé : ça dépasse mes capacités de compréhension. Je suis tout de même sorti de mes limites, à cause d'un roman italien que j'ai lu, celui d'Umberto Eco. En lisant sainte Catherine de Sienne, j'ai aussi découvert que les ultramontains n'étaient pas des Romains, mais des Français. On nous disait que les ultramontains se laissaient emporter par la passion de la patrie, sentiment qui n'existait pas en Italie, alors que par après il y a eu renversement : on appelle ultramontain un homme soumis à Rome ! Nous aurions eu, paraît-il, des ultramontains au Québec. Je vais tâcher de comprendre un peu mieux.

Quand vous lisez, qu'est-ce qui vous intéresse dans une œuvre ? Le style, l'anecdote ?

Je vous dirai franchement que lorsqu'un livre me plaît, je n'en vois pas le style. Giraudoux est une exception, mais je n'ai pas lu beaucoup de ses livres jusqu'à la fin : le style te fait décrocher.

Tu te mets à admirer la façon d'écrire, mais tu perds de vue le message. Tandis que si tu es intéressé par le récit, tu n'en vois plus le style, à moins de fautes grossières. Je considère Giraudoux comme un poète : il joue avec les mots. Ce n'est peut-être pas un romancier parce qu'on ne demande pas de prouesses verbales à un romancier : on lui demande une histoire, tout simplement. Ma femme me fait parfois remarquer qu'il m'arrive de lire des livres mal écrits. Je ne m'en rends pas compte, parce que le livre m'intéresse.

Porte-parole et témoin solitaire

On a parlé des œuvres que j'appellerais de formation, comme Valéry, des œuvres que vous deviez étudier de toute façon. Quand vous vous êtes mis à écrire, est-ce qu'on pourrait dire que vous avez un peu sacrifié la bibliothèque à la tradition orale ?

J'avais devant moi Pierre Baillargeon qui était sûr d'être un écrivain. Moi, je n'en étais pas sûr du tout. Il a fallu que je me le prouve, en écrivant un premier livre. Par la suite, il a fallu que j'écrive des choses qui pouvaient présenter un intérêt pour la revue qui me publiait. Je suis très reconnaissant à madame Andrée Maillet : *Amérique française* m'a publié plusieurs textes. Mais il fallait quand même que ces contes-là aient un certain intérêt. Il fallait peut-être penser au lecteur éventuel. J'aurais préféré écrire d'une façon plus discrète : faire de bons livres sans jamais en parler.

Devant l'importance de vos lectures, comment comprendre l'opposition très forte que vous faites dans « Le mythe d'Antée » entre la tradition orale, que vous appelez un « principe vital », et la littérature écrite que vous appelez un « résidu miteux » ?

Là, j'exagère ! Après tout, je n'aurais fait que des résidus miteux ? Le livre est mort, mais il aidera probablement à créer des formes supérieures de société. D'un autre côté, s'il ne reste qu'une bibliothèque, tout est mort. Personnellement, je pense plutôt au ressourcement, à une bibliothèque en perpétuel devenir. À ce moment-là, il faut qu'elle conserve cette tradition orale : il faut que l'homme du peuple participe à cette bibliothèque en inspirant l'écrivain qui, en somme, n'est que le porte-parole de la vie réelle. Le livre est une chose morte.

Mais quand il est lu, est-ce qu'il est encore cette chose morte ? Nous parlions plus tôt de transmission...

Là, il sert à quelque chose, surtout s'il y a de nouvelles formules. En ce sens, je ne dirais pas que *La légende d'un peuple* est quelque chose de mort. Quand je le lisais avec religion au Jardin de l'Enfance, c'était au contraire quelque chose qui faisait partie du trésor familial. Et c'est à ce titre que mon copain l'avait apporté pour que je le lise avec lui.

Quand vous dites que le livre est quelque chose de mort, vous pensez à quelque chose de fixé, d'arrêté dans la forme, alors que le conteur, lui, varie, reprend son conte, le transforme au gré des réactions et des circonstances ?

Le livre n'est pas essentiel. Il peut aider à beaucoup enrichir une tradition orale, à assurer les connaissances générales et à rendre la société plus extraordinaire, mais on pourrait se passer du livre, comme on pourrait se passer de la médecine : on n'aurait qu'à faire fonctionner la reproduction. On n'a pas besoin d'une médecine sophistiquée qui devient une médecine de moribonds.

Dans la société actuelle, trouvez-vous que l'oralité reprend de l'importance ?

Il me semble qu'elle existe toujours, quoique, évidemment, on n'a plus de veillée. Il y a une certaine élimination qui se fait, mais j'ai l'impression qu'on se parle encore beaucoup.

Ce que vous remettez en cause ce serait cette sorte de dichotomie entre le livre et l'oral ? Une espèce de spécialisation qui fait que l'écrivain se trouve séparé de ses sources orales ?

Il est certain que l'écrivain est un homme enfermé dans une cage, à une table, qui ne vit absolument pas et qui ne participe pas au rythme social. Il peut désapprendre à vivre. On se retrouve justement comme les fous du livre de Provencher, *Erreur sur la personne*[13]. Les malades mentaux se racontent admirablement bien, mais dans un temps qui est passé. Au bout de leur discours, il n'y a rien dans leur comportement qui montre qu'ils pourraient sortir de l'asile. Ce n'est pas une maison de morts, mais c'est une maison où il ne se passe rien d'essentiel, rien qui puisse être remémoré. C'est une chose que j'ai notée dans les asiles.

J'aimerais que vous reveniez à une affirmation faite au début de l'entretien : que le conte est plus vrai que la réalité. Affirmation constante à travers vos textes qui me paraît rejoindre cette autre : « La réalité se dissimule derrière la réalité. »

---

13. Serge Provencher, *Erreur sur la personne. Cinq « malades mentaux » se racontent*, Montréal, VLB éditeur, 1982, 188 p. J'avais proposé à Ferron de faire pour *Livres et auteurs québécois* un compte rendu de ce livre. Après l'avoir lu, il déclina l'offre et me remit le livre au début du 7ᵉ entretien, le 21 novembre 1982.

C'est peut-être une question de temps. Dispersée dans le quotidien, la réalité fuit de toutes parts : elle ne peut pas être appréhendée. Dans le conte, vous la réduisez à quelques moments. Et vous voyez ! C'est une façon de voir, parmi tellement de gestes inutiles, les gestes essentiels qui soutendent un quotidien cahoteux. C'est le principe de tout théâtre : on écrit une pièce qui se déroule en vingt-quatre heures, sans changement de lieu, pour en dire beaucoup et camper des personnages importants ! Non, il n'y a rien d'original dans ça.

Mais n'y aurait-il pas aussi dans le recours au conte et à la tradition orale une préoccupation qui vous est peut-être dictée par la situation actuelle, où le rêve et la réalité sont souvent séparés ? Vous évoquez souvent la séparation de la campagne et de la ville, de la nature et de la technique, séparations qui conduisent à la folie. Est-ce qu'il n'y a pas derrière ça l'idée de faire se rejoindre rêve et réalité ?

Cela a toujours été le but ! Un excès devient insupportable. Il faut enrichir la réalité. J'ai dit que le livre est une chose morte, mais vous lirez mes historiettes sur le chanvre où j'accorde beaucoup d'importance à cette plante équivoque, soit textile soit narcotique. Elle a quand même été le pétrole de la Renaissance. Elle a permis à l'homme de connaître son habitat grâce à la voile de chanvre et elle a permis l'édification de la bibliothèque occidentale qui s'est imprimée sur papier chanvre jusqu'à la fin du XVIIIe siècle. C'est une chose qui m'a toujours frappé que cette équivoque du chanvre. Il y a eu par cette plante une espèce d'accroissement du savoir, une prise de conscience de notre position dans le monde qui montre que le livre n'est pas en soi un déchet. Il est un déchet pour autant qu'il n'aide pas à la tradition orale, au quotidien. Non, il fait partie d'un grand progrès. Tous les progrès apportent des avantages et des désavantages. Il faut en subir les conséquences par la suite. J'ai toujours eu plutôt confiance dans l'évolution de l'humanité, même si nous sommes maintenant rendus beaucoup plus loin que le chanvre, c'est-à-dire, en somme, à l'ère de la possibilité de la destruction de la planète. C'est assez bizarre. Je ne sais pas ce qui va se passer. Il se peut qu'il y ait autodestruction, comme il se peut fort bien que nous assistions à une civilisation supérieure.

Vous seriez un optimiste, finalement !

J'ai des enfants !

Ça vous empêche d'être pessimiste ?

J'ai souvent rencontré des gens de mon âge, ayant fini leur règne, comme on dit dans *Maria Chapdelaine*, qui se mettent à médire de la société qu'ils vont quitter. C'est assez désagréable. Il arrive tout simplement un âge où il faut passer la main et faire confiance aux jeunes gens, parce qu'après tout, c'est eux qui feront le monde de l'avenir. C'est un monde extrêmement compliqué. Je ne peux pas y toucher dans mon œuvre. Le plus loin que je me rends c'est à une critique de la société de consommation dans *Papa Boss*. Je ne vais pas plus loin que ça. Pour rendre témoignage, l'écrivain arrive toujours avec un certain retard. C'est une façon de ne pas exercer le pouvoir. Cela a été un peu l'idée de ma vie : le refus du pouvoir. Ma doctrine ! Mais, après avoir mis des heures et des heures à écrire, j'ai désappris de vivre et je ne participe plus beaucoup à la société. Je suis un témoin bienveillant.

Vous dites : « L'écrivain arrive toujours en retard. » C'est vrai sans doute, mais, en même temps est-ce que justement l'intérêt de l'écrivain ce n'est pas, non de définir l'avenir, bien sûr, mais de poser des questions à son sujet ?

Tout en étant en retard, il arrive avec une description d'une situation qui fait encore partie du présent et qui la remet en question, même si ces questions viennent d'un peu loin. La société de consommation, nous sommes entrés dedans sans nous en rendre compte. Eh oui ! Il faut un moment de réflexion pour en parler, et même si ce moment arrive en retard, il peut quand même servir. On n'a pas encore apporté toutes les corrections voulues à notre société.

C'est pourquoi vous avez aussi écrit que « le livre est et restera le grand lieu de la contestation » ?

En somme, je me suis souvent contredit. Je crois que le livre est un lieu de contestation parce qu'il est tout réfléchi : il n'impose pas de réponses immédiates, comme dans le feu d'une discussion. Une discussion n'est pas une véritable contestation ; c'est une joute et son résultat n'est pas nécessairement bon. Une contestation s'amorce d'une façon sérieuse, lente, et doit produire des réponses de même nature. Oui, à ce point de vue-là.

Par rapport à cette contestation, j'essaie de faire des liens entre ce que vous avez dit plus tôt et l'écriture du pouvoir. Vous vous placez du côté de la tradition orale ; vous vous en réclamez comme d'un fonds commun qui vous rattache au peuple. Mais vous vous dites en même temps notable. Le recours à la tradition orale vous permet de contester votre propre pouvoir, si je comprends bien.

Mon père était notaire : il écrivait. C'était une écriture nécessaire à la société et au gouvernement du comté de Maskinongé. Ce n'était pas une œuvre gratuite : elle se fondait sur les lois. L'écriture telle que je la pratique, c'est une écriture qui n'obéit pas aux lois, qui ne recherche que la fantaisie, que le plaisir du lecteur : c'est la meilleure preuve qu'elle n'est pas engagée. Je ne suis pas un écrivain engagé : on entend ordinairement par écrivain engagé celui qui lutte contre le pouvoir. Je l'ai fait d'une façon bénigne. Ça dépend peut-être de mon caractère.

Il y a plusieurs figures qui trahissent votre préoccupation, votre parti pris pour les plus démunis de la société. Je pense à votre fameuse arche où, dans Cotnoir, *vous feriez monter, de préférence aux chefs Patriotes, les laissés pour compte… Ça revient sous d'autres formes et dans d'autres textes…*

Il y a aussi les villages des Chiquettes et des Magouas. D'après la théorie communiste, on ne doit pas du tout tenir compte de ce sous-prolétariat agricole. Il devait être éliminé par lui-même. Néanmoins, c'est un sujet de prédilection : c'est là que se produisent les miracles. Je voulais trouver un équivalent à Magoua, terme qui, à Louiseville, désignait le sous-prolétariat employé par les cultivateurs pour faire du fossé. C'est une expression qui se retrouve, je pense, au Lac-Saint-Jean, près de Roberval, à la réserve montagnaise. Je pense que ça veut dire « Sauvage ». Alors, j'ai imaginé le village des Chiquettes. Et tout à coup, je me suis aperçu qu'il y avait des gens qui s'appelaient Chiquettes.

Sans être engagée, votre écriture s'inscrit dans un certain prolongement du socialisme ?

Non. Il aurait fallu que je représente des apôtres du socialisme donnant leur aperçu de la société. Non, face à la question des Chiquettes, je voulais tout simplement leur redonner leur dignité, alors qu'ils étaient le lieu du mal. Ce fut une de mes manies : le lieu du mal, le lieu du bien. Les gens du lieu du bien vont commettre le mal dans le lieu du mal. Ça provient d'une anecdote qui m'avait été racontée. Il existait une petite agglomération dans les alentours du village des Chiquettes, où le vicaire, un homme qui voulait absolument le règne de Dieu, était allé faire brûler la maison d'une veuve indigne et du vendeur de bagosse durant la grand-messe. Il s'était fait ramasser et on l'avait envoyé à Saint-Michel-Archange. On n'a pas, je pense, à intervenir. Dans l'histoire des Chiquettes, le Cardinal[14], que je traite avec bonté et que j'aimais bien d'ailleurs, cherchait à élever ces gens en formant une paroisse avec ce petit village dérisoire. C'est une amélioration sociale ; c'est déjà quelque chose. Redonner leur dignité aux gens, c'est la seule chose qui compte. Nous avions, en Gaspésie, un endroit qui s'appelait Gros-Morne. C'était un petit village mal considéré, peuplé par des gens de naufrage, qui a été transformé en paroisse et qui, par le fait même, est devenu un village comme les autres. Autrement dit, il faut empêcher la dérision des malheureux et leur redonner dignité, tout simplement, sans avoir de politique particulière. Bâtir une paroisse, on ne peut pas dire que ce soit faire du socialisme. Mais, dans certains cas, c'était améliorer la condition de ces gens-là et leur redonner une fierté.

Oui, on revient toujours à la dignité humaine ! S'il y a engagement, on le trouve là ?

Mais je n'ai pas de mérite à le faire. Je ne connais pas beaucoup d'écrivains qui se déclareraient contre la dignité humaine. C'est une préoccupation ; ce n'est pas une idéologie. Mettre les gens dans des situations cruelles… Je ne suis pas un écrivain cruel.

Sans être cruels, certains écrivains ont conscience d'appartenir à une élite. Je pense à Baillargeon, entre autres.

---

14. Rodrigue Villeneuve, archêque de Québec, de 1931 à sa mort, en 1947.

Ah ! dans ce sens-là ? Je ne sais pas. L'écrivain a toujours été très bien accepté au Québec. Il s'agissait d'écrire trois livres et ça te donnait un rang social. Les écrivains appartenir à une élite ? Bah ! Dans le cadre d'un pays, on peut appartenir à une élite, être un notable et en même temps être bienveillant et désireux d'améliorer la dignité de l'homme. On n'a pas à en tirer gloire. Au contraire, on doit s'en sentir un peu gêné. Ce système élitaire est évoqué dans *Le ciel de Québec* : on empêchera Frank Anarcharsis Scott de se débaucher parce que ça nuirait au système de prérogatives où chacun se croit plus ou moins supérieur à l'autre. Dans toutes les sociétés, j'imagine que c'est comme ça.

Quant à ce pauvre Pierre ! Il se considérait de l'élite. Il n'a connu que des gens de sa société. Dans une espèce de petit conte que je n'ai pas encore publié[15], je lui fais rencontrer un type dans un cabaret populaire, le Baccardi. Oui, c'est entendu : écrire, il faisait ça comme un prêtre. On devait l'entretenir, et il a pu avoir des emplois. Finalement, il n'a pas été un homme libre de dire tout ce qu'il voulait. Il y avait quelque beauté autrefois dans la ville de Montréal, quand les notables, avant de se rassembler dans leurs banlieues, étaient mêlés aux gens du peuple. Il y avait des notables, des artisans rue Saint-Hubert. Ce mélange me convenait bien. Pierre Baillargeon est un type d'Outremont qui n'a connu, je pense, que des Outremontois ou des Français. Il n'a pas pu faire la différence. Il a perdu beaucoup.

Parce que pour vous finalement, et cela est affirmé à plusieurs reprises dans vos textes, l'écrivain ne possède pas, il emprunte, il profite de tout ce qui est autour de lui. Enfin, il n'est pas le grand inspiré ! Il participe...

---

14. Il s'agit du texte que Ferron publiera sous le titre de « Monsieur ! Ah Monsieur ! » dans *La conférence inachevée. Le pas de Gamelin et autres récits*. Préface de Pierre Vadeboncœur, Montréal, VLB éditeur, 1987, p. 161-173.

Avec mon métier de médecin, j'ai pu rentrer par la porte d'en arrière et je me suis trouvé mêlé à la vraie vie, si on peut dire, à une vie sans apprêt, sans formalisme. Et j'en suis content ! Je ne sais pas ce que j'aurais été dans une autre situation : j'aurais pu être élitiste. Les gens qui sont élitistes, en réalité, ne connaissent pas grand-chose d'autre que leur milieu.

Vous disiez, ce qui se rattache peut-être à cela, que l'écrivain est le porte-parole de la mémoire collective. Est-ce qu'à la fin ce n'est pas un peu épuisant pour l'individu que de se donner ce rôle de porte-parole et n'est-ce pas cela qui vous pousse à un moment donné à tuer Maski ?

Non. J'ai exécuté Maski lorsque je me suis rendu compte que j'étais en présence de moi-même, seul, et que je ne me trouvais pas intéressant.

Ça rejoindrait ce que vous dites, en parlant de Camus, sur l'étanchéité et la non-étanchéité du moi, sur le moi et les autres ?

Oui. C'est un texte assez bizarre. Il y a un rôle prémonitoire, un rôle, disons, quasi prophétique chez Albert Camus : *L'étranger* prend son sens après la guerre d'Algérie. Camus était un Pied-Noir, et quelques années plus tard, il sera un étranger dans son propre pays. Le livre est intéressant autrement, mais il l'est encore bien plus après la guerre d'Algérie. On flotte dans un milieu social et si l'eau se vide, on est comme un poisson à sec.

Vous parlez du rapport du moi aux autres ?

Le rapport du moi aux autres, ça m'a bien fatigué. C'est une chose évidente, à mon avis, mais que j'ai notée sur le tard, à savoir qu'il n'y a aucune ressemblance entre le moi et les autres, étant donné que le moi est seul au milieu d'une machine qu'il n'aperçoit pas. Tandis que les autres, il les voit de l'extérieur et il suppose qu'ils ont aussi un moi, mais il n'en est pas sûr. Les autres sont des étrangers.

J'avais relié cette préoccupation à la question du porte-parole de la mémoire collective, parce que dans un texte vous introduisez justement ce rapport. À propos du politique, vous dites : « En politique, je me suis trouvé au bon endroit au bon moment, etc. » Puis : « J'y ai d'abord mis pas mal d'ardeur, mais ensuite je me suis réservé quand j'eus compris que la politique était secondaire et que primait le rapport du moi et des autres. » Il semble y avoir un passage d'une sorte de préoccupation plus collective à une préoccupation plus personnelle...

Non, à mon avis, c'est une régression !

En quel sens ?

On ne se pose pas cette question-là ordinairement. Ça représente pour moi un état régressif. Ça n'a pas d'allure ! Je sais que cela m'est passé par la tête vers les années 1967 et je me suis dit : « Avant de s'occuper de politique et de quoi que ce soit, il faudrait bien clarifier la question du moi et des autres ! » Mais c'était une espèce de fusée de folie. Au point de vue existentiel, on est tout à fait différent, tout à fait seul. Non, je ne peux pas m'expliquer. Je pense que c'est une idée folle qui m'a préoccupé longtemps ! J'ai eu d'autres toquades. J'ai refait *La nuit* parce que le livre commençait par : « Je n'étais pas un imbécile, néanmoins j'en avais le salaire... » Comme s'il y avait des salaires d'imbécile. Il m'a semblé qu'il y avait du mépris dans ça, qu'il y avait des salaires pour les gens intelligents et des salaires pour les imbéciles. C'est de la morale de dire ça !

Le mépris, c'est quelque chose que vous n'admettez pas du tout !

Non, je n'ai jamais méprisé personne, ou alors il s'agissait de théâtre ou de combat politique. Si j'étais un Palestinien, je détesterais sans doute les Druzes et les Israéliens qui font de sales intermédiaires.

Mais ça n'a rien à voir avec le mépris !

C'est une attitude guerrière, c'est une attitude politique. Si vous considérez n'importe qui, vous pouvez essayer de le comprendre et c'est tout. Vous n'avez pas à le juger !

Essayer de comprendre ? L'écriture est un moyen d'investigation pour l'écrivain ou pour le lecteur ?

Pour l'écrivain. On ne sait pas au juste ce qu'on va écrire et c'est en écrivant qu'on découvre un tas de choses. Quand je lis le livre d'un autre, c'est aussi un moyen d'investigation, mais je suis passif, alors que je suis actif lorsque j'écris. Quand j'écris, je me fais des joies.

Est-ce que ce serait là la motivation finale de l'écriture, pour vous : l'investigation, la découverte ?

Je ne dirais pas que c'est un enrichissement, parce que lorsque vous écrivez, vous ne vivez pas et vous ne voyez pas passer le temps. Si vous écrivez trop, vous vous retrouvez avec vous-même et ça, ce n'est pas tellement agréable. Ça devient un peu la tragédie de l'œuvre : vous devenez de plus en plus présent dans le livre, au point de vouloir vous débarrasser de Maski, parce que là, ça devient une sorte de narcissisme involontaire et le narcissisme, chez un homme âgé, ce n'est pas très drôle. Racine, qui savait très bien nommer ses personnages, a mis un Narcisse dans son *Britannicus*, un personnage qui n'est pas agréable. *L'exécution de Maski*, c'est la rencontre avec moi-même. Ça survient à une période donnée, au moment où le Parti québécois prend le pouvoir, mais ce n'est peut-être pas aussi simple. J'ai l'impression qu'on n'a pas tellement d'intérêt, qu'on n'est pas un personnage pour soi-même. Je ne m'épate pas, au contraire !

Pourquoi écrire alors ?

J'ai entrepris d'écrire et quand on commence, il faut continuer. Seulement, il faut quand même que cela vous amuse un peu. Le livre prend souvent une tournure que vous n'aviez pas prévue : il vous entraîne à des choses nouvelles. Comme je vous ai dit, je n'ai pas une conception de ce que je vais faire. C'est en écrivant que je pense. Dieu merci, il existe dans la langue la conjugaison et les différentes personnes qui nous permettent d'éviter le soliloque, de converser et d'échanger. Le soliloque est épuisant.

Je suis fils du notaire Ferron. J'ai fait des petites études de médecine. J'ai toujours eu une très petite pratique. Mon père disait : « Le seul progrès qui existe dans le monde, c'est de donner un peu plus qu'on a reçu ! » À ce titre, certes, j'ai eu mes enfants, puis, comme j'étais souvent seul, le métier me laissant du loisir, j'ai pensé me racheter, me donner une situation sociale supérieure, si je puis dire, à celle que j'ai reçue. Je ne vois là rien de grandiose. Personne ne m'a demandé d'écrire. J'ai pris sur moi d'écrire et il faut que je livre un produit qui vaille le poids du papier. Mais je m'engage dans une entreprise solitaire. Je vous avoue que je suis à peu près rendu au bout de ma corde. Autrefois, je me levais très tôt et je venais avec plaisir au bureau le matin. Je faisais plusieurs pages avant que les clients ne montrent leur nez. J'ai perdu ma verve. Ce que je fais à présent est assez laborieux. En fait, pourquoi écrit-on ? Pourquoi écrire quand personne ne vous le demande ? C'est assez bizarre ce droit que s'octroie le citoyen d'être écrivain, parce que vous le prenez, ce droit d'écrire. C'est assez bizarre et il faut quand même que ce soit accepté par la communauté. Ça ne l'est pas toujours ! Il y a ce qu'on appelle les écrivains maudits qui sont parfois des génies. Pour ma part, je n'ai pas mis tous mes œufs dans le même panier. J'ai quand même tenu à la joie et à l'épanouissement de mes enfants : mon œuvre est en quelque sorte secondaire. Il se peut qu'un homme qui se sent du génie puisse s'y consacrer entièrement : il aura alors beaucoup de loisirs et il entrera en écriture comme on entrait en religion. Mais qui peut savoir s'il a du génie, après *Les illuminations* ? Les génies sont toujours des auteurs assez rares. Valéry a eu sa *Nuit de Gênes*. Pascal aussi a eu son illumination, tout comme le bonhomme Claudel. J'aime les lectures assez baroques et dans les *Annales catholiques*, j'ai lu l'éloge de Claudel écrite par Vladimir d'Ormesson : Claudel était probablement un homme génial ! D'Ormesson, qui était dans la diplomatie et dans le journalisme, comme son cousin Jean, était placé pour le savoir. Il recevait des dépêches de Claudel sur la situation du pays où il se trouvait, des manières de chefs-d'œuvre. Il avait prévu, par exemple, le krach de 1929, en faisant rire un peu de lui : il n'était pas financier. Il y a toute une partie de son œuvre dont on ne sait si elle sera jamais publiée. C'est intéressant et c'est assez bizarre. Il n'y a pas beaucoup d'hommes de cette envergure. Il en paraît assez rarement : ce sont des cas d'exception. D'ailleurs, la gloire le montre.

V

L'écrivain et ses doubles

Une société en mutation

Pierre L'Hérault — *La folie est une des préoccupations, des interrogations majeures de votre œuvre et de vos personnages. Elle est au cœur de* Cotnoir *et des rapports du vieux médecin et du jeune Emmanuel ; au cœur de* L'amélanchier *et de la relation entre Léon de Portanqueu et son protégé Jean-Louis Maurice. Il y a encore la folie de Baron dans* Les roses sauvages, *suivie par celle de l'auteure de la* Lettre d'amour. *Dans* Papa Boss, *s'il ne s'agit peut-être pas de la folie strictement dite, du moins est-il question d'une femme complètement dépossédée d'elle-même par un vous narratif. Et combien d'autres exemples pourraient être invoqués ! Pourquoi vous êtes-vous à ce point intéressé à la folie ?*

Jacques Ferron — C'est difficile à dire. Tenez, j'ai ici une historiette qui traîne sur mon bureau, dont je voulais me servir pour *Le pas de Gamelin* : « Mon futur collège ». Lorsque venant à Montréal, on passait par la rue Notre-Dame et qu'on voyait au loin Saint-Jean-de-Dieu, mon père disait toujours : « Ton futur collège. »

C'était peut-être un peu méchant si je pense à mon grand-père maternel qui fut interné. Mais non, il devait dire ça en blaguant. C'était un homme qui tournait tout en dérision. Oui, je me suis approché du sujet de la folie, mais quand j'ai voulu y entrer, quand j'ai voulu passer *Le pas de Gamelin*, là j'ai connu un échec monumental. J'ai fait un livre qui n'avait ni queue ni tête, que j'ai repris et qui est presque achevé. Je me suis rendu compte de ceci : la folie, oui, on peut en parler cas par cas, mais il ne faut pas essayer d'en avoir une vue d'ensemble ou de la voir de loin. L'ancien système au Québec comptait deux pôles importants de la raison qui étaient les deux grands lieux de la folie, d'un côté Saint-Michel-Archange, Beauport, Mastaï, de l'autre Saint-Jean-de-Dieu, Gamelin, Longue-Pointe. C'était des phares de sagesse, parce qu'on en parlait avant de parler de Montréal ou de Québec. Et on s'appliquait à rester sous contrôle, responsable de soi, de sa parole, pour ne pas être un « échappé de Beauport », un « échappé de Longue-Pointe », « bon pour Mastaï », « bon pour Gamelin ». Il y avait dans la discipline intellectuelle de chaque petit Canadien ces deux phares qui avaient une importance primordiale. Avoir débaptisé ces grands lieux pour leur donner des noms un tantinet banals, ça fait partie des choses bêtes que j'ai rencontrées dans ma vie. Il y a assez qu'on bouleverse l'architecture des villes, sans changer les noms des endroits et des rues ! Alors, la folie, j'ai été de plus en plus intéressé par le sujet. J'ai cru pouvoir en faire un livre. Je m'y suis lancé avec présomption, étant donné que jusqu'ici tout m'avait réussi. Quand est arrivé ce *Pas de Gamelin*, c'est devenu extravagant. Ça n'avait plus ni queue ni tête. Les lieux de la folie sont des endroits dangereux. On ne s'en approche qu'avec des vertus particulières que je n'avais pas.

C'est pour voir la folie de plus près que vous êtes allé à Saint-Jean-de-Dieu ?

Je n'ai jamais cherché à aller à un endroit plutôt qu'à un autre. Je me suis fait pousser par les événements. Je n'ai jamais voulu

prendre la place de qui que ce soit. Je suis allé au Mont-Providence et à Saint-Jean-de-Dieu comme j'ai arrêté de fumer. Je
collaborais à *L'Information médicale et paramédicale* et le
Dr Trempe, qui dirigeait avec le Dr Boucher le journal, m'a
demandé d'y aller parce que les religieuses faisaient une sorte de
baroud dans l'espoir de conserver les institutions qu'elles
détenaient.

Saint-Jean-de-Dieu, c'était une municipalité, une princi-
pauté où la directrice générale était mairesse de Gamelin. Elle
avait plus d'autorité que le surintendant médical. Pour le dire
brièvement, c'est que le soin des malades mentaux — qui
jusque-là était livré à la charité publique, à la charité des religieuses, parce qu'on ne voulait pas payer beaucoup pour les soins
— est devenu quelque chose d'intéressant pour les civils. À cette
époque, le *per diem* du malade mental est monté de 2,50 $ à
18 $. Toute une catégorie de laïcs était alors intéressée à gérer
cette folie qui devenait productive. Il n'est pas dit que les
résultats aient été très satisfaisants. On a peut-être vidé en partie
ces grands asiles, mais pour renvoyer les fous dans des maisons
de pension où ils sont probablement plus malheureux qu'ils ne
l'étaient à Saint-Jean-de-Dieu ou à Saint-Michel-Archange. Oui,
c'était à cette occasion-là un baroud qui a été perdu. On voulait
appliquer un modèle continental. C'est-à-dire que chaque salle
devait avoir une hospitalière, une infirmière licenciée ; et la
plupart des religieuses n'étaient pas infirmières licenciées. En
somme, ça montre que le remède avait pris une importance
quasi magique dans le traitement de la maladie mentale. On s'est
mis à dire que la folie était une maladie comme les autres. Par
conséquent, on pouvait la guérir avec des remèdes, en l'occur-
rence le Largactil. Or, l'administration du médicament devenait
un acte médical et relevait donc de l'infirmière. Ce qui s'est avéré
faux, mais a permis d'éliminer les religieuses qui avaient une
longue expérience de ces maisons d'enfermement. Certaines
religieuses avaient vingt ans d'expérience et, pour avoir vécu

souvent vingt-quatre heures par jour dans les salles avec les malades, les connaissaient tous, pouvaient prévoir leurs crises, leurs besoins. Elles leur étaient attachées, d'autant plus qu'elles étaient recluses parmi les reclus. Ce que l'infirmière n'était pas. Ça ajoutait un peu à mon désorientement que de voir cette révolution psychiatrique qui, au fond, était extrêmement cruelle et pénible, tant pour les religieuses que pour le fou lui-même.

Dans Les roses sauvages *et la* Lettre d'amour, *vous faites un rapprochement entre les médecins qui traitent la folie par les électrochocs et les policiers qui matraquent les gens.*

Il se peut, oui. Après tout, les policiers n'ont pas pour rôle de maltraiter les gens, mais de faire régner l'ordre. Il se peut qu'ils deviennent sadiques. Ils sortent de leur rôle à ce moment-là. Le rôle des psychiatres est assez difficile quand même. La folie est un grand problème. Est-ce qu'il faut s'en saisir, est-ce qu'il faut la nier ? On l'attribuait autrefois à la possession. Je pense en particulier au père de Condré qui se refusait toujours à dialoguer avec un possédé. C'est une attitude qu'on peut avoir devant des démonstrations étranges : ne pas entrer dans leur jeu, parce qu'on se trouve à les activer ; ne pas les prendre au sérieux. Je pense pourtant que c'est la meilleure façon, parce que tout peut se résoudre. Si, pour un phénomène d'hystérie, vous pratiquez une lobotomie, c'est une procédure qui peut évidemment faire d'un hystérique un véritable fou. Il ne faut pas créer de fous plus qu'il ne s'en présente. J'ai écrit pas mal sur la question. J'ai de la difficulté à rassembler mes idées, à faire une synthèse parce que j'ai beaucoup de réponses, étant donné que ce sont des cas précis, que chaque cas est particulier.

Vous n'acceptez pas qu'on ait voulu faire de la folie une maladie comme les autres ?

Non, je ne crois pas que ce soit une maladie comme les autres. Comment dire ? Ce n'est pas une maladie. Quelqu'un tombe malade de la diphtérie, il a certains symptômes, on lui donne certains remèdes, il guérit et c'est fini. Tandis que le fou est un mésadapté social et devient un sujet de perturbation, un sujet de scandale. On l'interne, comme l'acte d'internement le précise, parce qu'il devient dangereux pour lui-même et pour la société. En asile, on se trouvait à protéger la société et l'individu. On le faisait dans des institutions qui étaient en dehors des villes, si on peut dire. Il y avait le principe de l'exclusion, avec une exception : la folie des femmes était traitée à l'intérieur des villes. La femme n'est jamais bannie ! La prison Fullum se rattachait au système de prostitution et c'est lorsque la prostitution a été abolie que la prison des femmes a été transférée à Tanguay, à côté de Bordeaux. Mais en même temps, il y avait la ville qui s'étendait, qui rejoignait les lieux d'exclusion. Finalement la ville a réabsorbé les déviants et les fous, d'autant qu'on ne cherchait plus à les retenir internés.

C'est ce que dit Sœur Gertrude qui constate, dans Les roses sauvages, *qu'il y a beaucoup de fous qui ne sont pas enfermés...*

Tout dépend. Dans certaines petites sociétés primitives assez tolérantes, bien des gens bizarres et des faibles d'esprit pouvaient rester en circulation. Mais dans une ville où le mode d'existence est dur et demande une discipline, cela conduit plus rapidement à l'exclusion. Que les fous soient revenus parmi nous est peut-être une bonne chose en définitive. Mais ça, c'est un autre processus qui commence : on ne sait pas encore comment il se terminera. Je reçois actuellement au bureau beaucoup de petits fous, des marginaux, pour une bonne partie des gens qui ne veulent pas travailler et qui sont secourus par l'État, qui parlent toujours du danger de leur dépression s'ils travaillaient. Ils se fabriquent une petite vie dans la marginalité, qui est peut-être assez intéressante, faisant des djobines à droite et à gauche. Ils vivent comme des primitifs dans une société organisée, un peu comme les Sauvages à l'époque de la cueillette.

Est-ce que vous voyez ça comme quelque chose, sinon de positif, du moins comme quelque chose de significatif par rapport à l'avenir de la société ?

L'avenir, je n'y vois pas grand-chose. J'ai passé le temps de l'avenir. Cependant, si j'étais plus jeune, si j'avais l'esprit plus vif, je partirais de cette nouvelle étape pour essayer de prévoir une société différente qui me semble être en mutation.

À propos de la folie, et ça rejoint peut-être ce que vous venez de dire au sujet de ces jeunes qui essaient de vivre une vie marginale, vous dites aussi : « Les fous rendent témoignage. »

« Les fous rendent témoignage ! » Oui, d'une certaine façon. Je pense, par exemple, à Aline Dupire. Il y a des âges dans la vie qui sont particulièrement sensibles, et vous savez l'importance que j'ai toujours accordée au milieu extérieur, à l'environnement. Il y a des cas de migration. Aline Dupire est née dans le Bas-du-Fleuve et il y a eu migration de toute sa famille à Valleyfield, alors qu'elle avait douze ou treize ans. Ce n'est pas un âge pour changer de milieu. Elle ne s'y est pas retrouvée. Oui, d'une certaine façon, le témoignage d'Aline Dupire indique le danger de bousculer des adolescents à cet âge-là. Mais d'un autre côté, les fous sont aussi, si je puis dire, des miroirs qui te brûlent toi-même parce qu'ils n'ont souvent qu'un propos : ils ne parlent que d'eux-mêmes. On ne peut les traiter qu'en étant assez disponible pour s'intéresser à tout ce qu'ils sont, à tout ce qu'ils ont fait. Mais ils prennent toute la place. Chaque fou veut prendre toute la place et c'est là que les salles d'hospices deviennent extrêmement grinçantes. Oui, ils veulent rendre témoignage : témoignage à eux-mêmes ! Et ils font taire ceux qui sont derrière eux. Si tu te mets à fonctionner sous le mode des fous, tu te fais prendre à toi-même et, si tu écris, tu te trouves à perdre un peu de ta verve, cette façon que tu avais de parler bonnement de toute une société à laquelle tu participais, pour témoigner de toi-même. C'est une espèce de narcissisme de retard qui est extrêmement désagréable.

Vous avez employé le mot « miroir ». C'est comme un miroir qui ne renverrait pas une image juste ?

Si le fou devient un miroir, là il te brûle. Non si tu le vois tel qu'il est et que tu as la convivialité, comme on dit — c'est un mot à la mode —, pour l'écouter et l'entendre, pour reconnaître sa prodigieuse biographie qui est toujours méconnue et qui, à mesure que les années passent dans les asiles, devient de plus en plus lointaine. Les fils de sa vie sont pour ainsi dire brisés. Il n'y a plus moyen de le remettre dans son milieu nourricier, dans le milieu où il vivait. D'ailleurs, après une longue évolution, on dirait qu'il s'éteint ; il devient un être assez calme, assez muet, une ombre, mais une ombre qui a des facilités dans ces maisons où il est protégé. Saint-Jean-de-Dieu m'a semblé être une espèce de grand village couvert, où les rues sont pour les piétons, où il y a des restaurants des deux côtés. Un côté pour les hommes, un côté pour les femmes. C'est très long. C'est un milieu où il y a une chaleur humaine. Quand j'étais à Saint-Jean-de-Dieu, nous avions des patientes qui me semblaient avoir des qualités pour être mises dehors, mais il fallait souvent, pour ainsi dire, les jeter à la porte. Beaucoup en souffraient, beaucoup regrettaient leur asile. Si on te jette dehors, tu te trouves dans des rues désertes avec des petits trottoirs où des charrois-automobiles passent à toute vitesse, t'obligeant à te coller le long des murs. Tu ne sais pas où aller, tu n'as plus cette chaude ambiance que tu avais dans ce grand lieu qui était pour beaucoup un endroit de bonheur. J'ai raconté ça dans *Le pas de Gamelin* : la crainte…

Il y a différentes formes d'enfermement et l'enfermement majeur, je l'ai compris avec une vieille patiente qui venait de Kamouraska. C'était une orpheline qui avait rebondi à Verdun. Ce sont souvent des orphelins qu'on place parce qu'on ne sait pas trop quoi en faire. Elle était là comme une petite bête et elle écoutait sa tante parler avec une voisine par-dessus la haie, chacune dans son jardin. La voisine disait : « Celle-là, j'espère que tu vas la placer ! » Et la tante disait : « Oui, oui, j'attends sa place à Saint-Jean-de-Dieu ! » Or, elle croyait qu'être placée, être enfermée, c'était être mise dans un placard. C'est l'angoisse de l'enfermement, c'est le cercueil debout dans la paroi que l'on retrouve dans Edgar Poe et que Pagé, qui était une espèce d'esprit égaré, dans *Les fous crient au secours*[1], a essayé de rappeler quand il a comparu devant la Commission Bédard, affirmant que les religieuses mettaient les fous récalcitrants dans des armoires à balais. Le cercueil debout, c'est ça le véritable enfermement. Or, quand elle s'est trouvée à Saint-Jean-de-Dieu, cette vieille patiente, internée jeune, s'est trouvée dans un lieu où il y avait beaucoup d'espace, où elle pouvait se promener en chantant et elle n'a pas été malheureuse du tout parce qu'elle n'a pas été mise dans une armoire à balais.

Vous avez mentionné Les fous crient au secours ! *Ça remonte assez loin ce livre qui avait fait quand même du bruit…*

---

1. Jean-Charles Pagé, *Les fous crient au secours !*, Montréal, Éditions du Jour, 1961, 156 p.

Ce livre... Bah ! Les fous ont toujours crié au secours. Ils sont fous : ils crient. Ils crient ! Ils ne sont pas fous parce que la société les satisfait. Ils n'y sont pas à leur place, alors ils crient au secours. Ils crieront toujours au secours ! Mais là, deux psychiatres décident un jour de s'emparer de toute la grande machine à internement pour transformer la folie en maladie qui se guérit comme une autre, et on se sert du témoignage de ce garçon alcoolique et un peu halluciné. Les religieuses ne pouvaient pas beaucoup se défendre. Il y a eu beaucoup d'injustices commises contre elles. Par exemple, il y avait au Mont-Providence une salle de pré-placement, la salle Sainte-Hélène qui était menée par sœur Jean-Dominique. C'était une salle harmonieuse où les fillettes apprenaient à tenir maison, à faire la cuisine, à être polies. Et cette religieuse plaçait à l'extérieur beaucoup de ces adolescentes. Plus que le Service social ! Elle le faisait gratuitement. Ça ne coûtait pas cher, tandis qu'il y avait un gros Service social qui n'arrivait pas aux résultats qu'elle obtenait. Évidemment, elle était menaçante pour ces laïcs-là. Alors on lui a saboté sa salle. D'abord en lui envoyant des agitées. Ensuite, comme ses jours étaient comptés, pour l'empêcher d'avoir la gueule sûre, la communauté lui apprenait à conduire l'automobile. Elle a finalement perdu sa salle. Beaucoup de religieuses se sont découragées, mais pas cette vieille religieuse qui a tenu le coup et s'occupe actuellement de délinquantes, toujours avec succès ! Et il y en a d'autres, comme sœur Joseph-Henri qui tenait admirablement bien sa petite salle. Après avoir fait ça pendant vingt ans, elle qui n'avait aucun métier, qui n'était même pas infirmière, elle était devenue intolérable pour les laïcs, parce qu'elle ne se limitait pas à ses huit heures, y consacrant tout son temps. Alors on lui a fait suivre des cours de coiffeuse. On la retrouve sous les traits de Sœur Gertrude dans *Les roses sauvages*.

C'est un très beau personnage !

J'ai gardé contact avec sœur Joseph-Henri, devenue sœur Vachon, et je lui ai dit un jour : « Ma sœur, mais vous avez été persécutées ! » Elle m'a dit : « Mais oui, nous avons été persécutées ! » On a noirci beaucoup ces dames qui prenaient soin des malheureux et qui ne le faisaient pas pour leur bien à elles, au contraire, puisqu'elles sacrifiaient leur liberté, parce qu'elles devenaient recluses au milieu des reclus. Et on les chasse ! Il y a là évidemment une grande injustice. Enfin, c'est fait. Que sera la suite ? Il fallait peut-être passer par là. Notre système n'était peut-être pas continental et on s'en va vers des systèmes de traitement qui doivent avoir une facture *coast to coast*, continentale. Mais il y avait là, je ne sais pas, quelque chose de québécois, un particularisme qu'il fallait détruire !

Dans la Lettre d'amour, *vous insistez sur le lien entre la folie et l'histoire sociale, familiale de la personne, sa biographie.*

Que peut-on lui offrir de plus que de savoir qui il est, ce qu'il a fait, ce qu'il peut devenir, à quoi il peut servir ? Chaque cas est particulier. Une des manières pour le médecin de ne pas dialoguer avec le patient, c'est de lui coller un diagnostic et de le classer maniaco-dépressif, ou schizoïde, schizophrène. De cette façon, tu ne le traites pas pour ce qu'il est, mais en fonction de la maladie mentale qu'il est supposé avoir. Ce qui est très schématique et pas mal arbitraire. J'aurais pour théorie de ne pas avoir de diagnostic et de se pencher sur la biographie. Repasser avec le patient, quand il veut collaborer, toute son histoire et montrer qu'on la connaît. C'est déjà quelque chose de très important qu'il sache qu'on peut en parler, qu'on ne s'intéresse qu'à lui. C'est déjà un traitement. Parce que si tu ne parles que de lui, il y a une part de toi-même qui peut le réconforter. C'est une façon très simple de traiter les gens. Tandis que si tu as peur d'eux et que tu leur fiches un diagnostic pour rendre toute conversation impossible... D'ailleurs, c'est un peu le truc de Freud :

il veut bien écouter les gens. Je ne sais pas si tous les mécanismes qu'il a décrits — transfert et contre-transfert : expressions empruntées à la physique —, fonctionnent de cette manière, mais ce qui compte, c'est qu'on écoute les gens. Écouter, ce n'est pas faire la leçon quand même. Faire la leçon, c'est redire à des gens en difficulté avec la société ce qu'elle a bien voulu leur enseigner et qu'ils n'ont pas accepté. Évidemment, avec les gens dits « fous », on se trouve toujours en péril, en situation périlleuse. La *Lettre d'amour* est quasiment authentique, vous savez.

C'est un cas que vous avez analysé ?

Tout simplement. La lettre n'avait pas été envoyée. Je l'ai trouvée dans le fond d'un tiroir où elle traînait et, par la suite, j'ai quand même essayé de comprendre l'histoire de cette Alice Dupire, dont ce n'était pas le vrai nom. On l'a fait changer de salle immédiatement après la parution de mon livre. Je n'ai pas eu de réaction. Je ne pouvais pas aller beaucoup plus loin. On est quand même aux limites du secret professionnel. C'est une question de doigté.

Le traitement continental dont vous parliez serait tout à fait en contradiction avec cela ?

Je parlais du contexte continental pour dire que nos asiles menés par les religieuses ne convenaient pas au sytème continental. Mais quel que soit le mode de traitement de la folie, il faut toujours avoir une certaine attention envers le fou et y mettre assez de temps pour bien comprendre quelle est son histoire. Il y a des choses invraisemblables qui se sont faites. Je pense en particulier au Mont-Providence. Il s'agissait d'enfants. On se sent toujours coupable envers des enfants internés. Il y a eu toute une série d'actions maladroites. Pour commencer, autour du Mont-Providence, il y avait des jardins. Ces jardins occupaient les enfants et mettaient de la beauté autour de l'institution. Mais on a dit : « Les religieuses exploitent les enfants ! » Alors on a fait cesser le travail dans les jardins. Les enfants n'avaient plus rien à faire. Ils se berçaient dans les salles. On a dit : « Voyez, les religieuses abrutissent les enfants, elles les font se bercer ! » Tout ce que faisaient les religieuses tournait contre elles. Puis on s'est mis à soigner la nourriture des enfants. Au Mont-Providence, elle est devenue trop bonne, vraiment trop bonne. Si un adolescent voulait prendre un verre de crème, il prenait un verre de crème, de sorte qu'il n'y avait plus moyen du tout de les placer, parce que les personnes qui les prenaient en foyer n'avaient pas les moyens de leur donner la nourriture qu'on leur servait au Mont-Providence. À être trop bon pour ces enfants, on empêchait finalement leur réintégration dans la société. Certaines décisions ont été prises d'une façon qui n'était pas pensée, incohérente. La télévision, par exemple, est entrée du jour au lendemain dans les salles sans qu'il y ait eu réflexion sur le rôle qu'elle pouvait avoir. Personne ne s'était demandé : « Est-ce que ça peut être utile ou non ? » Je me souviens que, travaillant alors au Mont-Providence, j'avais participé à une émission de télévision. Un garçon d'une des salles où je travaillais m'avait aperçu de l'autre côté de l'écran en compagnie de Yoland Guérard qui l'impressionnait beaucoup. Alors il était tout confus. Je venais de l'autre côté !

Enfin, le Mont-Providence pour moi ne compte pas beaucoup. J'étais assez novice. Ça n'a été qu'un aperçu, simplement. Ce n'est pas un endroit où l'on était à son aise, parce qu'il s'agissait d'enfants internés. La seule bataille que j'y ai faite fut au niveau des règlements, pour qu'on n'interne pas des nouveaux-nés. On internait joyeusement les mongoliens dès la naissance, par exemple, ce qui était une terrible absurdité, et peut-être qu'on le fait encore. À un handicap indéniable, on ajoutait celui d'être élevé sans famille. Psychologue au Mont-Providence, une de mes amies, madame Duhau, pour qui j'avais beaucoup de respect, avait fait une étude comparative des mongoliens de bonnes familles et des mongoliens pauvres. Les premiers étaient des larves, parce qu'ils avaient été placés dès après leur naissance, tandis que dans les familles pauvres, souvent, on n'avait pas été averti de leur état et ils avaient bénéficié d'une éducation comme les autres enfants pendant plusieurs années avant d'être placés, de sorte qu'ils étaient beaucoup plus développés. Nous étions confrontés à des nouveautés. Avant l'apparition des sulfades, des antibiotiques, ces enfants mouraient presque tous dans la première enfance d'une maladie infectieuse. Mais avec le développement de la médecine, ils se sont mis à vivre et c'est à ce moment qu'on a pu commencer à les comprendre. Nouvellement arrivés, ce sont des gens qu'on ne connaît pas beaucoup. Ils sont peut-être sots ou imbéciles — non, sot veut dire : qui ne parle pas ; imbécile : qui fait des phrases… Enfin, ils ont souvent un esprit trop rapide. Beaucoup de techniciennes qui arrivaient au Mont-Providence venaient d'Europe. Je me souviens d'avoir rencontré une Belge qui prétendait que les mongoliens ne pouvaient distinguer les couleurs. Nous avions précisément à la salle Saint-Antoine, dirigée par sœur Joseph-Henri, une mongolienne qui, non seulement parlait très bien, mais connaissait ses couleurs à la perfection. Quand j'y étais, on ne savait pas encore s'ils pouvaient se reproduire. C'est un cas de malformation, d'accident génétique qui produit une race nouvelle, dont on ne connaît à peu près rien, mais qui peut avoir de grandes qualités. Vous savez, l'enfant qui a besoin de protection est souvent un ciment familial. Les familles sont unies aussi longtemps que père et mère doivent avoir soin de jeunes enfants qui requièrent absolument leurs soins. Dès qu'ils s'émancipent, la famille perd sa raison d'être. Dans ses familles et les petites sociétés, la présence de débiles, d'imbéciles harmoniques, comme on dit, qui sont bienveillants, qui essaient de participer, qui essaient, non de tenir la conversation, mais d'y glisser leur petit mot, étant parfois heureux de faire rire d'eux, ceux-là donnent à ces communautés un ciment qui est peut-être leur raison d'être.

Vous disiez : « C'était plus difficile au Mont-Providence, parce qu'il s'agissait d'enfants ! »

On se sent terriblement coupable, terriblement coupable envers des enfants. Il y avait des erreurs. Par exemple, je reverrai toujours, je vois toujours une petite enfant sourde, qui nous regardait d'un air fâché : sa surdité n'avait pas été reconnue. On l'avait classée imbécile, idiote de naissance, alors qu'elle était sourde. Je me souviens aussi du cas de Jean-Maurice, dont j'ai parlé dans *L'amélanchier*, qui, lui, était non seulement aveugle et illégitime, mais également incestueux, ce qui n'était pas un préjugé favorable en sa faveur ; il était pour ainsi dire quasiment damné ! C'était pourtant un garçon qui aurait pu être un enfant sensiblement normal, mais qui n'aurait pas eu meilleure vue pour cela.

Mais si on avait bien diagnostiqué, on aurait pu le former en conséquence.

Pour commencer, il était illégitime, et en second lieu, il était né de rapports incestueux. Tout de suite, il y avait un sentiment d'horreur. Les personnes qui ont pu faire quelque chose avec lui n'étaient pas des personnes très instruites, elles étaient des gardiennes toutes maternelles. Il y a également des folies qu'on ne doit pas guérir, parce qu'on ne peut pas leur donner plus. Il faut toujours considérer la grandeur de l'homme. J'ai écrit un texte à ce sujet, « La sorgne », que je ne reprendrai pas, qui n'est pas très bien fait[2]. Ça faisait partie de ma première version du *Pas de*

---

2. « La sorgne » a pourtant été publié, à titre posthume, dans *Le désarroi* (correspondance entre Julien Bigras et Jacques Ferron, Montréal, VLB éditeur, 1988, p. 121-132).

Gamelin, comme j'aurais voulu l'écrire. Il en est resté des débris. Dans ce texte, vous avez le cas d'une petite fille. Elle était la fille préférée de son père, qu'elle admirait. Son père était un homme violent, qui sacrait et qui meurt prématurément. Il y a faillite. On doit vendre la terre et on se met à dire qu'il est vraisemblablement damné, etc. Mais la fillette lui reste attachée. Elle va à l'école. Elle a un comportement bizarre. On l'envoie à Saint-Jean-de-Dieu une première fois, parce qu'elle vit dans la région de Joliette, secteur qui est du recours des Sœurs de la Providence. De retour à la maison, alors qu'elle a quinze ans, elle dit à sa mère : « Si tu me renvoies à Saint-Jean-de-Dieu, je ne parlerai plus jamais ! » En 1970, quand j'arrive à Saint-Jean-de-Dieu, il y a une personne dans la salle Sainte-Hélène, salle qui n'est pas aussi dure que celle de Sainte-Agathe, dont je m'occupe, qui est tout au bout du Pavillon Sainte-Marie, parce que moi, j'ai les salles de l'oligophrénie, c'est-à-dire des débiles, imbéciles et sottes, tandis que Sainte-Hélène, c'est pour ainsi dire l'enfer de la psychiatrie. Cette personne, c'est la petite fille qui avait dit à sa mère : « Si tu me renvoies à Saint-Jean-de-Dieu, je ne parlerai plus ! » Après vingt-huit ans, elle n'a pas parlé. Qu'est-ce qu'il faut faire dans un cas pareil ? Ce qu'il y a de beau, c'est que pendant vingt-huit ans elle ait tenu parole. On ne pourra jamais lui redonner un pareil honneur : il ne faut pas le lui faire perdre. Or, arrivent à la salle Sainte-Hélène deux psychiatres français, mari et femme, genre Tintins libérateurs, qui s'intéressent à son cas et décident de la faire parler. Évidemment, elle est ahurie. Elle n'a jamais vu des gens pareils, qui passent des heures avec elle et s'assoient sur son lit : papa et maman psychiatres lui tiennent la main, la font sortir en automobile et réussissent à la faire parler. Mais avant leur départ, elle comprend son erreur et — elle est assez intelligente — les traite de « voleurs d'âme ». Ce qui veut dire que c'est une folie qu'il aurait fallu respecter. On est souvent pris devant des cas qui sont enclenchés depuis si longtemps qu'il n'y a plus moyen... Il faut tenir compte de la durée de la maladie ou de la folie : on ne traite pas un cas récent comme un cas ancien. Dans cette situation, après avoir étudié toutes les possibilités de cette personne — à quinze ans elle n'avait pas beaucoup appris, ne savait pas dire grand-chose et avait été vingt-huit ans sans parler — il faut se demander : qu'est-ce qu'il y a de mieux en elle ? C'est évidemment son prodigieux silence qu'elle a d'ailleurs gardé de peine et de misère. Ce genre de folie-là, il faut la respecter, parce qu'on n'a rien à offrir de mieux. Chacun a son coin de folie. Si certains personnages s'y adonnent et y persévèrent à tel point que ça devient leur personnalité d'être fou, qu'il y ait perte pour eux à redevenir bêtement normal, il est mieux qu'ils demeurent fous. Voilà ce que je veux dire ! Il faut toujours chercher le meilleur de l'homme. Il ne faut surtout pas être des « voleurs d'âme », comme disait Céline.

Vous en faites une question de respect de la dignité humaine.

C'est une chose à laquelle j'ai quand même tenu. Je n'en fais pas un plat, mais je crois qu'il faut la favoriser. Ça nous avantage. Ça me vient peut-être des anciens villages où il y avait un respect du vieillard, où Nérée Beauchemin, à Yamachiche par exemple, faisant de la galerie avec deux de ses filles célibataires, répondait par un petit signe à ceux qui le saluaient. Si on ne respecte pas les gens, on devient quoi ?

Est-ce à dire que nous vivons dans une société chaotique, insatisfaisante ? Puisque, dans votre œuvre, l'évolution du traitement de la folie et de la société vont de pair. Il vous arrive de comparer, par exemple, l'envahissement américain à la folie... Et il y a toujours cette question d'orientation qui est très importante...

Envahissement américain… Je ne suis peut-être pas tellement bien placé pour en parler. Je ne connais pas beaucoup les États-Unis. Au fond, j'ai peut-être une petite pensée très conservatrice. Je pensais, par exemple, dans *Papa Boss*, à la société de consommation qui peut devenir frénétique : « Vivez d'abord, payez après ! » On en voit un peu les conséquences par ces temps de crise. Il est sûr qu'on se trouve pris dans une course à la mort qui ne ressemble pas à la sagesse et à la vie ordinaire, où l'on trouve le bonheur autour de soi sans faire de grands sparages, avec les gens qui nous entourent.

L'écrivain, une manière de fou

Vous avez dit : « Quand la folie devient un miroir, elle nous brûle. » Il y a en même temps chez vous une fascination pour la folie qui rejoint à cet égard une longue tradition en Occident, dont une des manifestations est le rapport qu'on a souvent cherché à cerner entre le discours de la folie et l'écriture.

Elle brûle quand elle allume en vous la folie que vous portez vous-même. Si vous l'approchez avec de bons sentiments et avec gentillesse, amour et patience, et qu'il ne s'agit pas de vous y voir, elle n'a rien d'un miroir dangereux. Elle a toujours son rôle. Il ne faut pas qu'elle soit trop séduisante. C'est là la fonction du haut-lieu qui était autrefois Saint-Jean-de-Dieu, Gamelin, Longue-Pointe. C'était un phare de sagesse pour autant qu'on cherchait à ne pas être un échappé de Longue-Pointe, en se tenant responsable de son discours, de ses gestes, de sa personne, alors qu'en réalité, on n'est pas tellement responsable, si vous voulez bien en convenir. Mais vous vous appliquez pour ne pas être un fou. Ne pas être fou, c'est ça la sagesse. Mais pour ne pas être fou, il faut qu'il y ait des lieux de fous. À ce moment-là ils servaient de repoussoir. La folie peut avoir cette fonction pour autant qu'elle n'est pas trop généralisée. Quand elle était dégagée de la société, elle pouvait être considérée comme un haut-lieu de sagesse. Mais ça faisait partie du décor d'un pays, d'une vaste contrée. Je viens d'une société où c'était très important de ne pas être un « échappé de Beauport », un « échappé de Longue-Pointe ». Ça nous obligeait à faire attention à nous et, d'une certaine façon, ces lieux agissaient d'une façon positive, tout en accordant protection à des gens ne pouvant pas prendre soin d'eux-mêmes, dangereux pour eux-mêmes, pour la société. Il arrivait bien sûr qu'on y mette des gens qui auraient pu ne pas être internés. Et le fait d'être interné créait une deuxième folie. Je vous parlais de Céline qui avait dit à sa mère : « Si tu me renvoie à Saint-Jean-de-Dieu, je ne parlerai plus », et qui pendant vingt-huit ans ne parla plus, n'était pas sortable. Surtout, il ne fallait pas essayer de la faire parler, parce que ça devenait beau cette obstination. Elle avait tenu parole en ne parlant pas.

Mais est-ce que l'écrivain n'est pas fasciné en quelque sorte par la folie, à cause du débridage du langage auquel elle peut donner lieu ?

Moi, pas. J'imagine que certains écrivains ont pu être fascinés par la folie. Et d'autant plus que dans le fou l'écrivain se reconnaît, parce que l'écrivain est aussi une manière de fou. C'est lui qui prend tout le discours. Je pense à Gauvreau. Il voulait transposer dans le langage la peinture qui se passe du figuratif. Il commettait peut-être une erreur. Il est sûr que même si vous circulez dans les villages et que vous écoutez parler les gens, vous allez rencontrer de merveilleux locuteurs, de très beaux conteurs, de très beaux orateurs qui ont une espèce de génie verbal que, si vous n'avez pas, vous cherchez à transcrire en écrivant. Ce fut pour moi déterminant. Comme je vous ai dit, je suis allé m'établir dans le Bas de Québec parce qu'on y parlait mieux que dans le Haut. Évidemment, il y a aussi chez les fous de grands délirants qui sont pour ainsi dire des maîtres, des espèces de prophètes qui déparlent, qui laissent se dérouler la bobine. Pour commencer, ça leur prend une certaine formation, une certaine instruction. Dans mes salles d'oligophrénie, à la fin de mon séjour à Saint-Jean-de-Dieu, j'ai eu des personnes qui embarrassaient le psychiatre, qui ont été précipitées dans mes Enfers, dont une certaine Louise qui délirait admirablement bien, mais qui ne délirait pas devant n'importe qui. Il y a nécessairement des trouvailles de langage qui se font par une sorte d'automatisme, en alignant les mots. Pour commencer, elle se mettait très haut. Elle était, non Dieu, mais Dieu plus que Dieu. Elle se mettait à discourir et de temps en temps elle trouvait des choses très belles qu'il était impossible de lui faire répéter. J'avais beaucoup de respect pour elle. Je l'ai protégée autant que j'ai pu. Elle ne portait pas la jupe, mais le pantalon. Elle se disait Lambert Closse, mais aussi Sieur de Maisonneuve et avait une façon de donner des taloches terribles aux gardiennes en les attrapant dans le derrière de la tête. De sorte que je l'ai reçue attachée sur une chaise roulante. J'ai réussi à la détacher pour la durée de mon séjour. Elle m'appelait « Général », « Mon Général ». « Qu'est-ce que c'est, mon Général ? Une cravate, caca d'oie. » Et là elle se riait de moi. C'était une fille extraordinaire. Mais quand je suis parti, elle a frappé un peu trop fort. La dernière fois que je l'ai vue, elle était baveuse de médicaments et attachée par un pied, parce qu'on ne pouvait pas la laisser circuler. Même en asile, ce personnage, Dieu plus que Dieu, devenait terrible et arbitraire dans ses décisions. On ne lâche pas Jéhovah dans une salle d'asile !

Revenons au Pas de Gamelin. *Vous le jugez un échec parce que vous y abordiez la folie comme quelque chose de global et que vous vous êtes rendu compte que c'était de cas particuliers qu'il fallait traiter ?*

C'est l'œuvre dont je rêvais et que j'ai d'ailleurs vendue avant de l'avoir écrite. Je me suis fait donner une bourse de 18 000 $ par le Conseil des Arts pour l'écrire, argent dont j'avais besoin, parce que j'étais toujours pris avec des problèmes de chevaux. Je m'étais installé à Saint-Marc. Mes enfants faisaient de l'équitation. J'avais de grands besoins d'argent. Je me suis dit : « Puisque je fais *Le pas de Gamelin*, je vais me faire donner une bourse pour l'écrire. » Ce fut l'échec ! Je n'ai pas su quel ton prendre. Il aurait fallu que je cite, que je m'efface, alors que je suis resté trop présent, mais d'un autre côté, non, je ne m'explique pas... Un désastre !

Et vous y mettez la dernière main ?

Comme je vous dis, j'en ai fait le commencement et la fin. Tel qu'il est, ça peut faire un livre[3] que peut-être je grossirai de l'intérieur, mais ce n'est pas fait du tout de la même façon. C'est écrit avec prudence, avec une distanciation et en pensant au lecteur. Il faut bien, puisque j'en ai publié quelques chapitres dans *Le Courrier médical*, journal qui a remplacé *L'Information médicale et paramédicale*. Quelques généralités, mais j'en viens rapidement à des cas particuliers. Quand vous vous trouvez dans un lieu pareil, vous pensez évidemment à la réhabilitation, à la réadaptation. J'avais un système. Je me suis rapidement débarrassé du Service social pour faire toute la besogne moi-même. La réadaptation, je la faisais. Je comptais beaucoup sur l'évasion, les réadaptations qui se faisaient tout naturellement.

Je raconte en particulier l'histoire de Claire McMitchell, je l'appelle Claire McComeau dans ce livre-là : elle était une championne de la désertion. C'était une petite fille dans le bout de Ville-Émard qui nous est revenue, une fois, après beaucoup d'évasions, avec un petit accent acadien. Elle s'était trouvée une patrie à Saint-Amateur, en arrière de Caraquet, Tracadie, lieu

---

3. Il s'agit de ce qui deviendra *La conférence inachevée. Le pas de Gamelin et autres récits* (préface de Pierre Vadeboncœur, édition préparée par Pierre Cantin, Marie Ferron et Paul Lewis, Montréal, VLB éditeur, 1987, 239 p.), où l'on retrouvera les personnages évoqués plus loin. (Note reprise de *L'Autre Ferron*, p. 429.)

invraisemblable. Elle était en rivalité avec son père qui était une manière d'ancien sergent de l'armée qui la gardait dedans. Quand elle est devenue majeure — en 1970 on devenait majeure à vingt et un ans —, je l'ai mise en congé. Entretemps, elle avait eu un enfant à Saint-Amateur, un enfant qui avait été gardé par des gens de l'endroit. On avait fait un accroc à la légalité en disant qu'elle, Claire McMitchell, était la fille d'une dame de Saint-Amateur : sa fille adoptive. L'enfant y était resté. Pour la mise en congé, on bénéficie ordinairement du Bien-Être social, mais seulement à l'intérieur des provinces. Je me suis rendu compte qu'il y a des frontières entre le Nouveau-Brunswick et le Québec. Ce serait vraiment trop commode d'envoyer nos nécessiteux au Nouveau-Brunswick, et vice versa. Il faut six mois d'attente. Alors, nous l'avons mise en congé, mais en ayant soin de l'habiller. La salle a participé et la communauté des Sœurs de la Providence y est allée d'un cent dollars. Le chauffeur des Sœurs est allé la conduire à la Gare centrale. Elle est retournée splendidement à Saint-Amateur, a repris son enfant, s'est mariée. Voilà un cas assez heureux, mais elle avait, pour ainsi dire, tout fait elle-même. Elle s'était trouvée un lieu où elle était capable de se trouver un mari, parce qu'elle avait toujours décidé de se marier. Je la connaissais depuis le Mont-Providence. Le psychiatre disait : « Elle tient des propos insensés ! » Une petite délinquante qui a décidé de se marier, ça ne semblait pas avoir de sens.

C'est un cas heureux. Il s'en présente un deuxième moins drôle. J'avais une patiente assez bizarre qui pouvait simuler admirablement une crise d'épilepsie. Elle nous avait été indiquée par un neurologue. Étant dans sa famille, à la suite d'une émotion, elle s'était fait jouer un mauvais tour. Parce que les fous, c'est-à-dire les gens qui ont des comportements anormaux, se font souvent jouer de très mauvais tours. Elle était entrée à Notre-Dame à la suite d'un choc émotionnel dans un état de *status epilepticus* : une crise ne cesse pas qu'une autre recommence. Était-ce une véritable épilepsie ou était-ce feint ? Probablement qu'il y avait un peu de feinte. Pour arrêter ça, on lui a fait la lobotomie. Ce sont des choses qui arrivent et qui sont assez nuisibles. Par après, elle se ramasse au *Montreal General* enceinte. Là, étant donné ses antécédents, sa lobotomie, on l'éviscère rapidement et on me la renvoie à Saint-Jean-de-Dieu, m'affirmant qu'elle devait être gardée enfermée de façon définitive et en me signalant qu'un quinquagénaire répugnant, un nommé Euvague Girouard, rôdait autour du lit et qu'il était probablement son maquereau. Un maquereau qui s'appelle Euvague, ça n'a pas beaucoup de bon sens. C'était un Brayon, originaire, je pense, de Saint-Quentin, près d'Edmunston, qui en mangeant de la misère était parvenu à Montréal et avait un emploi stable. Il commençait à voir le jour et il avait rencontré cette petite fille-là, dont il est tombé éperdument amoureux — et dans le meilleur sens du mot. Ce n'était pas un maquereau du tout. C'était au contraire un parti fort convenable pour elle. D'ailleurs, elle était assez impressionnée d'avoir un Roi Mage qui venait la voir. On les a mariés, je me souviens, dans une petite église du centre-ville : deux Sœurs de la Providence y assistaient. Ce fut une des réussites.

Lorsqu'on fait un livre sur les lieux d'internement, on rencontre une grande difficulté si on ne peut parler d'un des grands moteurs de l'écriture, l'évasion. Les grands livres ce sont des livres d'évasion. C'est *La chartreuse de Parme*. Si tu mets une forteresse, avec des prisonniers dedans, au milieu du livre, il faut que tu réussisses à en faire évader. Ça fait partie du genre, peut-être parce que le lecteur est un homme pris, captif, obligé de tenir son livre. C'est là une des difficultés d'un livre tel que *Le pas de Gamelin*. Si tu veux réussir à parler d'un lieu d'enfermement, il faut que tu y réussisses des délivrances. C'est une sorte d'impératif qui déjà se trouvait à gâter le livre.

Pour la première fois peut-être, je me rendais compte que le lecteur était là. Le lecteur, je m'en étais toujours fiché. Pour la bonne raison que je fais des livres pour me prouver que je fais des livres. D'abord je les imprimais à compte d'auteur ; alors personne ne me critiquait. De cette façon-là, je me suis fait une petite réputation. Quand j'ai eu des éditeurs, ils n'osaient pas me faire de recommandations, me dire : « Il faudrait changer ci et ça… » De sorte que je faisais des livres tout bonnement, pour la joie de faire des livres et je ne pensais pas le moins du monde au lecteur. Il est arrivé qu'après un certain temps j'ai pensé un peu à la distribution. C'est ainsi que je me suis mis à faire de la critique littéraire. Yves Thériault m'avait dit : « Il faut accrocher son nom dans un périodique ! Faire de la critique littéraire au *Petit journal*, dans *Maclean*, c'est bon ! Tu accroches ton nom chaque semaine, chaque mois et ça aide à tes livres ! » Je sentais quand même, étant publié par des éditeurs qui tenaient sans doute à vendre la marchandise, que je devais y mettre du mien. J'ai commencé à faire de la critique dans ce but-là pour mettre mon nom en public. Mais ce n'est jamais allé plus loin. Je ne me suis jamais pris la tête entre les mains en me disant : « Pour qui j'écris ? Quel est le lecteur ? » Avec *Le pas de Gamelin*, oui, j'ai pensé au lecteur. J'ai pensé qu'on ne pouvait pas lui présenter des cachots, des cabanons, sans qu'il y ait une libération. Alors ça devient tout de suite une discussion que tu dois entamer avec le lecteur, il faut lui accorder certains droits : libérer Claire McComeau et marier la petite pseudo-épileptique. D'un autre côté, essayer de lui montrer que dans ces lieux, dans ce grand village enfoui, il y avait du bonheur, que ce n'est pas l'enfer absolu et qu'il ne faut pas tout libérer. J'ai eu l'impression dans ce livre-là de transiger un peu avec le lecteur. C'était la première fois.

Le lecteur oublié

En pensant au lecteur et à son besoin d'évasion, vous vous trouviez devant un dilemme ?

J'ai tenu compte du lecteur et une espèce de contestation s'est installée entre lui et moi : moi qui écris dans un temps vide, noir, et le lecteur qui est au bout du fil et qui est captif. J'ai vu pour la première fois le lecteur captif, immobilisé, bêtement, un bipède assis sur son derrière tenant dans ses deux mains un livre, ne bougeant pas.

Vous avez eu pitié du lecteur ou peur qu'il abandonne le livre ?

Non, mais pour la première fois j'ai pris connaissance du lecteur et il en est résulté une sorte de regret. Je me suis dit : « Voilà un homme à qui j'aurais peut-être dû penser depuis longtemps ! » En somme, en fin de carrière, au moment où je n'ai plus grand-chose à dire, je pense au lecteur auquel j'aurais toujours dû penser, auquel je n'ai pas pensé...

C'est un souci qui vous vient...

...trop tard !

Trop tard ? Auriez-vous pu écrire, y avoir pensé dès le début ?

Je ne sais pas, je ne sais pas. Il se peut que ça m'aurait paralysé. Il se peut que ça m'aurait fait faire des sottises. Enfin, j'aurais fait quelque chose de tout à fait différent de ce que j'ai fait.

Ce que je comprends en tout cas, c'est que le souci du lecteur vous a bloqué dans Le pas de Gamelin.

Dans la première version, je ne réussissais pas à entrer dans Gamelin — toujours la porte ! —, d'autant moins que dans la première version j'avais un narrateur accompagné de Maski.

Qu'est-ce que vous voulez, j'ai toujours eu un double. Maski, c'est un bonhomme qui vient du comté de Maskinongé ; je viens du comté de Maskinongé. Il est médecin ; je suis médecin. Ce n'est pas lui qui écrit ; c'est lui qui me fournit la matière. En somme, aussi longtemps que le dédoublement n'a pas lieu, ça va assez bien. Mais dès qu'il eut lieu... J'ai pensé me tirer d'affaire en me débarrassant de Maski ; ce qui n'a pas été le cas. J'ai exécuté Maski lorsque je me suis rendu compte que j'étais en présence de moi-même, seul. Je ne me trouvais pas intéressant. L'écrivain est un être assez bizarre. Le lecteur a l'air bête : il est assis, il tient le livre, il ne bouge pas ; il faut lui donner libération dans le livre. L'écrivain aussi est un homme assez bête qui est assis devant une table, qui écrit et, s'il fait abstraction de ce qu'il écrit, n'a absolument aucun souvenir de toutes les heures qu'il y passe. Ce sont des moments où on ne vit pas, absolument pas ! Je pense à ce *Ciel de Québec* que j'ai pu écrire parce que j'avais beaucoup de vitalité. Mais, à ce moment-là, j'étais un peu comme un somnambule. Tu entres dans un livre et tu ne veux pas en sortir. Tu fais le reste sans remarquer ce qui t'arrive. Des plans pour avoir un accident ! Il se peut qu'après un certain temps, tant d'heures invécues produisent une révolution et que cet homme obscur qu'est l'écrivain s'ébroue comme un monstre et veuille se manifester. Mais il est complètement informe, il sort de la boue, il n'a rien à dire. Il n'a rien à dire !

Rien à dire... à part ses livres !

Et même ses livres, est-ce que c'est lui qui les a écrits ? Oui, il les a écrits, mais peut-être sous la dictée d'un autre. Et peut-être que cet homme, l'esclave qui sort de la boue, veut s'en prendre à celui qui lui aura soufflé derrière son épaule et veut le tuer. Ce qui ne l'avantage absolument pas, parce que lui, à part écrire, ne sait rien faire...

Mais quelle est la fonction de cet autre, de ce double ?

C'était probablement... Je ne sais pas. C'était peut-être un effet du miroir, du miroir de la folie qui est nuisible quand...

Est-ce que je vous suis bien ? Le souci du lecteur cherchant à s'évader vous conduit à celui de l'écrivain cherchant à sortir de lui-même.

Ça peut être intéressant que deux personnages qui, ordinairement s'évitent et ne veulent pas se comprendre, se rencontrent. Moi, en fin de compte, j'ai commencé par écrire des lettres. Dans ma famille, comme nous étions dispersés, nous avons commencé par nous écrire entre nous, mes sœurs et moi. J'ai écrit à ma sœur Merluche rendue dans ce pays inconnu qui était la Beauce. Ma sœur Marcelle, elle, était trop loin, à Paris : on ne pouvait pas trop communiquer avec elle... Mais à qui s'adresse le livre ? On ne le sait pas et quand on ne sait pas à qui l'on s'adresse, qui est-on soi-même ? Il y a un double inconnu qui surgit et que j'ai peut-être voulu résoudre par ces descriptions schématiques du lecteur et de l'écrivain. C'est le lecteur qui m'a permis de me voir le premier parce que, traitant d'un lieu d'enfermement, je me disais, en me souvenant de mes lectures, en particulier de *La chartreuse de Parme* — c'est un livre que j'ai adoré —, qu'on ne décrit des forteresses que pour permettre à Fabrice de s'en évader. Je me suis trouvé à Saint-Jean-de-Dieu dans une forteresse et je me suis dit : « Qui est mon lecteur ? » Je l'ai vu qui s'attendait à ce que je fasse des évasions. Mais là, immédiatement, je vous raconte deux histoires de petites filles qui s'évadent, l'une à Saint-Amateur et l'autre qui épouse un Brayon. Par ailleurs, je vous dis que dans le cas de Céline, qui est entrée à Saint-Jean-de-Dieu vingt-huit ans auparavant, en disant à sa mère : « Je ne reparlerai plus jamais ! », on ne peut pas la faire sortir de son mutisme, parce que nous sommes en présence de quelque chose qui transcende ce qu'on peut offrir d'amusement au lecteur, de satisfaction au lecteur, de simple évasion. On peut lui expliquer qu'il faut toujours s'en tenir à la grandeur et que le mutisme, après vingt-huit ans, devient une forteresse à laquelle il ne faut pas s'attaquer.

Il m'avait semblé que l'évasion, la délivrance, pour employer un autre terme, était une chose assez naturelle dans vos récits. Je pense à Cotnoir *qui finit bien...*

Qui finit bien pour Emmanuel, mais pas pour Cotnoir. Enfin, oui... ça finit bien. Ce pauvre Cotnoir trouve à sa mort un sens et c'est assez difficile de donner à sa mort un sens. C'est un livre réussi de ce point de vue-là, moins la délivrance d'Emmanuel, assez incertaine. Le dernier Emmanuel qu'on voit à la fin du livre n'est pas le véritable Emmanuel : c'est le pauvre d'esprit en général qui est heureux, qui passe par-dessus les tombes. Cotnoir meurt pour son salut. C'est plutôt un sacrifice. On sacrifie la grosse bête !

Il ne faut donc pas voir dans la dernière image du livre un triomphe sur la mort, mais quelque chose qui la rend plus sensée ?

Oui, Cotnoir aura été un médecin conséquent.

Vous ne seriez donc pas d'accord avec cette idée que vos œuvres vont naturellement vers la délivrance ?

Quand on fait un livre, on le commence et on ne sait pas trop comment il va finir. La possibilité de l'achever est une sorte de délivrance en soi. On peut dire que le mouvement naturel du livre porte à la délivrance de l'écrivain. Mais tout dépend du genre d'esprit qu'on a. Je suis un auteur plutôt gentil, je n'aime pas les catastrophes, je n'aime pas les mortalités inutiles. On peut se tirer d'affaire dans les livres en tuant tous les gens. Il n'y a pas, je pense, d'assassinat dans mes livres, et si je peux les comparer à une forme de théâtre, ce serait à la comédie héroïque, non à la tragédie ; je ne suis pas un auteur tragique. L'auteur tragique se tire d'affaire lui aussi : il tire des livres de sa tragédie, il les rend à terme, mais au prix de catastrophes. Ce qui n'est pas du tout mon tempérament. Non ! Nous ne sommes pas un peuple tragique, et il se peut que je m'adonne bien avec mon pays.

En vous lisant, je n'ai jamais éprouvé le sentiment d'être un lecteur oublié. Peut-être parce que souvent j'entends un conteur qui suppose forcément la présence d'un auditeur. Je suis donc surpris de vous entendre parler de l'absence de préoccupation du lecteur.

Il y a quelque chose de contradictoire dans ça. Si j'avais été bon conteur, il est sûr que je n'aurais pas écrit. J'ai écouté de bons conteurs, je les ai admirés, mais je n'ai pu relancer le conte. Il se peut que j'aie écrit pour compenser cette infirmité, mais est-ce que je conte pour un public comme le conteur ? Il a la présence physique des gens et il se modèle sur eux, varie d'après leurs rires, tandis que toi seul, tu ne peux... Peut-être que j'ai commencé par le théâtre à cause de cela, prévoyant une réaction du public. J'ai écrit des petites choses pour le théâtre, des trucs comme *Tante Élise ou Le prix de l'amour*, des bagatelles... C'était pas méchant ! Là, il est certain que ça s'adresse à un public, pas à un lecteur. Le conteur ne s'adresse pas à une personne en particulier. En ce sens, il se peut que mon admiration pour le conteur ait eu des conséquences et que j'aie fait quelques petites pièces pour le théâtre afin d'avoir un public. Quand il s'est agi d'écrire, j'ai écrit des lettres et je savais à qui elles s'adressaient, mais quand j'ai commencé à écrire des livres, je ne savais plus à qui je m'adressais : le lecteur a longtemps été un inconnu. Ce n'est qu'avec *Le pas de Gamelin* que je me suis mis à penser à cette personne seule et captive. Auparavant, je n'avais pas beaucoup réfléchi à la question. Malheureusement peut-être !

Pourtant, dans « Suite à Martine », le lecteur que je suis se retrouve très bien dans l'auditeur supposé auquel les différents personnages racontent leur histoire.

C'est un truc qui date d'assez longtemps, de 1948. « Suite à Martine » participe un peu au tumulte du théâtre, mais ce n'est pas une œuvre froide, comme l'est « Martine » que je préfère.

Dans Papa Boss, *le « vous » narratif dont vous vous servez ne cherche-t-il pas à confondre personnage et lecteur ?*

C'est un procédé qui avait déjà été utilisé par un écrivain français qui ne l'avait pas fait dans un but précis. Avec *Papa Boss*, je me suis dit : « Je vais faire une Annonciation comme les peintres. » J'ai commencé l'Annonciation et je me suis rendu compte très rapidement qu'elle devenait blasphématoire. Alors, je l'ai reprise autrement et je me suis servi du « vous » pour camoufler le locuteur qui cause et ne se nomme pas, mais apparaît à la fin. C'est devenu un truc de composition. On s'en permet nécessairement quand on écrit.

Cette manière m'apparaissait favoriser de façon particulièrement efficace l'identification du lecteur au personnage qui s'entend raconter son histoire par celui qui l'en dépossède.

Je ne pense pas. Dans *La charrette* aussi nous avons des changements de sujets…

Mais d'une certaine façon — et ces exemples tendraient à le montrer —, n'avez-vous pas toujours posé la question du lecteur et de l'écrivain ? Toute votre œuvre n'en fait-elle pas une question d'honnêteté ?

Bien sûr. Étant donné que je ne me considère pas comme un amuseur public : je n'aurais pas pu écrire n'importe quoi. Je ne dis pas contre ma conscience… Il faut croire que je ne pouvais pas tout dire. Beaucoup de choses ne m'étaient pas permises, ne serait-ce que parce que je suis médecin. Mais enfin, c'est un peu plus qu'une question médicale. C'est un devoir envers soi-même et l'humanité. Il y a des choses que nous ne pouvons pas nous permettre, comme d'abaisser l'homme de quelque façon que ce soit, étant donné qu'il a déjà un peu de difficulté à se hisser dans les petites dignités où il se trouve. Je me suis toujours trouvé devant une contradiction.

Index

A

Alain, 20, 141, 142
Alembert, Jean d', 70
Allende, Salvador, 75
Amtmann, Bernard, 217, 243
Aquin, Hubert, 159, 238
Arcand, Adrien, 159
Archambault, Joseph-Papin, 71
Aubert de Gaspé, Philippe-Joseph, 118

B

Bachand, Mario, 155, 159, 163
Baillargeon, Pierre, 20, 25, 27, 230, 251, 262, 270
Barbeau, Marius, 58, 120, 232
Beauchemin, Nérée, 172, 292
Beauchemin, Yves, 213, 218
Beaulieu, Victor-Lévy, 213, 214, 215, 216, 218, 241, 248, 249, 251
Bednarski, Betty, 147
Bellemare, les demoiselles, 29
Berger, Louis, 41, 78, 79
Bernier, Robert, 20, 25, 26, 134, 222
Bessette, Gérard, 214, 230, 255
Blair, Robert, 52
Blais, Marie-Claire, 213

Blanchard, Raoul, 232, 240, 241, 245
Bolivar, Simón, 133
Bordeaux, Henri, 194
Borduas, Paul-Émile, 49, 50, 51, 54, 55, 56, 58, 59, 60, 75, 76
Bouchard, Paul, 62
Boucher, Roméo, 212, 279
Boulanger, Jean-Baptiste, 23, 134, 135
Bourassa, Henri, 204
Bourget, Ignace, 189
Bremond, Henri, 241
Breton, André, 49
Brillant, Jacques, 250
Brousseau, Serge, 68
Bruchési, Jean, 229
Buies, Arthur, 65, 241, 254
Bujold, curé, 39, 112

C

Caldwell, Erskine Preston, 251
Camus, Albert, 271
Caron, Adrienne, 32, 69
Caron, Charles-Olivier, 31, 38, 256
Caron, Émile, 33
Caron, Georges, 31
Caron, Hector, 32
Caron, Irène, 31

Caron, Louis, 213, 218
Caron, Louis-Georges, 31
Caron, mère Marie de Jésus, 31
Caron, Rose-Aimée, 31
Cartier, Jacques, 174, 178, 233
Casgrain, Thérèse, 150
Catherine de Sienne, 115, 261
Céline, Louis-Ferdinand, 259, 292, 294, 302
Chamberlain, Raymond, 166
Chamberland, maire, 167
Chamberland, Paul, 124, 215
Champlain, Samuel de, 174
Chaput, François, 13, 14, 16
Chaput, Marcel, 158
Charbonneau, Robert, 230
Charlebois, Robert, 152
Chartrand, Michel, 151
Chateaubriant, Alphonse de, 69
Chénier, Jean-Olivier, 154, 168, 175, 176, 177, 221, 231
Choquette, Jérôme, 162, 163
Claudel, Paul, 186, 233, 240, 275
Cliche, Madeleine. V. Ferron, Madeleine
Cliche, Robert, 22, 33, 34, 40, 60, 94, 119, 151, 152, 194, 202, 208, 220, 229, 242
Closse, Lambert, 295
Cloutier, Fernand, 38
Conan, Laure, 189
Corneille, Pierre, 115, 233
Cossette, Marguerite, 201
Côté-Mercier, Gilberte, 208
Coulombe, Angèle, 29
Courteline, Georges, 211
Crespel, Emmanuel, 180

D
Dalbis, Louis-Janvier, 235
Daudet, Alphonse, 257

De Reynald, abbé, 232
Deffontaines, Pierre, 232
Dickens, Charles, 212
Diderot, Denis, 70
Dollard des Ormeaux, 168, 175, 176, 228
D'Ormesson, Vladimir, 275
Dostoïevski, Fiodor Mikhaïlovitch, 13
Drapeau, Jean, 167
Druzin, Monsieur, 179
Dubuc, Carl, 134
Dubuc, Jacques, 134
Dubuc, Joseph, 134
Duceppe, Jean, 111
Ducharme, Réjean, 149, 252, 253
Ducros, Jacques, 162
Duhamel, Roger, 220
Duhau, Anne-Marie, 173, 289
Duplessis, Maurice, 33, 43, 57, 61, 62, 64, 73, 75, 76, 85, 122, 123, 124, 126, 159
Durham, lord, 127, 191, 192, 193, 194
Dwyer, Peter, 246

E
Eco, Umberto, 261
Eliot, George, 251
Ellenwood, Ray, 51, 56, 71, 147, 162
Éthier-Blais, Jean, 156
Ewen, Paterson, 132

F
Fanon, Franz, 125, 172
Ferland, Jean-Baptiste-Antoine, 247
Ferretti, Andrée, 124
Ferron, Adrienne, 29
Ferron, Benjamin, 34
Ferron, Chaouac, 46, 179, 180

Ferron, Émile, 34
Ferron, Jean-Baptiste, 198
Ferron, Jean-Olivier, 16, 147
Ferron, Madeleine, 37, 41, 46, 87, 94, 151, 229, 247
Ferron, Marcelle, 22, 37, 51, 52, 54, 60, 72, 302
Ferron, Marie, 16, 47
Ferron, Martine, 16, 40
Ferron, Paul, 151
Ferron, Thérèse, 46, 81, 224, 251
Flaubert, Gustave, 238, 252
Forbin-Janson, Charles-Auguste de, 203, 204, 205, 256
France, Anatole, 257
Fréchette, Louis, 168, 177, 192, 201, 202, 233, 251
Frégault, Guy, 171

G
Gagnon, Cyrille, 70
Galipeau, Georges, 180
Garneau, François-Xavier, 192
Garneau, Saint-Denys, 69
Gauvreau, Claude, 51, 54, 56, 294
Gérin, Léon, 247
Gérin-Lajoie, Antoine, 247
Gide, André, 43
Giraudoux, Jean, 199, 257, 258, 261, 262
Girouard, Euvague, 298
Gobineau, Joseph-Arthur de, 242
Godbout, Jacques, 252, 254
Godin, Gérald, 146, 148, 149, 155, 156, 173
Goulet, André, 51, 152
Goulet, Louis, 199
Grandbois, Alain, 57, 65
Gravel, Jean-Paul, 22
Grenier, l'avocat, 67
Groulx, Lionel 154, 168, 171, 173, 174, 175, 177, 178, 183, 188, 203, 221, 222
Grube, John, 147
Guérard, Yoland, 288
Guèvremont, Germaine, 250
Guilbault, Muriel, 52

H
Hamelin, René, 202
Harvey, Jean-Charles, 65, 76
Hawthorne, Nathaniel, 251
Hébert, Anne, 187, 189, 219
Hébert, François, 130
Hébert, Jacques, 242, 250, 251
Hémon, Louis, 233, 234, 235, 236, 237, 238, 239
Hénault, Gilles, 46, 74
Hermant, Abel, 20
Hertel, François, 23, 24
Hugo, Victor, 192, 250

I
Illich, Ivan, 97

J
Jobin, Muguette, 40, 41
Joseph-Henri, sœur, 285, 286, 289
Jouvet, Louis, 207

K
Kerguelen, Amiral, 186
Kerouac, Jack, 148

L
La Dauversière, Jérôme Le Royer de, 228, 229
Labelle, Antoine, 65
Lafiteau, Joseph-François, 244
Lanctôt, Gerry, 159
Lanctôt, Jacques, 14, 160
Langlois, Léon, 21

Lapalme, Georges-Émile, 208
Laplante, Juliette, 13
Lapointe, Paul-Marie, 56, 57
Laporte, Pierre, 161, 162, 165,
    166, 167, 177
Lartigue, Jean-Jacques, 243
Laurin, Camille, 145
Lavallée-Ferron, Madeleine, 16, 47
Lavigne, Jacques, 24
Lebeuf, Gisèle, 123
LeFébure, Jean, 58
Lefebvre, Hosanna, 63
Lemelin, Roger, 250
Letondal, Madame, 52
Lévesque, René, 136, 143, 146
Longpré, Daniel, 67, 212
Louis XIII, 228
Louis XIV, 189

M
Maheu, Pierre, 124, 215
Mailhot, Charles-Édouard, 255
Maillet, Andrée, 212, 262
Maillet, Antonine, 110, 178, 237,
    238
Maisonneuve, Paul de Chomedey
    de, 189
Major, André, 149, 215
Mallarmé, Étienne, 257
Malsan, Lucien, 222
Mance, Jeanne, 228
Marchand, Gabriel, 177
Marie-Victorin, frère, 190, 191
Martin, Médéric, 71
McCaffrey, Ida, 179
McComeau, Claire, 296, 299
McLennan, Hugh, 159
McMitchell, Claire, 296, 297
Melville, Herman, 251
Memmi, Albert, 125, 172
Michaud, Ginette, 13, 16
Millet, Robert, 152

Minville, Esdras, 112
Miron, Gaston, 150, 155, 156,
    173, 254
Mongeau, Serge, 159
Morin, Jacques-Yvan, 159
Mousseau, Jean-Paul, 49, 51, 54,
    55, 58

N
Napoléon, 177
Nelligan, Émile, 254
Noiseux, Denis, 24

O
Olscamp, Marcel, 14, 16, 17

P
Pagé, Jean-Charles, 284
Painchaud, Charles-François, 247
Panneton, Georges-Élisée, 29, 39,
    209, 250
Papineau, Louis-Joseph, 168
Paquette, Jean-Marcel, 217, 261
Parent, Madeleine, 45, 74, 122
Pascal, Blaise, 275
Patenaude, Léon, 155
Paul, Rémi, 159
Péguy, Charles, 232
Pellan, Alfred, 55, 57
Pelletier, Gérard, 71, 151
Pétain, Philippe, 68
Plante, le conteur, 202, 211
Plante, Léonce, 45
Poe, Edgar Allan, 284
Poirier, Patrick, 14, 15, 16
Poutré, Félix, 129
Pratte, Paul, 116
Prévost, l'abbé, 27
Proust, Marcel, 207
Provencher, Serge, 264
Pruneau, Gilles, 159, 163

R

Rabelais, François, 261
Racine, Jean, 114, 273
Rémillard, Léo, 166, 167
Renaud, Jacques, 149
Richard, Jean-Jules, 51
Riel, Louis, 26, 174, 199
Rioux, Émile, 103
Robert, Guy, 50, 60
Romains, Jules, 41
Rose, Jacques et Paul, 159, 162, 166
Rose, Paul, 154, 159, 160, 162, 163
Rosny, Joseph Henri, 255
Rostand, Edmond, 257
Rotrou, Jean, 233, 236, 237
Roy, Claude, 240
Roy, Gabrielle, 107, 249, 250, 254
Roy, Jean-Louis, 63
Roy, Raoul, 122, 123, 155
Ryan, Claude, 74

S

Savard, Marie, 90
Scott, Walter, 251
Seguin, Robert-Lionel, 169
Sévigny, Pierre, 71, 72
Simard, Francis, 159, 162, 166
Staline, Joseph, 67, 68
Stendhal, 260

T

Tallemant des Réaux, Gédéon, 228
Tanguay, madame, 100
Taschereau, Alexandre, 65, 76, 159
Thadéus, Frère, 190, 201, 213
Thérèse d'Avila, 115
Thériault, Yves, 218, 219, 221, 230, 250, 251, 253, 255, 299
Thiboutot, Bertrand, 46
Tisseyre, Michèle, 253
Tisseyre, Pierre, 253
Tocqueville, Charles Alexis de, 191
Tolstoï, Léon, 144
Tranquille, Henri, 41, 51, 56
Trempe, Lorraine, 279
Trudeau, Pierre Elliott, 24, 27, 71, 72, 73, 134, 135, 143, 157, 160
Turner, John, 162

V

Vadeboncœur, Pierre, 151
Vaillancourt, Raoul, 178
Valéry, Paul, 28, 199, 257, 262, 275
Vanasse, Paul, 78
Verchères, Madeleine de, 106
Viau, Guy, 86
Viger, Bonaventure, 184, 209
Vigneault, Gilles, 106

Œuvres de Jacques Ferron*

L'ogre, Cahiers de la File indienne, 1949.

La barbe de François Hertel suivi de *Le licou*, Éditions d'Orphée, [1951].

Le dodu ou le prix du bonheur, Éditions d'Orphée, 1956.

Tante Élise ou le prix de l'amour, Éditions d'Orphée, 1956.

Le cheval de Don Juan, Éditions d'Orphée, 1957.

Les grands soleils, Éditions d'Orphée, 1958.

Contes du pays incertain, Éditions d'Orphée, 1962.

Cotnoir, Éditions d'Orphée, 1962.

La tête du roi, Association générale des étudiants de l'Université de Montréal, 1963.

Cazou ou le prix de la virginité, Éditions d'Orphée, 1963.

Contes anglais et autres, Éditions d'Orphée, 1964.

La sortie, dans *Écrits du Canada français*, n° 19, 1965.

La nuit, Éditions Parti pris, 1965.

Papa Boss, Éditions Parti pris, 1966.

Contes, édition intégrale : *Contes anglais*, *Contes du pays incertain*, *Contes inédits*, Éditions HMH, 1968.

---

* Bibliographie préparée par Marcel Olscamp. N'est donnée que la date de la première édition ; pour une bibliographie complète, on se reportera aux ouvrages de Pierre Cantin (*Jacques Ferron, polygraphe*, Montréal, Bellarmin, 1984) et de Patrick Poirier (« Sur Ferron et son œuvre », dans *L'autre Ferron*, p. 439-461). À moins d'indication contraire, le lieu d'édition est Montréal.

La charrette, Éditions HMH, 1968.

Théâtre I. Les grands soleils, Tante Élise, Le Don Juan chrétien, Déom, 1968.

Le cœur d'une mère, dans *Écrits du Canada français*, n° 25, 1969.

Historiettes, Éditions du Jour, 1969.

Le ciel de Québec, Éditions du Jour, 1969.

L'amélanchier, Éditions du Jour, 1970.

Le salut de l'Irlande, Éditions du Jour, 1970.

Les roses sauvages, Éditions du Jour, 1971.

La chaise du maréchal ferrant, Éditions du jour, 1972.

Le Saint-Élias, Éditions du Jour, 1972.

Les confitures de coings et autres textes, Éditions Parti pris, 1972.

Du fond de mon arrière-cuisine, Éditions du Jour, 1973.

Théâtre II. Le dodu ou le prix du bonheur, La mort de monsieur Borduas, Le permis de dramaturge, La tête du roi, L'impromptu des deux chiens, Déom, 1975.

Escarmouches. La longue passe, 2 tomes, Leméac, 1975.

Gaspé-Mattempa, Trois-Rivières, Éditions du Bien public, 1980.

Rosaire, précédé de *L'exécution de Maski*, VLB éditeur, 1981.

Le choix de Jacques Ferron dans l'œuvre de Jacques Ferron, Québec, les Presses laurentiennes, 1985.

Les lettres aux journaux, VLB éditeur, 1985.

La conférence inachevée. Le pas de Gamelin et autres récits, VLB éditeur, 1987.

Le désarroi. Correspondance, VLB éditeur, 1988 [en collaboration avec Julien Bigras].

Une amitié bien particulière. Lettres de Jacques Ferron à John Grube, Boréal, 1990.

Le contentieux de l'Acadie, VLB éditeur, 1991.

Les pièces radiophoniques. J'ai déserté Saint-Jean-de-Dieu, Les cartes de crédit, Les yeux, La ligue des bienfaiteurs de l'humanité, Hull, Éditions Vent d'ouest, 1993.

Ferron inédit. Maski, Turcot, fils d'Homère, La berline et les trois grimoires, Correspondance de Jacques Ferron et Clément Marchand, Lettres de Jacques Ferron à Ray Ellenwood, Entretiens avec Jacques Ferron de Pierre L'Hérault, dans Ginette Michaud et Patrick Poirier (dir.), *L'autre Ferron*, Fides-Cétuq, « Nouvelles Études québécoises », 1995.

Papiers intimes. Fragments d'un roman familial : Lettres, historiettes et autres textes. Édition préparée et commentée par Ginette Michaud et Patrick Poirier, Montréal, Lanctôt éditeur, « Cahiers Jacques-Ferron », 1997.

Chronologie*

1921   Naissance à Louiseville, le 21 janvier. Fils aîné de Joseph-Alphonse Ferron et d'Adrienne Caron.

1926-1931   Études primaires à l'Académie Saint-Louis-de-Gonzague (Louiseville).

1931   5 mars : décès de sa mère. À partir de septembre, il poursuit ses études primaires au Jardin de l'enfance de Trois-Rivières.

1933-1936   Études classiques au Collège Jean-de-Brébeuf (Montréal) ; il est renvoyé en 1936.

1936-1937   Il termine son année de Versification au Collège Saint-Laurent.

1937-1941   Réadmis au Collège Jean-de-Brébeuf, il en sera à nouveau expulsé en 1941.

1941   Février-juin : il termine ses études classiques au Collège de l'Assomption.
Septembre : il entreprend des études de médecine à l'Université Laval (Québec).

1943   22 juillet : il épouse une étudiante en droit, Magdeleine Thérien.

1945-1946   Reçu médecin, il doit pratiquer pendant une année dans l'armée canadienne. Après quelques semaines d'entraînement en Colombie-Britannique et en Ontario, il est affecté au Québec, puis au Nouveau-Brunswick.

---

* Préparée par Marcel Olscamp. Pour les dates de parution des ouvrages, se reporter p. 313 à la liste des œuvres de Jacques Ferron.

1946	Démobilisé, il s'installe à Rivière-Madeleine, en Gaspésie.
1947	5 mars : décès de son père.
1948	Il revient à Montréal et ouvre un cabinet de consultation dans le quartier Rosemont.
1949	Il rompt avec sa première épouse et s'installe sur la rive sud de Montréal, à Ville Jacques-Cartier (Longueuil). Parution de son premier livre ; il s'agit de la pièce *L'ogre*.
1951	Première publication d'un article dans *L'Information médicale et paramédicale* ; cette collaboration régulière durera une trentaine d'années.
1952	28 juin : il épouse Madeleine Lavallée.
1954	Membre de la direction du Congrès canadien pour la paix.
1958	31 mars : candidat défait du Parti social démocrate (futur NPD) aux élections fédérales.
1959	Participe à la mise sur pied de la revue *Situations*.
1960	Après avoir quitté le PSD, il fonde, avec Raoul Roy, l'Action socialiste pour l'indépendance du Québec.
1962	Il reçoit le Prix du Gouverneur général pour ses *Contes du pays incertain*, parus la même année.
1963	Avec des membres de sa famille, il fonde le Parti Rhinocéros. Début de sa collaboration à la revue *Parti pris*.
1966	5 juin : candidat défait du Rassemblement pour l'indépendance nationale aux élections provinciales. Durant un an, il travaille, comme médecin, à l'hôpital psychiatrique Mont-Providence (aujourd'hui Rivière-des-Prairies). Septembre : délégué de *L'Information médicale et paramédicale* à un congrès de la *National Conference on Mental Retardation* tenu à Moncton.
1969	Il devient membre du Parti québécois.
1970	Il est médecin, durant un an, à l'hôpital psychiatrique Saint-Jean-de-Dieu (aujourd'hui centre hospitalier Louis-Hippolyte-La-Fontaine). 28 décembre : il agit comme médiateur lors de l'arrestation des felquistes Paul Rose, Jacques Rose et Francis Simard.

1972   10 mai : il remporte le Prix France-Québec pour son
            roman *Les roses sauvages*.
            30 octobre : candidat défait du Parti Rhinocéros aux
            élections fédérales.
            23 novembre : la Société Saint-Jean-Baptiste de Mont-
            réal lui décerne le Prix Duvernay.

1973   Octobre : séjour à Varsovie (Pologne) ; il assiste à un
            congrès de l'Union mondiale des écrivains médecins.

1974   8 juillet : candidat défait du Parti Rhinocéros aux
            élections fédérales.

1977   19 décembre : le gouvernement du Québec lui décerne
            le Prix Athanase-David.

1979   22 mai : candidat défait du Parti Rhinocéros aux
            élections fédérales.

1980   18 février : candidat défait du Parti Rhinocéros aux
            élections fédérales.
            11 mai : membre du Regroupement des écrivains en
            faveur du OUI au référendum.

1981   Il est nommé membre d'honneur de l'Union des écri-
            vains québécois.

1985   22 avril : décès de Jacques Ferron à sa résidence de
            Saint-Lambert.

Table des matières

Présentation 11

I- Les années lumineuses 19

II- La médecine : la vie par la porte d'en arrière 77

III- Cartographies incertaines : histoire et politique 121

IV- Écrire au creux d'une mutation 197

V- L'écrivain et ses doubles 277

Index 307

Œuvres de Jacques Ferron 313

Chronologie 316

CET OUVRAGE
COMPOSÉ EN ADOBE GARAMOND CORPS 12 SUR 14
A ÉTÉ ACHEVÉ D'IMPRIMER
LE VINGT-QUATRE NOVEMBRE MIL NEUF CENT QUATRE-VINGT-DIX-SEPT
PAR LES TRAVAILLEURS ET TRAVAILLEUSES DES PRESSES
DE L'IMPRIMERIE HLN
À SHERBROOKE
POUR LE COMPTE
DE LANCTÔT ÉDITEUR.

IMPRIMÉ AU QUÉBEC (CANADA)